인문학으로 투자하다

인문학으로 투자하다

초판 1쇄 발행 2025년 6월 24일

지은이 원수섭 **펴낸이** 이성용 **책디자인** 책돼지
펴낸곳 빈티지하우스 **주소** 서울시 마포구 성산로 154 4층 406호(성산동, 중영빌딩)
전화 02-355-2696 **팩스** 02-6442-2696 **이메일** vintagehouse_book@naver.com
등록 제 2017-000161호 (2017년 6월 15일) **ISBN** 979-11-993021-0-5 13320

- 이 책은 저작권법에 따라 보호를 받는 저작물이므로 무단 전재와 복제를 금지하며, 이 책 내용의 전부 또는 일부를 사용하려면 반드시 저작권자와 빈티지하우스의 서면동의를 받아야 합니다.
- 빈티지하우스는 독자 여러분의 투고를 기다리고 있습니다. 책으로 펴내고 싶은 원고나 제안을 이메일(vintagehouse_book@naver.com)으로 보내주세요.
- 파손된 책은 구입하신 서점에서 교환해 드리며 책값은 뒤표지에 있습니다.

인문학으로 투자하다

어느 벤처캐피탈 심사역의 투자에 대한 생각

투자를 잘 하고 싶은 **투자자**
투자를 잘 받고 싶은 **창업자**
벤쳐캐피탈 업계에서 만난 **투자자와 창업자의 이야기**

원수섭 지음

머리말

업계에는 누구나 쉽게 이야기하지만, 누구도 그 뜻을 정확히 알지 못하는 단어가 있다.

"투자 철학"

과연 우리는 투자 철학을 알고 있을까? 투자판의 누구나 투자 철학을 이야기하고 그 중요성을 강조하는데, 그 속을 잘 알고 있는 사람은 얼마나 될까? 어쩌면 남들이 쉽게 쓰니 너도나도 쉽게 입에 올리는 것은 아닌지 하는 생각도 든다. 나도 한때는 투자 철학이라는 단어가 경외와 미지의 단어였던 적이 있다. (그렇다고 지금은 잘 알고 있다는 이야기는 아니다) 중간에 '아! 이제는 좀 알겠다!' 싶은 순간이 여러 번 있었지만, 시간이 지나 돌이켜 보면 그게 참 어림도 없는 생각이었다는 것을 깨닫는다.

나는 투자사가 아닌 일반회사에서 투자 업무를 처음 접했다. 인터넷 포털을 운영하던 회사는 어느 날 갑자기 초기 투자 조직을 만든다고 했다. 이에 창업 경험과 벤처캐피탈(Venture Capital) 경험이 있는 네댓의 사람이 모여 팀을 만들었다. 투자와 더불어 육성도 함께 하자는 취지에 따라 공간도 마련하고 '스타트업 팩토리'라는 이름도 붙였다. 초기 기술 스타트업 투자로 스타트업 생태계에 기여하고 오픈 이노베이션의 기회도 찾겠다고 외부에 알렸다. 접근성을 생각해 강남역 바로 옆에 큰 보육 센터도 마련했다.

문제는 투자였다. 한 명을 제외하고는 투자를 업무로 겪어보지 못한 것이다. 다들 투자라고 하면 주식 투자나 가상자산 투자 정도의 경험이 있었을 뿐이었지, 스타트업 투자 프로세스에 대해서는 모두가 무지했다. 스터디 그룹을 만들어 보자는 의욕적인 의견부터 그냥 부딪혀보면 될 거라는 막연한 낙관까지 의견이 교차했다. 긴 시간 회의 끝에 내린 결론은 '물어보자'였다. 벤처캐피탈에 지인이 있다면 만남을 청하고 고견을 구하자는 결론을 냈다.

당시는 지금처럼 창업시장이 활성화되기 전이라 벤처캐피탈도 많지 않았다. 2014년 당시는 등록된 벤처캐피탈의 수가 막 100개를 넘어가는 시점이었다. (지금은 200개가 넘는 벤처캐피탈이 등록되어 있다) 몇몇 대형 투자사를 제외하고는 모두 영세한 수준이었는데, 큰 투자사는 우리를 잘 만나주지 않았다. 인터넷 포털 회사가 스타트업 투자에 뛰어든다고 하니 대뜸 경계부터 한 것이다. 방법을 찾다가 우리는 재무부서에 도움을 구했다. 우리가 출자한 이력이 있는 벤처캐피탈을 소개해달라고 한 것이다. 막연히 '전주錢主의 부탁은 들어주겠지' 하는 못된 기대를 했던 것 같다. 그렇게 재무팀을 통해 몇 군데 소개를 받아냈다. 한국의 대형 투자사 몇 곳과 미국 실리콘밸리의 투자사 두세 곳이었다.

그들의 반응은 냉랭했다. 전주의 부탁인데도 말이다. 지금 생각해보면 LP*의 이런저런 부탁을 귀찮아하는 여느 벤처캐피탈 투자 심사역의 마음이었으리라. 미팅은 매번 30분을 채 넘지 못했다. 조언을 청하는 쪽이 어느 정도 준비가 되어있어야 했는데, 백지 아니 백치의 상태에 가까웠으니 이야기가 길게 가지 못했다. 그래도 미팅이 반복되면서 조금씩 그들의 이야기가 들리기 시작했다. 그리고 점차 그들의 이야기에 '공통된 메시지'가 있다는 것을 감지할 수 있었다.

"넓은 인맥을 확보하라. 그리고 자신만의 투자 철학을 구축하라."

인맥을 강조하라는 이야기는 금방 이해할 수 있었다. 좋은 기업을 찾기 위해, 투자 정보를 얻기 위해 업계 네트워크를 확보하라는 이야기. 이건 꼭 필요할 것 같았다. 그런데 투자 철학은 또 무엇이란 말인가? 매우 생경한 용어였기에 미팅 내내 '무슨 말인지는 모르겠고, 그렇다고 물어보자니 창피하고' 상태를 유지할 수밖에 없었다. 답답한 마음에 인터넷 서점에 들어가 '투자 철학'이라는 단어로 검색을 해봤다. 나오는 책은 몇 권 없었다. 투자 철학과 관련한 책의 제목을 '투자 철학'이라고 짓는 것이 얼마나 어색한 것인지 당시에는 알 턱이 없었다. 지금도 종종 들여다보는 《어스워스 다모다란의 투자철학》이 그런 제목을 가진 거의 유일한 책이었다. 구매해서 읽어보았지만 무슨 내용인지 이해가 안 됐다. 그냥 필요하다니까 숙제처럼 읽어내

---

* Limited Partner, 펀드에 돈을 출자한 출자자를 말함.

긴 했는데, 손가락 사이로 고운 모래가 빠져나가는 느낌이었다.

　시간은 흐르고 스타트업 팩토리는 문을 열었다. 함께 근무했던 사람 모두가 더 나은 투자를 위해 공부하고 조사하며 돌아다녔다. 스타트업 모임부터 창업경진대회, 대학 행사까지 안 가본 데가 없었던 것 같다. 투자라는 것은 알면 알수록 흥미로운 세계였다. 투자 철학뿐만 아니라 투자와 관련한 역사와 방법론, 사례도 흥미로웠다. 그러다 직업으로써 투자가 궁금해졌고, 그렇게 투자사로 이직까지 하게 되었다.

　이렇게 투자 경험이 쌓이면서, 이제는 '투자 철학'이라는 단어가 무엇을 뜻하는지 어렴풋이 알게 된 듯하다. 투자 철학은 지식이나 정보가 아니라는 것. 생각의 길과 그걸 찾는 삶의 방식이라는 것을 알게 됐다. 비단 '투자'라는 단어가 붙지 않더라도 철학이라는 것이 그러한 것이 아닐까? 이야기를 더 진행하기 전에 잠깐 '철학哲學, Philosophy'에 대해 이야기해보자. 철학과 관련된 사전적 정의는 옥스퍼드 사전이 가장 간명하여 아래에 붙여본다.

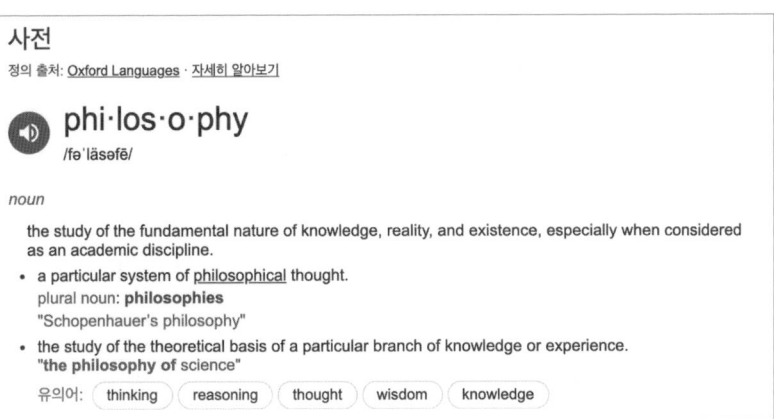

정리해보면 철학이란 지식, 실재, 존재의 본질을 탐구하는 학문이다. 아울러 사고의 체계를 '철학'이라고 하기도 한다. 그리고 사전은 마지막에 '특정 지식이나 경험의 이론적 기초를 연구'하는 것이라고 덧붙인다. 이를 '투자 철학'에 대입해보자. 투자 철학은 투자와 관련된 본질을 탐구하는 것이고, 이와 관련된 사고체계를 다루는 것이다. 그리고 투자와 관련된 지식이나 경험의 이론적 기초를 알아내는 것이다. 너무 난해하게 느껴지니, 그냥 단순히 '투자를 잘하는 생각 방법' 정도로 줄이자.

문장으로는 이토록 간단한데, 그 내용도 간결한 것인가?

사람의 수만큼 존재하는 것이 투자 방식이다. 성공하는 투자 방식이라는 것이 하나로 수렴하지도 않는다. 많은 책을 통해 소개된 거장의 투자 방식을 떠올려 보라. 모두 제각각이다. 어떤 이는 철저하게 가치를 평가하여 투자하기도 하고, 누군가는 호재에 뛰어들기도 한다. 자신만의 지표를 활용해 투자하는가 하면, 신뢰하는 동료 투자자의 추천에서 투자의 기회를 엿보기도 한다.

물론 나 역시 선호하는 방식의 투자가 있다. 아마도 이 책에서는 그런 투자 관점으로 시장과 업계를 바라보며 알게 된 것들에 대해 적게 될 것 같다. 지루하게 투자와 관련된 이론만 다루지는 않으려 한다. 산업의 현황, 기업 검토 사례, 투자 이후 알게 된 것들, 스타트업과 투자자 사이의 갈등, 투자자 사이의 충돌 등도 다루려 한다.

차례

머리말____004

0부 시작하며 011
이 책을 쓰는 이유 나의 투자 스타일____012
벤처캐피탈이 돈을 버는 원리 벤처캐피탈은 어떻게 돈을 벌까?____025

1부 투자자들에게 035
어떤 사람이 투자자가 되는가 투자판에 있는 사람은 어떤 사람일까?____036
권능감을 경계합시다 우리가 아는 것은 정말 아는 것일까?____046
별은 존재하는가 무엇을 목표로 삼고 투자에 임해야 할까?____055
기술 투자가 미래라고 들었습니다만 우리의 기술은 어디까지 와있는가?____061
토대 현지에서 봤던 분위기____071
A box of Chocolates 탑다운 vs. 바텀업____083
나 좀 바라봐요! 나르시시스트인가요?____095
결정을 파는 사람 직업으로서 심사역____109
투자판에 적응하기 투자 시스템은 어떻게 만들어지는가?____124
생각하고 있지만 말하지 못하는 것들 다른 방향으로 가는 벤처캐피탈들____134
통계적 유의성에 머물러라 위대함으로 포장된 위험들____145
아직 당신의 전성기는 오지 않았다 다가올 전성기를 맞기 위한 전략____160
사람의 마음 협상에 어떻게 임해야 할까?____174
버크셔 헤서웨이가 벤처캐피탈이라면 확실하지 않으면 승부를 걸지 마라____186

차례

투자는 라이프 스타일 이벤트가 아니라 상태가 결정한다____199

괜찮아 투자자는 감시가 아닌 응원을 하는 사람____215

끊어갑시다 불안을 극복하는 방법____226

2부 창업자들에게 237

시장도 언어가 있습니까? 사업을 하면서 꼭 알아야 할 시장의 법칙에 대해서____238

투자, 어떤 사람을 만나야 합니까? 어떤 투자자가 좋을까요?____246

뾰족하게, 뾰족하게 차별화 전략이라는 것은 무엇인가?____261

퍼포먼스 최적 환경 다정함의 힘____272

욕망을 꿰뚫는 사람 기획자는 생각보다 훨씬 중요합니다____291

얼마면 적절한가요? 기업의 가치는 어떻게 정해지는가?____301

최적의 타이밍 서비스 출시는 어느 단계에서 하나?____312

급(級)은 어디서 오나요? 최고의 인재채용 전략____322

과녁이 아니라 화살입니다 특허에 대하여____336

옮겨심기보다는 씨뿌리기 해외 진출에 대하여____347

3부 그 밖에 생각들 361

단극사회(單極社會) 하나의 가치를 좇으면 생기는 일____362

천 번의 삶 투자하기 위해, 투자받기 위해 필요한 지식____379

맺으며____397

0부
시작하며

이 책을 쓰는 이유

나의 투자 스타일

○

'후우~ 후우~'

차가운 무언가가 뺨을 누르고 있다. 입술과 뺨이 끈적한 무언가로 흥건하다. 계속 '후우~' 불어보지만, 점성의 액체가 입술에 엉긴 채 떨어지지 않는다. 눈이 떠지지 않는다. 움직일 수도 없다. 지금 내가 어떤 자세로 있는 것인지, 왜 이런 상태인지를 알 수 없다. 손가락 끝에 느껴지는 느낌이 어렴풋하다. 대리석 아니면 화강암 재질이다. 반질반질한 느낌이니 아마도 아스팔트는 아닐 것 같다. 그 잠깐 사이에 뺨을 적신 액체가 입술 사이로 흘러든다. 쇠 비린내가 난다. 맡아본 적은 없지만 아마 피인 것 같은 느낌이 든다.

정신을 잃었다 들기를 반복한다. 이번엔 아까와 다른 곳에서 바른 자세로 누워있다. 흔들리는 차 안인 것 같은데, 누군가 내 귀에 대고 우악스럽게 소리를 지른다.

"가족 분! 가족 분!"

무슨 말인지 도통 모르겠다. 정신을 차려 가까스로 눈을 떠보는데, 흔들리는 새파란 형광등이 보일 뿐 상황을 인지할 수가 없다.

"핸드폰 열어봐요!"

목소리가 정말 우렁차다. 이 자가 오늘 기어코 나의 고막을 터뜨리려는 것 같다. 손에 핸드폰을 쥐어주면서 무언가를 하라고 하는데, 알 길이 없다. 조용히 하라고 이야기하고 싶다. 아, 혹시 스마트폰 비밀번호를 입력하라는 뜻인가?

"아…, 열렸다!"

뭐가 열린 것인지 모르겠지만, 남자는 내 손에서 핸드폰을 채간다. 다행히 더 이상 내 귀에 대고 소리치지는 않는다. 살 것 같다. 한숨 자야겠다.

격렬한 통증에 눈이 떠진다. "우움, 우움!" 신음하자, 하얀 가운을 입은 사람이 다가온다. 의사인 듯하다. 그 사람이 와서 말을 시작하자, 다른 의사도 다가와서 우리 둘의 이야기를 듣는다. 나는 듣기만 했으니 엄밀히 말하면 둘의 대화는 아니고….

"환자 분, 기억나세요?"

고개를 젓자 "흠~"하는 신음을 내더니 말을 계속 이어간다.

"선생님, 사고 나셨어요. 기억 안 나세요? 많이 다치셨습니다. 저희가 응급조치는 했어요. 일단 퇴원은 하시는데요. 댁에 가시면 근처 병원에 가셔서 검사 다시 받아보세요. 꼭 다시 받아보셔야 합니다. 오늘 안으로 가세요. 병원 안 가시면 안 돼요!"

"너무 아파요."

"아플 거예요. 아마 골절이 있었을 겁니다. 심하게 찢어진 곳은 저희가 급한대로 꿰맸어요. 지혈은 잘 됐으니까. 오늘 얼굴에 붕대는 붙이고 계세요. 병원 가기 전까지 떼시면 안 됩니다."

병원을 나서면서 택시를 잡는다. 날씨가 쌀쌀하다. 새벽이라 그런가. 택시를 타기 전 뒤를 돌아 병원을 본다. '지역응급의료센터'라는 빨간색 패널이 붙어있고, 그 뒤에는 14층짜리 거대한 병원이 서 있었다. 격자 모양의 창문이 예쁘다. 시계를 보니 1시다. 아내는 차를 몰고 출발했다고 한다. 새벽 4시가 넘어서 도착할 것 같다고, 일단 쉬고 있으라고 했다. 다시 호텔로 가야지.

호텔 객실로 돌아오니 얼굴에 느껴지는 격렬한 통증에도 잠이 쏟아진다. 아무것도 못 하고 침대에 엎드려 잠이 든다. 아니 잠이 든 것 같다. 새벽, 아내의 전화에 일어나보니 침대에 엎드려 있어서 그렇게 추측할 뿐이다. 그날의 기억 가운데 어느 것도 확실하지 않다.

아내는 그날 왕복 8시간을 운전해서 나를 집으로 데리고 갔다. 아이들은 내 얼굴을 보고 굳어버렸다. 얼굴 이곳저곳을 붕대로 덮고, 붕대 사이사이 피딱지가 앉았으니 놀라는 게 당연했다. 코로나가 한창 기승을 부리던 때라 아이들은 평일임에도 학교에 가지 않았고, 그 덕에 아빠가 다쳐서 돌아오는 모습을 현장에서 목격할 수 있었다.

점심시간 겨우 정신을 차리고 앉아 밥을 먹는데, 음식을 씹을 수가 없었다. 씹을 때마다 오른쪽 광대뼈 전체가 욱신거려 힘주어 저작할 수가 없었다. 일이 벌어지고 12시간이 지나서야 슬슬 사태의 심각성을 깨달았다. 하지만 무슨 심보인지 다시 병원에 가고 싶지는 않았다. 아마 부러지거나 하진 않았을 것 같다고 이야기하자, 평소 차분하던 아내가 버럭 하며 타박을 했다.

"그래도 병원은 가봐야지 무슨 소리야!"

CT 기계 안에 들어가서 단층 촬영을 하는데 '이거 선량은 얼마나 될까? 피폭량이 꽤 되겠는데?'라는 생각을 했다. 얇게 조사되는 방사선이어도 촬영 간격이 촘촘해 피폭량이 상당하다는 글을 어디선가 읽었다. 엑스레이의 열 배 정도라 생각하니 괜히 찝찝하다. 이런 생각까지 하는 걸 보니 아직 덜 아픈가 싶었다. 촬영 결과를 확인하는 데는 채 10분이 걸리지 않았다. 병원의 장비는 단층 촬영 결과를 가지고 3D 형상을 만들어냈다. 난생처음 내 두개골을 마주했다.

"완전히 부러졌어요. 광대뼈를 지지하는 세 곳의 뼈가 죄다 부러졌습니다. 안와 골절도 있네요. 이거 빨리 수술해야 합니다."

어처구니 없게도 그 이야기를 듣는 순간 '혹시 저 두개골, 다른 사람의 것은 아닐까?' 하는 생각을 했다. 의사는 그날 당장 입원하자는데 보호자는 출입이 안 된단다. 코로나 감염 우려 때문에 보호자는 입원실을 들락날락할 수가 없다고 했다. 그래서 혼자 입원실에 들어갔고, 이틀 뒤 수술을 받았다. 난생처음 전신마취라는 것도 해보고, 열흘 가까이 입원이라는 것도 해봤다. 수술 당일 잠시 곁을 지켰던 아내는 아이 때문에 계속 집에 있어야 했다. 정말 오래간만에 아무하고도 이야기하지 않고 아흐레를 보냈다. 수술 당일과 다음날 얼굴이 부서지는 듯한 통증을 견뎌야 했던 이틀을 제외하고는 계속 생각만 했다. 나의 삶에 대한 리뷰 시간이었다. 홀로 고립된 시간 속에서 나는 내 삶의 모순과 마주했다.

2021년 3월의 마지막 날. 나는 출장 목적으로 울산에 갔었다. 내가 투자했던 기업 중 울산에 본사를 두고 있었던 회사의 주주총회가 있었기 때문이다. 가장 큰 금액을 투자했던 회사라 특별히 더 신경 쓰던 곳이었다. 당시 주총에는 나 말고도 투자사 대여섯 곳이 함께했다. 두 시간이 넘게 주주총회와 안건 관련 토론이 이어졌다. 회사의 미래를 낙관하던 우리는 격렬한 토론이 있었음에도 한마음으로 희망의 손뼉을 치며 주총을 마무리했다. 회의가 늦을지도 모른다고 생각했던 주주 몇 명은 늦은 밤 일정의 KTX를 타기로 했고, 나는 다음 날 아침 울산에서 출발하는 비행기를 예약했었다. 어차피 저녁은 먹어야 하니, 함께 저녁을 먹고 헤어지기로 했다. 설렁탕집에서 수육에 반주, 그러고서는 9시가 조금 넘은 시간 각자의 길로 헤어졌다. 정신도 멀쩡하니 식당에서 한 블록 떨어진 호텔까지 전동 킥보드를 타고 가야겠다고 생각한 것. 그것이 마지막 기억이었다.

전동 킥보드 앱에는 나의 경로가 남아있었다. 설렁탕집에서 출발하고 얼마 지나지 않아 울산 현대백화점 앞에서 넘어진 듯했다. 킥보드 경로가 현대백화점 앞에서 엉킨 실처럼 빙글빙글 돌았다. 쓰러진 킥보드가 GPS 수신기록을 남긴 듯했다. 한참을 백화점 광장에 있던 킥보드가 갑자기 새로운 경로를 만들며 울산 남구 달동의 이곳저곳을 누볐다. 아마도 내가 구급차에 실려 가고 난 뒤에 누군가 쓰러진 킥보드를 일으켜 사용했던 것 같다. 덕분에 누군가는 공짜로 킥보드를 탈 수 있었네. 횡재다.

얼굴의 부상 부위나 부상 정도를 봤을 때, 수술을 해주셨던 의사 선생님은 킥보드를 타다 앞으로 고꾸라진 것 같다고 했다. 요즘 그런 환자가 부쩍 늘었다면서, 당신도 그랬을 거라고…. 궁금해서 내가 실려 갔던 울산중앙병원 응급실에 전화해봤다. 하지만 그들도 아는 것이 없었다. 그냥 행인이 쓰러진 나를 발견했고, 그래서 신고했던 것 같다고만 이야기해줬다. 어쨌든, 덕분에 살았습니다. 고맙습니다.

안경이 깨지면서 얼굴 곳곳을 찢어놓았다. 얼굴 뼈를 붙이는 수술을 하시던 의사 선생님이 응급실에서 급하게 꿰맨 실밥을 다시 풀고 새로 봉합해주셨다고 했다. 꿰맨 자국이 조금이라도 덜 남게…. 부서진 얼굴 뼈는 눈썹, 눈가 주름, 입술 안쪽을 절개하여 나사로 고정했다고 들었다. 왜 그게 궁금했는지는 모르겠지만, 수술이 끝나고 의사 선생님께 나사가 몇 개나 들어갔느냐고 물어봤다. 열대여섯 개, 아마 대략 그 정도 수의 나사를 박아 넣었다고 했다. 그래도 요즘엔 나사가 시간이 지나면서 녹는다고 안심하라고 하셨다. 손가락으로 광대 주위를 만지면 십수 개의 나사가 만져졌다.

투자사에 근무하면서 출장은 일상이었다. 혹시 지방에 좋은 기업이 있을지도 모른다는 생각에 대학교와 창조경제혁신센터, 창업보육센터 등을 돌아다녔다. 평균 잡아 매달 서너 군데를 돌아다녔다. 전국 구석구석 다양한 곳을 찾아다녔다. 별다른 재주가 없었으니 부지런하기라도 하자. 그런 마음이었다. 그러다 공교롭게 연고도 없는 먼 동네에서 다치기도 하고.

이렇게 지방을 돌면서 기업을 찾는 것이 바람직한 발굴 방법인지는 모르겠다. 벤처캐피탈 심사역마다 전략과 능력이 다르니 나와 같은 방식의 발굴이 '일반적'이라고 할 수는 없다. 인맥과 기획력이 뛰어난 심사역은 발굴 전략이 나와 전혀 다르다. 그들은 넓은 인맥을 동원하여 업계에 새롭게 들어온 기업정보를 수집한다. 그중 괜찮은 기업이 발견되면 기업에 자본조달과 관련된 계획을 제안한다. 나아가 스타트업에게 더 나은 성장 방식을 제시하기도 한다. 그러니까 스타트업이 성장 로드맵을 투자사에게 제시하는 것이 아니라, 투자사가 '이렇게 성장해야 한다'라고 거꾸로 제안하는 것이다.

예를 들어, 어느 스타트업 대표가 신규 인력 채용을 위해서 투자자를 만나러 다닌다고 해보자. 그 과정에서 한 투자자가 회사의 잠재력을 알아본다. 투자자의 생각으로는 회사가 신규 인력 채용이 아니라, 해외 진출을 타진해야 할 타이밍이다. 더욱이 회사가 영위하는 사업은 시장에서 주목받는 차세대 기술 분야다. 상장도 충분히 노려볼 수 있다. 투자자는 대표를 찾아가 제안한다.

"내가 나와 친한 투자사 세 군데를 데리고 와서 총 100억 원의 자금을 모아오겠다. 그 자금을 바탕으로 해외 진출을 하자. 지금 모으고 있는 20억 규모로는 성장에 한계가 있다. 그정도 자본은 금새 소진된다. 1년 뒤 한 번 정도 더 투자받고 바로 상장에 도전하자. 내가 잘 아는 증권사가 있다. 거길 상장 주관사로 하자. 이미 여러 번 상장시킨 이력이 있다. 나를 믿고 가자."

이런 투자자라면 대표가 보지 못하는 투자 후의 그림을 보여주고 안정적인 자금조달을 기획할 수도 있다. 즉, 대표에게 새로운 선택지가 생기는 것이다.

아쉽게도 나는 이런 능력을 갖추지 못했다. 다음은 내가 7년의 벤처캐피탈 경력 동안 투자한 기업의 리스트다.

기업명	업종	최초 밸류	딜소싱 경로	투자 검토기간	
크라우드웍스	AI 데이터 가공	35억 원	기존 투자사	-	-
에스엠랩	EV용 고성능 양극재	100억 원	대학 창업진흥원	6개월	청진원 소개
클로버게임즈	PRG 게임	200억 원	지인 네트워크	8개월	대학교 동기
Kong Studios	PRG 게임	20M USD	지인 네트워크	6개월	전 직장 동료의 소개
밸리언택스	촬영 장비, 애묘 제품	30억 원	지자체 창업진흥원	6개월	경진대회 심사위원 참여
리코	음식물 쓰레기 처리	170억 원	지인 네트워크	8개월	타 투자사 소개
포엔	EV 베터리 재활용	180억 원	지인 네트워크	8개월	타 투자사 소개
까리용	AI 기반 검색엔진	60억 원	대학 창업진흥원	6개월	경진대회 심사위원 참여
인터파크트리플	여행	200억 원	지인 네트워크	18개월	전 직장 상사
PranaQ	수면다원검사 IoT	8M USD	지인 네트워크	3개월	가족 소개
Nuvola Technology	베터리 분리막	SAFE* (20M USD)	지인 네트워크	36개월	대학교 후배의 아내
Letinar	AR 글래스 광학계	150억 원	기존 투자사	-	-
AFI	게임 백엔드 서버	150억 원	지인 네트워크	18개월	콜드콜

나는 업계의 인맥이 넓지 않다. 사교성이 떨어지는 것 같지는 않은데, 업계에서는 사람을 사귀기가 쉽지 않았다. 기업형 벤처캐피탈에서 투자 업

---

* SAFE는 전환사채의 일종으로 투자 시점에 회사가치가 정해지는 것이 아니라 다음 투자 시점의 기업가치를 할인하여 적용하는 형태의 투자.

무를 하다 벤처캐피탈로 이직한 초기, 나름 사람도 만나면서 발을 넓혀 보려고 노력했다. 하지만 쉽지 않았다. 저녁 자리를 가더라도 빌려온 고양이 신세를 면하지 못했다. 더군다나 늦은 밤 술에 취해 집에 들어가고, 다음 날 개운치 않게 일어나는 일도 싫었다. 결국 오래가지 못하고 전략을 수정해야 했다. 이직하고 1년 정도가 지난 시점, 아예 주위에 선언해 버렸다. 더 이상 저녁에 사람을 만나러 다니는 일은 하지 않겠다고.

대신 내가 택할 수 있는 옵션의 수는 몇 없었다. 애초 금융권에서 투자업으로 커리어를 시작하지도 않은 이가 업계에서 인맥 넓히기를 포기했으니 말이다. '에라 모르겠다'라는 심정으로 전략을 수정했다. 문영미 교수의 《디퍼런드》에 나온 대로 해보기로 했다. 나의 부족함을 보완하는 전략으로는 죽도 밥도 안될 것이 뻔했다. 그나마 내가 잘할 수 있는 것을 찾아 거기에 올인하기로 했다.

읽고, 찾아다니는 것에 집중했다. 그중 읽는 것은 내가 가진 몇 안 되는 소소한 달란트talentum 중 하나다. 그나마 남보다 잘하는 거의 유일한 일이었다. 그래서 무작정 많이 읽었다. 시중에 나온 투자서란 투자서는 마구잡이로 사다 읽었다. 투자서 뿐 아니라 산업, 경제, 통계, 예측 등과 관련된 책과 보고서도 읽고 또 읽었다.

예를 들어, 어떤 분야가 유망하다고 생각하면 읽는 것부터 했다. 그 분야와 관련된 책을 대여섯 권 산다. 하나의 관점에 치우치지 않으려 다양한 관점의 책을 함께 읽는다. 이렇게 몇 권 읽다 보면 얕게나마 관점이라는 것이 형성된다. 이후 이렇게 만들어진 관점을 보완할 수 있는 자료를 추가로 읽는다. 혹, 누군가 잘 아는 사람이 있으면 찾아가 물어본다. 만일 그걸로 부족하다는 생각이 들면, 학회나 콘퍼런스를 찾아다녔다. 에너지, 우주, 온난화 관련 기술, 모듈형 원자로에서 인구감소나 전기자동차에 관한 내용까지…. 어떤 것을 공부하든지 우선은 책을 읽는 것으로 시작했다.

그러다 보니 엄청나게 비효율적이었다. '좋은 투자자'가 된다는 장기적 관점에서 보면 반드시 해야 할 일이었지만 '벤처캐피탈 심사역'이라는 직장인의 관점에서는 매우 비효율적인 것이었다. 변수를 차근차근 제거한다는 장점이 있긴 하나, 판을 짜는 데 너무 많은 시간이 들었다. 느린 프로세스 때문에 스타트업 측에서 나를 배제한 적도 여러 번이다. 왜 그렇지 않겠는가. 스타트업 입장에서는 진도를 쭉쭉 빼는 투자자를 매력적으로 느끼는 것이 당연하다. 고민만 하세월인 심사역은 나 같아도 두고 가고 싶을 것 같다. 인터파크 트리플도 당시에 고민하느라 늦어지는 바람에 시리즈 B로 밀려났다. 그래서 투자 검토를 본의 아니게 18개월 동안 하게 됐다. 조금만 더 일찍 찾아갔으면 어땠을까? 후회했던 것도 여러 번이었다. 트리플 말고도 1년 넘게 검토한 회사가 많았다. (투자하지 않은 회사를 포함해서…)

사업이 어느 정도 궤도에 오르고 이름이 알려진 회사는 이런 느리고 답답한 투자자를 기다릴 여유가 없다. 그러다 보니 점차 초기 투자 쪽에 자리 잡게 됐다. 본의 아니게 초기 투자에 집중하게 된 느낌도 있지만, 초기 기업에 투자하는 일 자체가 갖는 매력도 적지 않았다. 남이 알아보지 못하는 회사에 최초로 투자하여 성장을 응원하는 일. 그 일에는 묘한 직업적 쾌감이 있었다. 그래서 내내 즐거운 마음을 가지고 했던 것 같다.

간혹 나에게 네트워킹이 필수냐고 물어보는 이들이 있다. 그들에게는 "네트워킹, 불편하면 할 필요 없다. 인맥이 넓지 않아도 투자는 다 할 수 있다"라고 이야기한다. 하지만 "만일 당신이 많은 수의 회사에 투자하려면 넓은 인맥을 형성할 필요가 있다"라고 덧붙인다. 실제로 나는 7년간 13개의 기업에 투자했으니, 투자한 회사의 수가 많은 편이 아니다. 1년에 10개의 회사에 투자하는 이를 본 적도 있다. 물론 업황이 좋았던 2010년대 후반의 일이긴 하지만, 여하튼 굉장한 퍼포먼스임에 틀림없다. 실제로 그런 심사역의 일과를 들여다보면 시간 대부분을 사람 만나는 데 쓴다. 인맥도 인맥이지만 넓은 인맥으로 들어오는 수많은 스타트업을 만나는 것도 큰일이다.

사실 벤처캐피탈 입장에서는 많이 투자하는 심사역을 더 이뻐한다. 벤처캐피탈에는 많이 '쏘는' 사람이 필요하기 때문이다. 뉴스를 검색해보자. 벤처캐피탈의 수익률 통계를 다룬 기사보다 AUM^{Asset Under Management, 운용자산}의 크기를 다룬 기사가 더 많다. 아니, 기사 대부분이 AUM 아니면 매출로 벤처캐피탈을 평가한다. 벤처캐피탈을 평가하는 척도가 수익률보다는 얼마나 많은 돈을 운영하는지에 맞춰져 있는 거다. 초기가 되었든, 어느 정도 성장한 기업이 되었든 간에 '많이 쏘는'게 중요하다.

벤처캐피탈은 수익률 면에서 큰 우위를 보이기 어렵다. 간혹 시장 평균을 다소 웃도는 성적을 거둘 수는 있겠으나, 시장 평균 수준의 수익률을 가지고 많은 투자를 하는 것이 '이익의 절대 규모' 차원에서는 더 낫다. 수익률을 높이는 것은 몹시 어려운 일이나, 펀드의 규모를 키우는 것은 상대적으로 수월하다. 그러다 보니 다들 큰 규모의 펀드를 만드는 전략으로 기운다.

이런 관점에서 보면, 지방을 돌며 초기 기업에 집중했던 것이 회사로서는 환영할만한 일은 아니었던 것 같다. 너무 느리고 너무 작게 투자했다. 이런 사실을 애석하게도 투자회사를 그만두기 얼마 전에야 깨달았다.

하지만 만일 누군가 내게 "다시 7년 전으로 돌아간다면, 다른 투자전략을 구사하겠냐?"라고 물어본다면 대답은 "아니오"다. 사람에 따라 잘 맞는 투자방식이 있고, 나는 다시 돌아가더라도 나의 강점에 집중하는 전략을 택할 듯하다. 아울러 내게는 좋은 직원으로서 인정받기보다 좋은 투자자가 되는 것이 훨씬 더 중요하기도 했다.

여하튼 이런 연유로 전국을 유랑하던 차에 2021년 전동 킥보드 사고를 겪게 된 것이다. 병원에 있었던 9일간의 시간 동안 내가 마주했던 모순은 이런 것이었다.

'나는 투자를 잘하고 싶다. 나는 과연 충분히 정진하고 있는가?'

'더 좋은 삶을 살고 싶다. 그러려면 나에게는 더 좋은 사람과 더 나은 생각이 필요하다. 충분한가?'

'나답게 살고자 하면서도, 혹시 다른 사람의 기준을 생각하며 불안해하지는 않는가?'

생각해보니 마음속에 세웠던 이런 목표가 삶의 흐름 속에서 퇴색된 느낌이 들었다. 배우고자 했던 것들은 마음속 의지로만 남았다. 게다가 이러저러한 핑계를 구실 삼아 너무 게을렀다. 이를 깨닫고 어찌나 자괴감이 들던지, 하루하루 더 나아지자는 구호가 공허했다. 부끄러웠다.

그나마 다행히도 그 '혼자만의 시간'은 나에게 삶의 방향을 바로잡는 계기가 되었다. 시간이 지나고 돌이켜보면 오히려 다치길 잘했다는 생각이 든다. 2021년 만우절에 거짓말처럼 찾아온 사고 덕에 나는 삶에 더욱 귀 기울일 수 있었다.

 '삶의 목적은 삶 그 자체다.'

 늘 입에 달고 살았던 이 이야기를 삶 속에서 실천해 보리라 마음먹었다. 나는 삶에 집중하기로 했다.

열세 개의 기업에 투자했고, 개중에는 상장에 성공한 기업도 나왔다. 예상치 못한 성장을 이룬 기업 덕에 어느 해는 수익률이 가장 좋은 심사역에게 주는 상을 받기도 했다. 200억 원 가치에 투자했던 어느 기업은 1조 원이 넘는 가치로 성장하여 유니콘 기업이 되기도 했다. 비록 많은 기업에 투자하지는 못했지만, 그 시간이 후회스럽진 않다.

 나는 9년의 세월 끝에 슴슴한 투자실적을 남기고 업계를 떠났다. 하지만 아직도 투자에 대한 고민과 공부는 내게 남아있다. 이 책을 쓰는 이유는 '이렇게 하는 것이 벤처캐피탈의 투자다'라는 것을 이야기하려는 것이 아니다. 아니, 내게 그런 이야기를 할 자격이 있는지도 모르겠다. 그저 힘닿는 대로 고민했던 투자라는 주제를 덤덤히 이야기해보고자 함이다. 아마 내 고민이나 경험이 투자에 입문하고자 하는 일부의 누군가, 혹은 투자받고자 하는 어느 창업자에게는 조금이라도 도움이 될 수 있지 않을까 기대해본다.

벤처캐피탈이 돈을 버는 원리

벤처캐피탈은 어떻게 돈을 벌까?

○

벤처캐피탈의 수익구조는 업계에 관심을 두고 있는 사람이라면 대부분 알 법한 기초적인 내용이다. 그래도 간략하게 벤처캐피탈이 어떻게 돈을 버는지를 짚고 넘어가 보자. 아울러 벤처캐피탈이 투자에 사용하는 돈이 어떠한 의미를 갖는지도 살펴보자.

먼저 스타트업 성장이 어떻게 투자자의 수익으로 이어지는지를 간단히 살펴보자. 이해를 돕기 위해 아래와 같은 상황을 가정해본다.

〈등장인물〉

스타트업 대표 A

최초 투자자 B

후속 투자자 C

여기 한 주식회사가 있다. 이 회사는 100주의 주식으로 구성된 법인이다. 최초 설립 당시에는 대표인 A가 회사의 주식 100주를 전부 가지고 있다. 법인을 설립할 때, A 대표는 한 주당 1만 원씩 총 100만 원을 법인에 넣었다. A 대표는 100만 원을 가지고 사업을 시작한다. 사업을 시작하고 얼마 지나지 않아 성장의 기회가 찾아왔다. 이 기회를 잡기 위해 대표는 투자를 고려한다. A 대표는 벤처캐피탈을 찾아가 투자를 제안한다. 투자자 B가 관심을 보였다. A 대표는 투자자 B가 한 주당 1백만 원의 가치를 인정해주기를 바랬다. 법인은 100주의 주식을 가지고 있으니 A의 스타트업은 총 1억 원의 가치를 갖게 되는 셈이다. 투자자 B는 고민 끝에 회사의 높은 성장 가능성에 동의하고 1천만 원을 투자하기로 한다.

이때 1억 원은 투자 전 기업가치다. 흔히 'PRE 1억'이라고 한다. 투자자 B는 대표에게 신규로 10주의 주식을 발행할 것을 요청한다. 이렇게 주식이 새롭게 발행되는 것을 '유상증자'라고 한다. 투자자가 새롭게 발행된 신주新株를 받기 위해 돈(투자금)을 지급하기 때문이다. 이렇게 해서 주식의 수는 110주가 된다. 주당 단가는 1백만 원이기 때문에, 투자 후 기업가치는 1억 1천만 원이 된다. 업계에서는 보통 'POST 1.1억'이라고 한다. 투자자 B는 새롭게 회사의 주주가 된다. B의 보유지분은 10/110주가 되어 9.09%의 지분율을 가지게 된다. B는 1천만 원을 투자하고 해당 지분을 확보한 것이다.

여기까지가 투자의 기본적인 얼개다. 투자금이 회사로 흘러 들어가는 과정은 이 형태를 크게 벗어나지 않는다. 만일 회사가 더 성장하고 또다시 투자받고자 한다면 어떻게 될까?

A 대표의 사업이 날로 번창하여 현금흐름이 좋아지고 시장점유율도 증가한다. A 대표와 주주로 참여한 투자자 B는 더 큰 성장을 목표로 새로운 투자를 유치하기로 뜻을 모은다. 때마침 신규 투자자 C가 등장하여 투자 의향을 밝힌다. 회사의 대표 A, 기존 투자자 B와 신규 투자자 C는 현재 기업의 가치를 논의한다. 기업의 가치를 산출하는 회계적인 방식도 존재하지만, 대부분은 스타트업과 투자자, 기존 투자자와 신규 투자자 같은 이해관계자의 협상을 통해 산출하는 경우가 일반적이다.

 일반적으로 처음 투자받은 것을 시드^{Seed} 투자라고 하고, 이후 이어지는 투자를 알파벳 순서로 시리즈 A 투자, 시리즈 B 투자라고 한다. 세 명의 창업자와 투자자는 시리즈 A의 기업가치를 주당 1억 원으로 합의한다. 이렇게 투자 전 기업가치는 PRE 110억 원이 된다. 스타트업은 투자자 C의 요청으로 다시 10주의 주식을 새롭게 발행한다. 그리고 10억 원을 받고 새로 발행된 주식을 투자자 C에게 배정한다. 이제 발행된 총 주식의 수는 120주다. 투자 후 기업가치는 120억 원이 된다. 이때 지분율을 살펴보자. 대표는 최초 100%의 지분율을 가지고 있었다. 하지만 시드 투자로 지분이 90.9%로 낮아졌고, 시리즈 A 투자로 지분이 83.3%가 된다. 이렇게 신주가 발행됨에 따라 기존 주주의 지분율이 하락하는 것을 희석^{dilution}이라고 한다. 이러한 희석은 주주에게 모두 나타나는 현상으로 9.09%의 지분을 보유하던 B의 지분율은 신규 투자로 인해 8.3%로 낮아진다. 지분율은 하락하지만, 지분의 가치는 상승했다. 원래 1천만 원으로 9.09%를 확보했던 투자자 B의 지분은 신규 투자로 지분가치가 약 8.3억 원으로 상승했다. 약 8.2억 원의 투자수익이 발생한 것이다.

만일 제3자가 투자자 B의 지분을 8.3억 원의 가치로 매입한다고 하자. 이때 거래를 구주舊株 거래라고 한다. 새롭게 주식을 발행하는 것이 아니라 이미 발행된 주식을 거래한다는 의미다. 투자자 B는 원금 1천만 원을 제외하고 8.2억 원의 이익을 실현한다.

이렇게 거둔 투자수익은 전부 벤처캐피탈의 몫이 되지는 않는다. 벤처캐피탈에 돈을 맡긴 이들과 수익을 배분하는 과정이 필요하기 때문이다. 이제 이러한 투자수익이 어떻게 벤처캐피탈의 수익으로 연결되는지를 살펴보자.

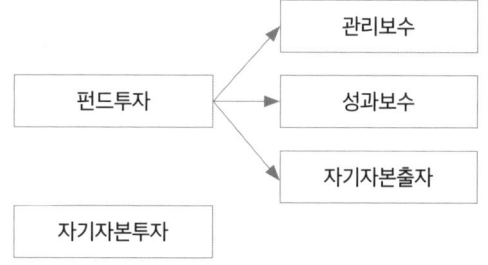

벤처캐피탈 수익은 네 종류로 크게 펀드투자와 자기자본투자로 나뉜다. 먼저 자기자본투자는 쉽게 말해 벤처캐피탈이 여윳돈으로 투자하는 것을 말한다. 그러다 보니 자본 여유가 있는 일부 벤처캐피탈에서만 자기자본투자가 가능하다. 하지만 자기자본투자가 가능하다면 투자로 거둔 투자수익 전부를 벤처캐피탈 수익으로 가져갈 수 있다는 장점이 있다.

다만 대부분의 투자는 펀드투자의 형태로 이루어진다. 펀드투자는 벤처캐피탈 투자의 메인이다. 일반적으로 벤처캐피탈의 투자라고 하면 '펀드투자'를 떠올리면 된다. 펀드의 투자성과가 곧 벤처캐피탈의 실력이다. 또 펀드의 크기가 곧 회사의 크기이기도 하다. 일반적으로 투자회사의 규모를 논할 때 "그 회사 AUM이 1조야"라고 하는데, 이때 AUM은 Asset Under Management의 약자로 운용 중인 펀드의 규모를 말한다. 청산하지 아니한, 실제 운용 중인 펀드 약정 총액을 합산한 것이다. 참고로 국내에는 AUM이 1조가 넘는 벤처캐피탈이 총 9곳이며, 일반적으로 이들을 이른바 'TOP 벤처캐피탈'이라 일컫는다. 이 중 가장 큰 운용자산을 가진 곳이 한국투자파트너스로 2024년 기준 펀드 규모가 3조 1천억 원이 넘는다. 그렇다면 벤처캐피탈이 펀드를 통해 수익을 내는 방법에는 어떤 것이 있을까?

첫 번째, 벤처캐피탈은 펀드를 모으는 것만으로도 수익을 올릴 수 있다. '관리보수'를 받기 때문이다. 전체 펀드 총액의 1.5~2.5% 정도를 관리보수로 매년 운용사인 벤처캐피탈이 가져간다. 만일 어떤 벤처캐피탈이 1,000억 원의 펀드를 운용하는 데 관리보수가 2%라고 한다면, 해당 펀드의 관리보수는 20억 원이 된다. 앞서 언급한 조 단위의 AUM을 가지고 있는 벤처캐피탈은 매년 관리보수만으로 수백억 원을 벌어들일 수 있다. 이처럼 큰 펀드를 결성하면 어느 정도 수입이 보장되는 구조가 되니 대부분의 벤처캐피탈은 큰 규모의 펀드를 결성하고 싶어 한다.

두 번째로 벤처캐피탈 수익의 꽃이라고 할 수 있는 '성과보수'가 있다. 펀드로 마련된 투자재원을 유망한 스타트업에 투자하고 이를 회수하여 회수이익의 일부를 정산받는 것을 성과보수라 한다. 일반 대중은 벤처캐피탈의 수익이라고 하면 대부분 이 성과보수를 떠올릴 것 같다. 그런데 수익이 난다고 해서 수익의 전부를 벤처캐피탈이 가지고 가는 것은 아니다. 성과보수를 결정하는데도 규칙이 있다. 펀드에 투자한 출자자를 LP라고 하는데 이들은 벤처캐피탈에게 일정 수준 이상의 수익을 요구한다. 일반적으로 '복리 몇 퍼센트 이상의 이익을 거둘 것'이라는 식의 기준을 정해둔다. 예를 들어 펀드 총액이 100억 원일 때, 100억 원을 전부 투자해서 5년 뒤에 200억 원으로 회수했다고 하자. 이때 벤처캐피탈은 두 배의 투자수익을 달성했지만 복리이자를 생각하면 그다지 높은 수익이 아닐 수도 있다.

즉, 출자자는 펀드수익에 시간가치가 반영되기를 희망한다. 여기서 IRR이라는 개념이 등장한다. 한글로 '내부수익률'이라 불리는 IRR$^{Internal\ Rate\ of\ Return}$은 벤처캐피탈이 거둔 이익을 연복리 수익률로 환산했을 때 얼마인지를 의미한다. 앞서 예를 들어 설명했던 사례처럼 벤처캐피탈이 100억의 투자금을 200억으로 회수했다면, 단순 수익률은 100%라고 이야기할 수 있다. 그러나 투자시점부터 회수시점까지 5년의 세월이 걸렸다면, 복리 수익률은 14.87%다. 이를 일반적으로 'IRR 14.87%'라고 이야기한다. 얼마나 많은 투자수익을 올렸는지보다, 얼마나 짧은 시간 안에 많은 투자이익을 거두었는지가 성과의 기준이 된다.

펀드출자자가 성과 배분의 기준으로 'IRR 10% 이상'을 허들로 설정하면, 벤처캐피탈은 그 이상의 수익에 대해서만 성과를 주장할 수 있다. 원금 100억 원이 5년간 10%의 복리로 불어난다면 이는 161억 원이다. 복리 10%를 원금으로 가정하는 것이기 때문에 벤처캐피탈의 성과 구간은 161억 원을 초과하는 구간이다. 즉, 200억 원을 회수했을 때 벤처캐피탈이 주장할 수 있는 성과는 39억 원이다. 그러면 39억 원을 전부 벤처캐피탈이 가지고 가느냐? 그렇지 않다. 초기 성과의 일부만 벤처캐피탈이 가져갈 수 있다. 만일 초과 성과의 20%를 벤처캐피탈이 가지고 가기로 계약했다면(물론 이 기준은 펀드별로 다 다르다), 앞서 언급한 39억 원의 20%인 7.8억 원이 벤처캐피탈에 지급된다.

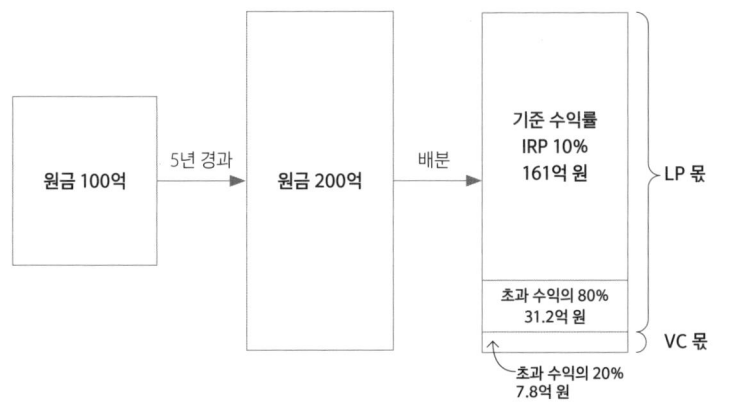

성과보수를 위한 기준으로 IRR 10%를 이야기한 것은 설명을 위해 든 예시이다. 실제로는 IRR 4~8% 사이의 허들을 설정하는 것이 일반적이다. 성과보수 허들은 점점 낮아지는 추세인데 2018년 성과보수를 위한 허들이 평균적으로 IRR 7.25% 정도 되었으나, 최근에는 약 5.85% 수준으로 낮아졌다.

세 번째로 '자기자본출자'로 인한 수익이 있다. 말이 조금 어렵지만, 쉽게 설명하면 벤처캐피탈 스스로가 LP가 되어 펀드의 출자에 참여하는 것을 말한다. 일반적으로 펀드출자자LP들은 GP General Partner(펀드를 운용하는 벤처캐피탈을 GP라 함)가 펀드 약정액의 일부를 책임지기를 원한다. 책임감 있는 펀드운용을 주문하기 위함이다. 예를 들어, 1,000억 원 규모의 펀드를 결성하기 위해서는 벤처캐피탈도 100억 원의 돈을 펀드에 넣어야 한다.

이렇다 보니 큰 규모로 펀드를 결성하고자 하면 벤처캐피탈이 펀드에 넣어야 하는 금액도 커진다. 이러한 점 때문에 큰 규모로 펀드를 결성하는 걸 부담스러워하는 벤처캐피탈들도 있고, 회사채를 발행하거나 대출을 통해 GP 출자 기준을 맞추기도 한다. 이런 출자 기준을 맞추는 것이 펀드가 커질수록 어려워지지만, 만일 펀드가 잘 운용되어 좋은 성과로 마무리만 된다면 자기자본출자는 벤처캐피탈의 큰 성과로 돌아오게 된다.

그렇다면 이러한 펀드에 모이는 돈은 어디에서 오는 것일까? 우리나라 벤처캐피탈 펀드에 출자하는 주요 출자자를 구분해보면 다음과 같다.

1. **공적자금 또는 공공기금**
   정부나 공공기관: 중소벤처기업부가 주도하는 모태펀드, 한국성장금융, 신용보증기금 등의 정책자금
   지방자치단체 및 지역 공공기관: 지역 혁신기업 및 지역 스타트업 활성화를 위한 자금
   연기금: 국민연금, 교직원공제회 등과 같은 공공기금
2. **민간자본**
   보험사: 보험사도 자산 일부를 출자
   은행이나 금융기관: 은행과 금융기관은 간접투자 포트폴리오에 벤처캐피탈 출자를 포함
3. **기업투자자**
   기업 출자: 기업이 외부 벤처캐피탈에 출자하거나 기업형 벤처캐피탈을 설립하여 출자
4. **개인투자자**
   고액자산가: 벤처캐피탈 펀드에 개인적으로 출자
   전문 앤젤투자자: 초기 스타트업에 중점적으로 투자하는 앤젤펀드에 출자
5. **국제자본**
   해외투자자: 글로벌 벤처펀드, 해외 국부펀드, 해외 연기금, 국제 투자기관 등이 한국의 벤처캐피탈에 출자

가장 큰 비중을 차지하는 것이 공적자본과 공공기금이다. 쉽게 말하면 국민의 세금과 노후자금이 스타트업 투자 생태계를 지지하는 중추라는 소리다. 벤처캐피탈은 국민이 모아준 돈으로 투자하고 있다. 그래서 벤처캐피탈이라는 직업이 갖는 공공적 의미가 적지 않다.

이렇게 국가는 국가 자원의 적지 않은 부분을 미래 먹거리를 만들어내는 스타트업에 투자하게끔 하고 있다. 국가 미래를 위해 꼭 필요한 일이다. 매년 수조 원의 공적자금이 스타트업 시장에 들어간다. 그 역할을 맡은 이들이 바로 벤처캐피탈이라고 보면 된다. 즉, 벤처캐피탈은 시장의 '효율적 자원배분' 역할을 한다. 이들에게 공적자금의 배분을 맡기고 대가로 인센티브를 지급한다. 민간자금 100%로 펀드를 조성하는 아주 극소수의 벤처캐피탈을 제외하고는 우리나라 대부분의 벤처캐피탈은 이런 틀 안에 있다. 때문에 벤처캐피탈 대부분이 막중한 사회적 책임에서 벗어날 수 없다.

이런 이유로 벤처캐피탈 업계 종사자는 높은 윤리의식을 지녀야 한다. 국민의 혈세를 레버리지 삼아 사익을 추구하거나 투자금을 유용하는 행위는 지양해야 한다. 만일 그러한 일이 발생했다면 아주 강력한 처벌을 해야 한다. 무엇보다도 벤처캐피탈 직군의 인력부터 자기들이 다루는 자본이 어떠한 의미를 지니는지를 가슴에 새겨야만 한다.

나도 업계에 들어오기 전에는 투자재원이 어디에서 왔는지를 알 수 없었다. (사실 크게 신경 쓸 기회도 없었다) 심지어 업계에 들어와 교육받고 업무에 익숙해지는 과정에서 누구도 그 돈을 어떠한 마음가짐으로 다뤄야 하는지 이야기하지 않았다. 시간이 지나 업무가 익숙해지고 펀드의 출자자 구성이

나 출자자금의 원천을 알고 나서야, 이 직업이 갖는 의미가 다르게 느껴지기 시작했다. 그 사회적 책임이 절대 가볍지 않음을 깨달았다.

대박을 꿈꾸며 업계에 발을 들인 사람이 많다. 지금 이 순간에도 업계의 많은 이들이 최고의 기업에 투자하여 찬란한 성과를 거두기를 간절히 바라고 있으리라. 하지만 내가 집행하는 투자재원이 어디서 왔는지를 마음에 새기는 사람은 그리 많지 않을 듯하다. 펀드의 주요 출자자가 누구이며, 그들이 그 돈을 어떠한 의미로 우리에게 맡기는지를 생각해야 한다. 생각 외로 벤처캐피탈은 공익적인 직업이며, 그러하기에 사사로워서는 안 된다. 우리가 쓰는 돈이 어디서 왔는지를 늘 마음에 담고 있어야 한다.

1부

투자자들에게

어떤 사람이 투자자가 되는가
투자판에 있는 사람은 어떤 사람일까?

○

예전에 동료와 함께 점심을 먹다가 문득 회사를 구성하는 사람 대부분이 이과 출신임을 인지했다. 바이오 심사역을 제외하면 대부분이 공대 출신이었다. 전자공학, 화학공학, 재료공학, 기계공학 등.

"참 신기하지? 경영학 한 명, 경제학 한 명. 그 두 명을 제외하면 전부 공대 언저리네? 다른 회사들도 비슷한가?"

"아마 비슷할걸요? 적어도 제 주위 사람은 공대 아니면 상경대, 둘 중 하나인 것 같아요."

증권사 출신 동료에게 물어보니 증권사도 비슷하다고 했다. 다른 전공을 가진 사람이 잘 티가 나지 않는 것인지, 아니면 정말 인력구성이 공대와 상대로 되어있는 것인지 궁금했다.

교육부의 통계에 따르면 전체 대입정원의 약 30%는 공대라고 한다. 그리고 20%의 학생은 상경계열에 입학한다고 하니 얼추 절반 정도의 학생이 공학계열과 상경계열을 전공으로 대학에 입학하는 것이다. 전공별 취업률도 다소 영향을 받을 것 같아서 찾아봤다. 2022년 교육부와 한국교육개발연구원이 대학졸업생 55만 명을 대상으로 조사한 자료에 따르면 공학계열은 72%의 졸업생이 취업에 성공하는 반면, 사회과학계열의 취업률은 30%대 후반인 것으로 조사되었다. 사회과학계열에서 경영학과만 추려보면 취업률이 약 50%로 그나마 높은 상황이니 입학정원과 취업률을 생각하면 공대와 상경대의 인구가 많은 게 이해가 되기도 한다.

이런 상황은 미국도 크게 다르지 않은 것 같다. 미국 역시 이에 대한 정확한 통계는 없지만, 미국의 벤처캐피탈 역시 공학 및 컴퓨터과학 분야, 경제 및 경영 출신의 인재로 구성된다고 알려져 있다. 간혹 특허 및 기업구조, 법률 관련 전문성을 보충하기 위해 법학 전공자를 뽑기도 하고, 제약·바이오 분야의 투자를 위해 자연과학과 의학 분야 졸업생을 채용한다고 하지만 그 수가 많지 않은 듯했다.

미국의 투자은행은 어떨까? 이와 관련해서는 그나마 통계 비슷한 것들이 있다. 조사기관 365 파이낸셜 애널리스트는 2024년 미국 투자은행의 채용공고를 분석하여 그들이 어떤 인재를 필요로 하는지를 분석했다. 이 조사에 따르면 90.9%의 채용공고가 경영학 및 이와 가까운 분야의 전공자를 필요로 했다. 학력별로 보면 69%가 학부 졸업을, 19%가 석사학위를, 6% 정도가 박사학위를 요구했다. 다만 학력에 대한 조건이 까다롭지 않은 대신에 데이터 분석 및 모델링 역량을 필수적으로 갖출 것을 명시했다. 아울러 국제 금융시장에 대한 이해와 커뮤니케이션 역량도 까다롭게 요구했다. 엑셀, 파이썬, R 등과 같은 도구를 능숙하게 구사할 것을 명시하기도 했다. 전반적으로 보면 전통적인 금융시장에 대한 이해와 더불어 핀테크와 데이터 기반 금융기법을 구사할 사람을 원하는 것 같았다.

여담으로 이들의 초봉은 10만 달러를 조금 넘는 수준이라고 한다. 물론 금융업계 대부분이 성과에 따른 보너스를 책정해두고 있으니 실제 보상은 이를 훨씬 웃돌 것으로 생각된다. 연차가 쌓일수록 이들의 연봉은 가파르게 상승한다. 2023년 2월 24일 〈뉴욕타임스〉는 '해고가 뭔가요? 탑 월스트리트 트레이더들이 엄청난 급여를 기록하고 있다'라는 기사를 냈는데, 기사는 월가의 투자사끼리 인재를 두고 '급여 전쟁'이 벌어진다는 표현을 썼다. 전쟁이란 표현을 써도 과하지 않은 것이 시타델 Citadel 이나 밀레니엄 매니지먼트 Millenium Management 같은 대형 헤지펀드는 우수한 트레이더를 유치한다며 수백에서 수천만 달러의 연봉을 제시하기 때문이다. 기사에서 예로 든 밀레니엄 매니지먼트는 실리콘밸리 출신의 우수한 IT 인력을 스카우트하기 위해 6천만 달러의 연봉을 제시했다. 6천만 달러라니 상상하기 어려운 돈이다.

상황이 이렇다 보니 투자사에 들어가려면 특정 전공의 학위가 꼭 필요한 것은 아니어도 공학과 경영학을 전공하면 조금은 유리한 것이 아닌가 싶었다. 그래서 요즘 학부를 졸업한 이들이 전공을 불문하고 금융학이나 컴퓨터과학 등을 복수로 전공하려 하는지 이해됐다. 회사에서 받아보는 이력서가 왜 그렇게 이중, 삼중 전공이 많은지도….

그런데 정말 투자라는 것이 전공과 밀접한 관계가 있는 것일까? 신입 채용 말고, 실제로 투자업계를 이끄는 이들은 어떨까?

퍼싱 스퀘어 캐피털Pershing Square Capital의 빌 에크먼은 사회학 전공자다. 퍼싱 스퀘어 캐피털의 허벌라이프 공매도에 맞서 롱포지션으로 결국 빌 애크먼을 굴복시킨 칼 아이칸은 철학을 전공했다. '영란은행을 굴복시킨 남자' 조지 소로스의 전공도 철학이다. 조지 소로스는 런던정경대학에서 철학 박사를 받았는데, 당시 지도교수가 무려 칼 포퍼였다. 《추측과 논박》,《열린 사회와 그 적들》을 쓴 그 칼 포퍼 말이다. 기술 투자로 유명한 팔란티어 테크놀러지스Palantir Technologies의 회장 피터 틸 역시 철학을 전공했다. 이쯤이면 철학이 투자를 위해 가장 적절한 학문이 아닌가 하는 생각이 들기도 한다. 철학 이외에도 의외의 학문을 전공하고 투자로 성공한 사람은 많다. 하워드 막스는 역사학을 전공했으며 찰리 멍거는 기상학과 수학을 전공했다. 블랙스톤의 공동 창업자 스테판 슈워츠먼은 문화인류학을 전공했다. 빅쇼트의 주인공으로 널리 알려진 마이클 버리와 엘더 레이Elder Ray라는 지표로 유명한 알렉산더 엘더는 의사를 접고 투자에 뛰어든 사례다.

워런 버핏처럼 경영학을 전공했거나 피터 린치와 레이 달리오처럼 금융학을 전공한 사람도 있지만, 이른바 투자의 대가라는 이들의 전공은 정말 다양하다. 정확한 통계를 확인하기 어려워 조심스럽지만, 헤지펀드 리더 중에는 철학을 비롯한 인문학 전공자가, 벤처캐피탈 투자자는 기술을 전공한 사람이 많다. 개인적으로는 어떠한 학문을 했는지가 좋은 투자자를 결정하는 요소는 아닌 것 같다고 생각하고 있다. 투자의 대가라고 불리는 이들의 사례를 접하면 접할수록 그런 생각은 확고해진다. 아주 당연한 이야기 같지만, 오히려 어떤 배경을 지니고 있느냐가 아니라 업계에 진입하고 얼마나 더 성장하는지가 훨씬 중요하다는 느낌이 든다.

노마드 투자Nomad Investing는 특정 지역이나 산업군에 얽매이지 않고 다방면으로 투자하는 전천후 스타일의 투자를 뜻한다. 노마드 투자자는 전 세계를 돌면서 다양한 산업군에 걸쳐 알록달록한 포트폴리오를 꾸린다. 브리지워터Bridgewater Associates의 레이 달리오 회장 같은 사람이 대표적인 노마드 투자자다. 그는 미국 시장에 국한된 투자를 하기보다는 전 세계를 돌며 유망한 투자처가 있으면 종류를 가리지 않고 투자한다. 레이 달리오는 자신의 이러한 투자 스타일을 궁극의 이익추종 전략이라고 소개하며 '올 웨더All weather 포트폴리오' 전략이라고 부른다. 날이 맑건 궂건 간에 무조건 이익을 얻겠다는 이야기다. 브리지워터는 포트폴리오를 구성하면서 글로벌 매크로와 그 나라의 정치 상황까지 고려한다고 하니 쉽게 따라 하기는 어려운 전략일 것 같다. 얼마나 많은 수의 연구인력이 필요하겠는가.*

    레이 달리오 말고도 마크 모비우스 역시 노마드 투자의 대표 격이다. 2008년에 나온 다큐멘터리 〈돈을 법시다!〉는 선진국의 금융자본이 어떻게 지구 곳곳에 흘러들어 사람의 삶을 파괴하는지를 추적하고, 극단적 '금융 자본주의'를 통렬하게 비판하고 있다. 그런데 이 다큐멘터리에 마크 모

---

* 브리지워터의 전 직원은 대략 1,200명 정도이며 이 중 240명 정도가 연구 전담 인력이다.

비우스가 출연한다. 그는 다큐멘터리에서 글로벌자본의 흐름에 대한 자신의 견해를 이야기하며, 개발도상국에서의 투자전략과 그곳에서 어떻게 자본주의가 동작하는지를 설명한다. 노마드 투자자로서 세상 모든 것을 투자대상으로 보는 자신의 관점을 밝힌 것이다. 물론 다큐멘터리는 그것을 아름답게 묘사하지는 않는다. 과연 그는 자신이 출연한 다큐멘터리의 주제를 알고는 있었는지 의문이다.

아무튼 이러한 투자방식을 노마드 투자라고 일컫는데, 닉 슬립 역시 노마드 투자를 추구하던 사람이었다. 닉 슬립은 에든버러대학에서 지리학과 철학을 전공한 사람이었다. 전공도 범상치 않지만, 그의 첫 커리어는 무려 조경회사에서 시작한다. 한참을 조경회사에서 근무하다 우연한 기회로 투자사에 들어간다. (우연한 기회가 무엇인지 궁금해서 찾아봤지만 아쉽게도 그 우연이 무엇인지는 알 수 없었다) 월터 스콧&파트너스, 선 라이프를 거쳐 마라톤 에셋 매니지먼트에서 펀드매니저로 일한다. 마라톤 에셋 매니지먼트에 있을 때, 그는 노마드 투자전략을 구사하겠다면서 펀드 하나를 결성하는 데, 그 펀드는 이름부터 대놓고 '노마드 투자조합Nomad Investment Partnership'이었다. 닉 슬립은 동료 콰이스 자카리아와 함께 이 조합을 2001년부터 2014년까지 13년 동안 운영한다.

그들이 노마드 투자조합을 운영하던 초기에는 평범한 노마드 전략을 구사했다. 그러다 시간이 지나면서 그들은 노마드 전략보다는 가치투자 전략이 자신과 훨씬 더 잘 맞는다는 사실을 깨닫게 된다. 이름까지 '노마드'로 지었는데 말이다. 이름은 이름일 뿐, 해가 거듭되면서 그들은 펀드의 투자

전략을 조금씩 수정해 갔다. 문제는 시간이 갈수록 자신의 투자 철학이 회사(마라톤 에셋 매니지먼트)의 지향점과 조금씩 멀어진다는 것이었다. 그들은 우량한 종목을 최대한 오래 보유하고 싶었지만, 마라톤 에셋 매니지먼트는 펀드가 보유하고 있는 주식을 기회가 될 때마다 팔아서 수익을 실현하길 원했다. 애초 마라톤 에셋 매니지먼트의 요구에 맞춰 노마드 투자조합을 결성했던 터라, 그들의 이런 투자전략 변경은 회사와 펀드 사이의 갈등을 일으켰을 듯하다.

펀드 결성 초기 노마드 투자조합은 미국뿐만 아니라 아시아, 남미 등의 다양한 기업에 투자를 진행했고 분야도 다양했다. 원자재부터 언론사에 이르기까지 그야말로 다양한 분야에 걸쳐 투자하고 있었다. 그러던 것이 점차 규모의 경제를 실현하는 데 성공한, 시장을 혁신하는 독보적인 기업에 집중하게 되면서 펀드의 포트폴리오는 점차 미국의 우량기업 중심으로 재편되었다.

닉 슬립과 콰이스 자카리아는 코스트코나 아마존 같은 시장의 패러다임을 뒤집는 데 성공한 기업에 더 많은 돈을 투자했다. 그리고 최대한 오래 보유했다. 상황이 이렇게 되자 그들은 펀드를 가지고 과감히 회사 밖으로 나가기로 한다. 펀드가 아닌 회사로 존재하기로 한 것이다. 놀라운 것은 닉 슬립과 콰이스 자카리아에게 돈을 맡긴 이들이 둘의 결정을 승인한 것이다. 아마 출자자 대부분이 두 사람의 투자 철학을 잘 이해하고 있었기 때문에 가능한 것이었으리라. 조합원은 펀드매니저의 변심을 용인한 수준을 넘어 이들의 독립을 응원해주기까지 했다. 이들이 회사에서 독립하면서 발생하는 추가적인 고정비 지출까지 조합이 감당하기로 하면서 말이다.

이런 일이 가능한 것은 닉 슬립이 반기에 한 번씩 보내는 투자자 서한의 공이 컸던 것 같다. 닉 슬립은 투자자 서한에 현재 자기들이 가지고 있는 관점과 투자 철학을 자세히 정리하여 담았다. 서한의 글이 무척 쉽고 좋다. 그들이 포트폴리오를 구성하는 원리와 투자전략 등을 명확한 근거와 함께 적어 출자자가 이해하기 좋게 만들었다. 실제로 13년의 펀드 운용기간에 닉 슬립이 작성한 투자자 서한 26개는 《노마드 투자자 서한》이라는 제목의 책으로 출판되었다. 읽어보면 딱딱하지도 않고 재미있다. 단순히 그들의 투자방식을 접하는 것을 넘어 닉 슬립과 콰이스 자카리아가 어떻게 가치투자자로 거듭나는지, 그 과정을 볼 수도 있다. 이 과정을 지켜보는 것이 자못 즐겁다.

만일 가치투자를 지향하는 사람이라면 이 책을 읽어보기를 권한다. 가치투자의 세계를 탐험하는데 좋은 가이드가 될 것이다. 펀드의 구성이나 시장을 바라보는 관점, 자산의 배분 전략 등이 13년 동안 어떻게 바뀌는지를 볼 수 있다. 중간에 2008년 금융위기를 겪음에도 불구하고 노마드 투자조합은 13년간 921%라는 수익률을 달성했다. 연수익률로는 20%가 넘는 수치다. 청산 즈음해서 이들의 투자 철학은 본받을 만한 '가치투자의 표본'으로 다양한 곳에 소개된다.

막 유명세를 치르기 시작하는 시점에 두 사람은 돌연 더 이상 펀드를 운용하지 않겠다고 선언한다. 펀드를 청산하는 데 그치지 않고, 회사를 닫고 업계에서 은퇴하겠다고 한 것이다. 실제로 그들은 현재 금융산업과 거리를 두며 살고 있다. 닉 슬립은 IGY(I got you) 재단을 설립하고 저소득 청소년의 자립을 돕는 일을 하고 있으며, 콰이스 자카리아는 과학 연구재단을 설립하여 런던 수학연구소, 왕립학회 등을 후원하는 일을 하고 있다.

책에서 이들이 은퇴를 선언하는 부분을 읽으면서 영화 〈타짜〉에서 아귀가 했던 대사가 떠올랐다.

"햐~ 그 양반 갈 때도 예술로 가는구먼."

무엇보다 그들이 펀드를 과감하게 청산하면서 남겼던 말이 인상적이었다. 13년 동안 노마드 투자조합을 운영하면서 많은 경험과 깨달음을 얻었으며, 이를 통해 자기들의 투자 철학을 많은 부분 완성했다고 했다. 대단한 자신감이 아닐 수가 없다. 이러한 이들의 행보를 두고 워런 버핏은 편지로 그들의 앞길을 축복했다. 먼 길을 온 것 같지만 이제 겨우 시작임을, 그렇게 시작되는 새로운 여정이 더 즐거울 것이라고…. 닉 슬립은 버핏의 편지가 자랑스러웠는지 그 편지를 훈장처럼 책의 가장 앞장에 실었다.

그들은 자선사업을 하면서도 개인적으로는 투자를 지속하고 있다고 한다. 깨달음 속에서 소소한 삶을 선택하며 은퇴를 선언했지만, 몇 해 지나면 대중의 입에 다시금 오르내리게 될 것 같다는 느낌이 든다.

작년, 지인에게 《노마드 투자자 서한》을 추천받아 읽으면서 좋은 투자자가 되는 길은 어떠한 것인지에 대한 많은 아이디어를 얻었다. 지리학과 철학을 전공하고 조경회사에 다니다 우연한 기회로 투자사에서 일을 하고, 노마드 투자를 위해 펀드를 결성했지만 가치투자에 눈을 뜨고 성장하는 13

년의 과정. 그동안 그들이 했던 고민의 역사를 보면서 결국 좋은 투자로 가는 길은 기꺼이 배우고자 하는 자세와 투자로부터 얻은 교훈을 피드백 삼아 전략을 꾸준히 수정하는 유연함에서 나오는 것이 아닌가 싶다.

처음에 어떤 사람이 투자자가 되는지를 통계적으로 확인하려 했을 때는 그 답이 대략 정해져 있는 듯했다. 주변 사람이나 통계를 통해 미루어 짐작할 수 있는 부분이 있었으니 말이다. 만일 '업계에 진입하는 조건'을 따진다면 이런 통계가 어느 정도 의미가 있을 것으로 생각된다. 하지만 좋은 투자로 오랜 시간 업적을 쌓은 이들의 특성을 찾으면, 그것은 통계의 영역 밖에 있을 것이다. 그들의 성장 과정은 하나하나가 유니크하다. 만일 그들의 특징을 알고자 한다면, 그들과 관련한 통계를 찾기보다는 그들의 역사 하나하나를 살펴보아야 할 것이다. 그들의 삶의 궤적을 시계열로 따라가는 기록이 그래서 더 값진 듯하다. 《노마드 투자자 서한》, 비록 이 책에는 단 한 곳의 역사가 담겨있지만, 행복하고 의미 있는 투자를 향해 정신하는 모습의 전형이 담겨 있다.

    일독을 권한다.

권능감을 경계합시다

우리가 아는 것은 정말 아는 것일까?

○

도널드 럼츠펠트의 '기지수와 미지수' 이야기는 투자판에 널리 알려진 이야기다. 럼츠펠트는 911 테러를 응징하기 위해 벌인 아프가니스탄 전쟁의 전황을 설명하면서 다음과 같이 이야기했다.

"어떤 일이 일어나지 않았다는 보도는 항상 저에게 흥미롭습니다. 왜냐하면 우리가 알다시피 기지수가 있습니다. 우리가 알고 있음을 알고 있는 것이죠. 또 미지수라는 것도 있어요. 우리가 모르고 있음을 알고 있는 것 말입니다. 하지만 우리가 알지 못하는 미지의 영역, 즉 우리가 아는지 모르는지도 모르는 정보가 있죠. 그리고 우리나라와 다른 자유 국가의 역사를 살펴보면 후자의 범주에 속하는 것들이 우리에게 어려움을 가져오기 마련입니다."

럼즈펠드의 이 발언은 아프가니스탄 전황을 설명하면서 '내가 모든 변수를 다 알지는 못해, 그런데 이런 미지의 변수 때문에 곤란한 상황이야'라는 발언을 굉장히 복잡하고 어렵게 꼰 것이다. (면피성 발언처럼 들리기도 한다) 이를 그냥 변명으로 생각하고 지나칠 수도 있겠지만, 이 이야기는 세상의 정보를 '아는 것/모르는 것'으로 분류하는 새로운 기준을 제공해준다. 그래서 장하준 교수를 비롯해 많은 이들이 럼즈펠드의 이 발언을 다시금 조명한 것이리라. 좀 더 자세히 들여다보자.

1. 내가 알고 있음을 안다. - 내가 알고 있는 것의 범주를 알고 있다. (인식, 인지)
2. 내가 모르고 있음을 안다. - 내가 추가로 파악해야 하는 정보, 잠재적 위험을 알고 있다. (인식, 미지)
3. 내가 알고 있는지, 모르고 있는지를 알지 못한다. - 미지의 영역. (미인식, 미지)

럼즈펠드의 이야기는 위의 세 영역을 설명한다. 이 중 3번의 영역이 가장 클 것이다. 제아무리 똑똑한 사람이라고 하더라도, 제아무리 현명한 사람이라고 하더라도, 1번과 2번이 3번의 영역보다 큰 사람은 없을 것이다. "내가 알고 있는 것이 모르는 것보다 많아!"라고 자신 있게 이야기하는 사람이 있다면, 제정신이 아닐 가능성이 높다. 만일 주위에 그런 사람이 있다면 최대한 멀리 도망쳐야 한다.

그러면 럼즈펠드의 말처럼 우리가 의사결정을 하거나 계획을 세울 때,

나아가 사업을 하거나 투자할 때, 가장 큰 위험은 3번 영역에 도사리고 있는 것일까? 혹시 미인식과 인지의 네 번째 영역이 있지는 않을까? 이를 한번 상상해보자. 위의 기준대로라면, 네 번째 영역은 '내가 알고 있다는 사실을 알지 못한다'가 될 것이다. 언뜻 논리적으로는 성립하지 않을 것 같은 생각이 든다. 내가 알고 있음은 그 자체로 인식한다는 의미가 되니 말이다. 하지만 이는 존재할 수 있는 영역이다. 위인지僞認知의 영역 말이다. 말하자면 내가 '안다고 생각하지만, 사실은 그렇지 않은' 정보의 영역이다. 의사결정에 있어 이 4번 카테고리가 가장 치명적이다. 내가 안다고 착각하는 것만큼 위험한 것은 없기 때문이다.

스타트업 사업설명을 듣다 보면, 발표자는 다양한 가설을 바탕으로 사업의 성공을 그려낸다. 지금 시장 상황이 이래서, 지금 우리가 가진 기술을 활용하면 시장의 판도를 바꿀 수 있을 것 같아서, 시장의 새로운 수요가 예상되어서 등등의 다양한 근거를 들어 '지금 우리가 하려는 사업이 성공할 것입니다'라는 주장을 지탱한다. 이러한 설명을 듣고 사업의 성공을 그대로 믿는 심사역은 많지 않다. 직업적으로 단련된 의심 회로를 돌리기 때문이다. 심사역은 회사가 제시하는 정보 이외에 고려하지 못하는 정보가 있는지, 무엇보다 회사가 설정한 가설이 잘못된 정보를 기반으로 구축된 것은 아닌지 검증한다. 이때 심사역이 '회사가 놓친 정보'보다 '잘못 알고 있는 정보'를 짚어냈을 때, 가설은 쉽게 무너진다.

예를 들어보면 이렇다. 몇 해 전, 한 대학의 창업경진대회에 심사위원으로 참여한 적이 있었다. 하루의 시간을 정해놓고 한 공간에 모인 50여 명의 학생에게 사업개발을 하게끔 하는 행사였다. '해커톤' 같은 느낌이었다. 참가 학생은 아침 9시에 행사장에 모여 팀별로 나누어 앉는다. 그리고 24시간을 나타내는 시계가 거꾸로 돌아가기 시작한다. 다음 날 오전 9시까지 그들은 최대한 정교하게 비즈니스 모델을 만들고, 가능하다면 프로토타입까지 만들어내야만 한다. 제법 많은 상금과 지원 프로그램이 걸려있던 터라 학생들의 눈에서는 불꽃이 튀었다.

 다음 날 아침 9시 심사를 위해 돌아간 행사장에는 24시간을 전력으로 달린 학생들의 열기와 피곤, 좌절이 짙게 깔려있었다. 개중에는 24시간 사이에 만들어졌다고 보기에 어려울 정도로 높은 수준의 사업 아이템으로 심사위원을 놀라게 하는 팀도 있었다.

한 팀은 실제 동작하는 모바일 애플리케이션까지 만들어서 가지고 왔다. 남성 개발자 다섯 명으로 구성된 팀이었다. 그들이 개발한 아이템은 짝사랑하는 상대에게 고백할 수 있는 모바일 애플리케이션이었다. 다섯 명의 남자는 자기들의 페인 포인트를 해결할 수 있는 최적의 해법이라면서 애플리케이션의 성공을 장담했다. 이 애플리케이션을 사용하지 않을 남자는 없을 것이라며!

 애플리케이션의 동작은 이랬다. 누군가를 짝사랑하는 남성이 있다. 남성은 부끄러움이 많은 나머지 쉽게 짝사랑 여성에게 다가가지 못한다. 하지만 자기가 좋아한다는 사실을 알리고 싶다. 그래서 이 애플리케이션은 익명으로 여성에게 고백할 기회를 제공한다. 익명으로 기프티콘을 보낼 수도 있고, 문자나 편지도 가능하다. 심사위원은 그들의 발표를 듣다가 돌연 발표를 중단시키더니 플로어의 한 여성을 지목했다.

"거기 여성분. 만일 누군가가 이러한 방식으로 당신에게 고백한다면, 어떨 것 같아요?"

질문을 받은 여학생은 1초도 망설이지 않고 대답했다.

"너무 싫어요. 생각만 해도 무서워요!"

플로어에 있던 다른 여성들도 격한 공감의 끄덕임을 시전했다. 심사위원은 말을 이어갔다.

"일단 이 팀의 문제는 '팀 구성'입니다. 같은 페인 포인트를 지닌, 다양성이 결여된 팀 구성이 이런 사업 아이템을 만들어낸 것 같습니다. 가설 단계에서 오류가 발생했어요. 자기들의 경험을 바탕으로 시장의 수요를 파악했다고 생각했지만, 그게 착각이었던 거죠."

아마 다섯 남자의 문제의식은 그들 사이에서는 유효한 가설이었지만, 다른 이들이 봤을 때는 이해할 수 없는 것이었으리라. 그들의 가설은 그들 사이에서만 유효한 '통념'에 근거한 것이었다.

'통념'은 주관적인, '사실이라고 믿는 것'을 의미한다. 특정 집단의 통념은 사회적 상식에 부합할 수도, 그렇지 않을 수도 있다. 나아가 그것이 객관적 사실에 부합한다고 이야기할 수도 없어서 이런 '통념'을 다룰 때는 많은 주의가 필요하다.

설령 통념이 사회의 일반적 상식이나 객관적 사실에 부합하지 않더라도 특정 집단 내에서는 강력한 힘을 발휘하기도 한다. 집단 내에서는 다른 의견이나 정보가 차단되곤 하기 때문이다. 따라서 통념으로 자리 잡은 것들은, 그것을 낯설게 보기가 어렵다. 깊은 공감대 속에서 구성원 누구도 문제를 문제라 인식하기가 어려운 상황이 되는 것이다. 당연하게 받아들이지만 그렇지 않은 것들. 우리가 '사실'이라고 믿는 것 중에서 사실은 그렇지 않은 것들이 제법 많다.

인센티브는 생산성 향상에 기여한다.
경쟁은 최상의 결과를 가져온다.
지식 근로자의 적정 근로시간은 8시간.
부모의 사랑은 무조건적이다.
따뜻한 물은 차가운 물보다 빨리 언다. (심지어!)

이러한 통념은 비단 사회과학의 영역에서뿐만 아니라 과학의 영역에서도 힘을 발휘한다. 따뜻한 물이 찬물보다 빨리 얼어붙는 '음펨바 효과 Mpemba effect' 뿐이랴. 아인슈타인도 눈을 감는 순간까지 자기확신 속에서 양자역학의 존재를 부정하지 않았던가. 인간은 사회적 동물이라는 전제는 과학자라고 예외가 되지는 않는 듯하다. 사회가 함께 믿는 것을 진실로 생각하는 경향은 우리가 진화를 통해 얻은 생존의 방식이기도 하기에 이를 '나쁘다'라고 이야기할 수는 없다. 하지만 사업가나 투자자에게 이런 통념은 간혹 경쟁우위를 잃게 만드는 젖은 신발의 역할을 하기도 한다.

앞서 이야기한 것처럼 이러한 통념의 일반화는 진화가 선물한 생존의 도구이기도 하다. 모든 것을 의심하면서 산다면 어떻게 살 수 있겠는가! 하지만 그 정도가 심해 '내가 익숙한 것이 곧 사실'이라는 결론에 쉽게 도달한다면 문제가 될 수 있다. 나는 이를 두고 '권능감'이라는 표현을 쓴다. 성공의 경험이 누적되어 제 생각이 틀리지 않을 거라는 확신의 경향. 이러한 경향, 즉 권능감이 우리를 앞서 이야기한 네 번째 영역으로 인도한다.

이 세상은 복잡계에서 빚어진 우연의 산물이라고 볼 수 있다. 무엇인가를 예측한다는 것은 까다롭고 어려운 일이다. 그래서 예단은 위험하다. 이런 상황에서 강한 자기확신은 미지의 변수가 마음 놓고 활개를 치게 만드는 꼴만 만든다.

'너를 둘러싼 모든 것을 낯설게 생각하라'는 이야기는 난해하다. 삶 속에서 이를 체득하기도 쉽지 않다. 하지만 적어도 무엇인가를 검증하는 상황에서는 내 주위의 모든 것을 최대한 낯선 시선으로 봐야 하지 않을까?

일전에 중국발 황사가 크게 보도되었던 시기가 있었다. 2010년대 후반으로 기억하는데, 언론에서 나날이 악화하는 한국의 대기질과 관련하여 많은 보도를 쏟아낸 적이 있었다. 그러자 대기 관련된 스타트업이 갑작스레 늘어났다. 대기의 질을 측정하는 기기부터 대기질 개선 솔루션까지 다양한 분야에서 스타트업이 등장했다. 그런 스타트업이 투자받으러 올 때, 대기의 질이 실제로 어떻게 변하고 있는지를 제시하는 기업은 없었다. 단 한 군데도…. 모든 기업이 '대기의 질이 나빠지고 있다'라는 뉴스가 던지는 명제에 동의했다. 어찌 보면 당연했다. 그 문제를 풀기 위해 만들어진 비즈니스였으니까.

한국 대기질과 관련된 책을 보고, 기상청과 통계청의 자료를 찾아봤다.

사실이 궁금했다. 정말 그러한지. 결론은 창업자가 이야기한 방향과 반대였다. 대기의 질은 기상청이 통계를 집계한 80년대 후반부터 개선 양상을 보였다. 대기 중 납 농도, 미세먼지 농도, 초미세먼지 농도, 스모그 경보 등을 종합해 보면 결론은 '개선'이었다. 대기가 좋다는 것이 아니다. 공기의 질이 나쁜 것은 맞으나 나빠지고 있는 상황은 아니라는 이야기였다. 사업설명 도중에 "공기의 질이 나빠지는 것이 맞습니까?"라고 질문을 하면 대표는 그건 당연한 것 아니냐는 반응을 보이거나 심지어는 "심사역님은 뉴스도 안 보세요?"라며 면박을 주기도 했다.

공기의 질 뿐만 아니라 지구 온난화, 인구구조 예측, 경제상황 예측과 관련해서 통념과 뉴스를 근거로 여론이 형성된 이슈가 있다. 만일 이런 부류의 사안에 접근하는데 있어 조금이나마 높은 정확도를 추구하려 한다면, 그 사안과 관련된 사실에 접근하려는 다른 방향의 접근이 필요할 것이다.

가장 추천하는 것은 통계와 책이다. 통계와 책이 절대적으로 가치중립적이라는 것은 아니지만 적어도 이들이 자극에 호소할 가능성은 높지 않다. 만일 인구감소가 나의 삶에 어떤 영향을 미칠지 궁금하다면 뉴스를 접고 서점으로 달려가자. 인구감소가 괜찮다고 하는 책 세 권과 위험하다고 이야기하는 책 세 권을 사서 읽자. 만일 더 궁금한 것이 있다면, 여섯 권의 책에서 언급한 참고 서적으로 그 영역을 넓히면 된다. 책에서 인용하는 통계가 있다면, 국내외 통계를 확인하면서 사실과 부합하는지 보자. 요즘은 Chat GPT 등의 도구가 있어 예전보다 통계를 확인하기가 더 쉬워졌다. 단순한 과정이지만, 사실과 통념을 구분할 수 있는 기준을 제시해 줄 수 있다.

이러한 과정을 사안별로 반복해 나가다 보면, 통념이 점차 통섭으로 변화하는 과정을 체감할 수 있을 것이다.

'아! 그거 나 알아!'라고 하는 마음의 소리를 참아보자. 정보의 바다를 헤엄치는 데 권능감은 별로 도움이 되지 않는다. 내가 잘 안다고 자부하는 사람치고 현명한 자가 없고, 다 알 수 없다며 겸손한 자 중에 현명하지 않은 이가 없다.

# 별은 존재하는가

무엇을 목표로 삼고 투자에 임해야 할까?

○

어두운 밤, 하늘을 올려다보면 별이 보인다. 유독 밝게 빛나는 몇 개의 별이 있다. 별자리를 잘 모르는 사람일지라도, 흔히 북두칠성이라 부르는 큰곰자리는 찾을 수 있다. '별 좀 본다' 하는 사람은 카시오페아나 오리온도 쉽게 찾아낸다. 우리 은하에만 5,000억 개가 넘는 별이 있고, 맨눈으로 확인할 수 있는 별만 해도 2,500개가 넘는다고 한다. 이렇게나 많은 별이 하늘 어딘가에 존재하지만, 대부분은 별에 관심조차 주지 않고 살아간다.

업계에도 별이 있다. 대략 3~4년에 한 번꼴로 잭팟을 터뜨려 어마어마한 금액의 인센티브를 받는 심사역의 소식이 업계를 달군다. 술자리에서는 으레 이 '별'에 대한 이야기가 오르기 마련이다. 부러움, 질투, 폄훼가 오가는 속에서 혹시라도 그의 비결을 들을 수 있지는 않을까 싶어 귀를 쫑긋 세운다. 별은 밝게 빛난다. 시간이 지나도 "어느 해에는 누가 얼마나 벌었다더라"라는 이야기가 남아 빛난다. 거기에 이런저런 이야기가 붙어 전설처럼 전해진다. 많은 이들이 그 별을 향해 달린다. 업계 밖에서도 그 빛을 쫓아, 나도 저렇게 되리라는 부푼 가슴으로 업계에 발을 들인다.

목표를 가진다는 것은 좋은 일이다. 좋은 목표를 가지는 것은 좋은 커리어를 만드는 원동력이기도 하다. 하루하루를 성실하고 근면하게 보내는 바탕이 되기도 한다. 그런데 과연 내가 별이 될 수 있는 확률은 얼마나 될까? 확률적으로 보았을 때, 별을 쫓는 것은 과연 타당한 일인가?

투자시장은 멱법칙冪法則, power law을 따른다. 흔히 거듭제곱의 법칙이라고 하는 멱법칙은 통계의 극단으로 갈수록 그 값이 기하급수적으로 증가하는 것을 의미한다. 세계에서 가장 부유한 26명이 전 세계 자산의 절반을 가지고 있는 것이 멱법칙의 좋은 예다. 이러한 멱법칙은 자본시장에서 볼 수 있는 일반적인 특징이며, 우리나라의 벤처캐피탈 시장도 예외는 아니다. 찬란한 수익을 올려 세평에 오르내리는 심사역의 수는 아주 적다. 통계적으로 0에 수렴하는 숫자다. 200여 개의 벤처캐피탈에서 근무하는 심사역만 해도 대략 2,000명은 될 텐데. 별은 몇 년에 하나 등장하는 것이니 말이다. 확률적으로 보면 내가 별이 되는 것은 사실상 불가능에 가깝다.

대박은 복권에 당첨되는 일과 비슷하다. 그만큼 일어나기가 어려운 일이라는 뜻으로 하는 이야기이지만, 그 자체가 목표면 안 된다는 뜻이기도 하다. 우리는 복권을 살 때, 어떤 마음으로 사는가? 어쩌면 삶이 조금 나아질 수도 있지 않을까 하는, 크지 않은 기대로 복권을 구매한다. 대부분의 사람이 그러할 것이다. 복권 당첨이 '삶의 목표'인 사람은 거의 없다. 아니, 복권이 삶의 목표가 되어서는 안 된다. 아무 의미 없이 대박을 꿈꾸며 복권에 인생을 건다면, 그 인생은 얼마나 공허하겠는가.

복권 당첨은 삶의 목표가 될 수 없다. 복권 당첨은 아무리 좋게 이야기해도 되도 그만, 안 되도 그만인 이벤트다. 이벤트는 삶을 바꾸지 못한다. 그래서 복권 당첨도 준비가 되지 않은 사람에게는 큰 도움이 되지 못한다. 복권 당첨과 관련된 통계를 들여다보자. 2006년 미국, 2010년 영국에서 복권에 당첨된 사람의 재정상태를 연구한 적이 있다. 이들 연구는 각각 복권 당첨자 중 70%와 56%의 사람이 5년 이내에 파산에 이른다는 통계를 발표했는데, 이는 일반인의 파산 비율인 1%와 0.3%에 비하면 월등히 높은 수치다. 언론은 이 통계를 보고 복권이 불행의 씨앗이라고 썼다.

이렇게 '파산'을 다룬 언론은 많은데 반대편에 있는 30%와 44%의 이들은 왜 조명하지 않을까? 반대편의 이들은 복권 당첨 이후에도 삶을 안정적으로 유지했다. 연구는 이들이 가진 삶의 만족도도 함께 조사했다. 파산하지 않은 이들은 삶의 만족도가 복권 당첨 이전과 크게 달라지지 않았다고 응답했다. 대부분 직장생활을 유지하고 씀씀이가 바뀌지 않았다. 그들에게는 '복권 당첨'이라는 이벤트가 삶의 궤적에 큰 영향을 끼치지 못했다는 말이다. (물론 큰 도움이 되긴 했겠지만) 이러한 통계는 독일에서도 나타나는데, 복권 당첨 이후 5년이 지나면 삶의 질은 이전과 같아진다고 했다. 즉, 삶에 만족하는 사람은 복권이 당첨된 이후라도 만족감을 유지할 수 있었고, 삶에 만족하지 못하는 사람은 설령 복권에 당첨되었다 하더라도 그것이 삶을 구원하지 못했다.

　물론, 투자업계에서의 대박을 복권 당첨과 일대일로 치환하기에는 무리가 있다. 완벽한 우연의 결과인 복권과 그래도 노력의 영역이 존재하는 투자를 같은 선상에 두고 보자는 이야기는 아니다. 하지만 두 가지 모두 이벤트이며, 이것이 삶의 궤적에 큰 영향을 미치지 않는다는 점을 이야기하고 싶다.

　찰리 멍거는 자신의 책을 통해 성장에 대한 흥미로운 관점을 제시한다. 그는 성장을 '이벤트의 축적'보다는 '상태의 지속'으로 봤다. 그는 통섭을 유독 강조했다. 다양한 지식과 관점을 내재화시켜 세상을 바라보는 현명한 눈을 갖추는 것을 목표로 해야 한다고 했다. 그는 성공을 목표를 추구하는 과정에서 생긴 부산물에 불과하다고 이야기한다.

　찰리 멍거가 쓴 글과 연설을 엮은 《가난한 찰리의 연감》은 그러한 찰리 멍거의 관점을 들여다볼 수 있는 좋은 책이다. 버크셔 해서웨이 주주총회의 질의응답에도 종종 등장하는 이 책은 2005년 처음 출판되었는데 한국에는 최근에서야 출판이 허용되었다. 나는 처음에 이 책이 투자와 관련된 내용을 담은 줄로만 알았다. 감춰진 투자의 비기가 담겨있을 것이라 기대하고 해외 직구로 어렵사리 책을 구했다. 하지만 그 안에 투자와 관련된 내용은 없었다. 대신 책에는 찰리 멍거가 좋아했던 위인과 관련된 이야기, 철학 이야기, 삶의 역경 이야기, 그의 취향 이야기 그리고 그의 연설문으로 가득 차 있다. 그는 책을 통해 그의 '현재'가 과거 그가 이룬 성취의 합이 아니라는 것을 보여주고 싶었던 것 같다. 그는 성장과 성숙이 있으면 비록 성취와

찰리 멍거의 생애와 연설을 엮은 《가난한 찰리의 연감》

역경이 교차하더라도 만족스러운 삶에 이를 수 있다고 조언한다. 그러므로 삶의 중간중간에 등장하는 성공에 크게 기뻐하지도 실패에 좌절하지도 말아야 한다고 이야기한다. 그렇다. 우리는 무엇인가를 이루려 이 세상을 사는 것이 아니다. 우리가 이뤄야 할 것이 하나 있다면, 그건 우리의 삶을 더 아름답고 가치 있게 가꾸는 일일 것이다.

찰리 멍거는 '대박'에 연연하지 말라고 이야기한다. 준비가 되지 않은 사람은 설령 운이 좋아 큰돈을 벌더라도 그것이 "신기루처럼 사라지는 경험을 하게 될 것"이라고 이야기했다.

내 주위에는 대박의 주인공이 아니어도 큰 성공을 향해 조용히 나아가는 이들이 있다. 현명함을 지향하고 지식을 축적하며 통섭에 닿고자 하는 이들이다. 그들에게 대박이라는 이벤트는 '일어나면 좋은 일이고, 일어나지 않더라도 괜찮은 일' 정도다. 남 앞에 나서려 하지 않고 겸손하며 소박하다. 다른 이의 성공보다는 그 상대가 어떤 사람인지를 궁금해한다. 그들의 삶은 '더 나은 일'을 쫓기보다 '더 나은 상태'에 있고자 했다.

기술 투자가 미래라고 들었습니다만

우리의 기술은 어디까지 와있는가?

○

2021년 10월, 이른 아침 나는 가족과 함께 고흥 어느 섬의 야산에 자리를 잡았다. 전날 위성지도를 펴놓고 찾은, 발사 통제구역 밖, 발사대와 가장 가까운 곳이었다. 그곳은 자동차로 접근할 수 있었고 제법 고도가 높아 누리호가 잘 보일 것 같았다. (내나로도 봉남마을 야산) 오후 늦게 발사가 예정되어 있었는데 우리는 오전 9시에 자리를 잡았다. 이미 명당이라 생각되는 곳은 분양이 끝났다. 새벽부터 진을 친 유튜버는 망원렌즈와 영상장비를 일제히 외나로도 쪽을 향해 전개한 상태였다. 뒤늦게 도착해 방송용 카메라를 들고 안절부절 자리를 살피는 기자도 있었고, 먼 길을 와서 굉장히 지쳐 보이는 외신기자도 보였다. 가을이었지만 햇살이 따가웠다. 산 정상이라 그늘진 곳이 없어 발사를 기다리며 다들 지루하고 볕 따가운 시간을 보내야만 했다. 이윽고 발사 시간이 가까워지자, 하나둘 유튜브 중계를 확인하며 외나로도 방향으로 모이기 시작했다. 코로나가 극성이라지만 크게 문제 되지 않는 듯했다. 수백의 사람이 한곳을 바라보고 있는데, 누군가 카운트다운을 시작했다. 이내 모든 사람이 함께 소리를 질러댔다.

"5, 4, 3, 2, 1, 발사!"

"뭣이여, 왜 아무 소리가 안 난대?"

외나로도 저 어딘가 숨겨진 곳에서 분명 로켓이 발사되었을 텐데, 불빛도 소리도 없으니 모두 어리둥절 고개만 갸웃거렸다.

"발사대가 여기서 5.4km니까 대략 15초 정도 후에 소리가 들릴 거야."

라는 누군가의 말에 다들 '아 그렇구나' 하는 표정이 되었다.

유튜브의 중계 화면에서 로켓이 상승하기 시작한 지 몇 초 지나 불빛이 보이기 시작했다. 생각보다 밝아 로켓의 꼬리에 보석이 박혀있는 것 같았다. 마치 별처럼 빛났다. 이내 굉음이 들렸고 군중은 일제히 환호하며 박수를 치기 시작했다. 뭉클한 느낌이 들었다. 주위를 둘러보니 나처럼 감격했는지 눈물을 닦는 이들도 몇 있었다. 결국 실패로 끝났던 누리호 1차 발사였지만 내나로도 봉남마을 야산은 함성과 환희로 가득했다.

우주의 시대가 성큼 다가온 것 같았다. 2010년대 중반부터 '뉴 스페이스 시대'라는 말이 등장했다. 스페이스X라는 대담한 기업은 우주를 자기네 사업 영역으로 만들었다. 그들은 대기권 밖으로 돈을 벌러 나가는 시대를 열었다. 민간회사임에도 2014년 우주인을 우주정거장까지 수송했고, 2015년에는 전 지구적 위성통신 네트워크 구축 계획을 발표했다. 1만 개의 위성을 쏘아서 지구 전체를 위성 네트워크로 덮어버리겠다고 했다. '그게 정말

당시 직접 찍었던 누리호

되겠어?'라고 의구심을 가지던 이들도 2018, 2019년이 되자 '되겠네…. 되겠구나…'로 의견을 바꾸었다.

새로운 물결 속에 투자의 기회가 있을 것 같았다. 나도 상황을 보기 위해 2019년 미국 워싱턴DC에서 열린 IAC^{International Astronautical Congress}를 참관했다. 당시 국제관계 때문이었는지 러시아와 중국은 참여하지 않은 듯 보였다. (처음 참석하는 행사여서 그들이 원래 IAC에 참석하지 않았는지, 그때만 참석하지 않은 것인지 알지 못한다) 두 나라를 제외한 수십 개국이 행사에 참여했다. 생각보다 행사 규모가 컸다. 관람객으로 북적였다. 나로호 발사를 기억하던 나는 한국의 우주기술 수준이 선진국과 '그렇게 큰' 차이는 없을 것이라 기대하며 행사장 여기저기를 돌아다녔다.

하지만 IAC에서 본 우주산업의 현장은 별천지였다. 상용화를 앞둔 이온 엔진, 열핵 로켓 등 보지도 못했던 추진체가 전시되어 있었다. 나에게는 너무나 놀랍고 흥미로운 기술이었는데 행사장 다른 이들의 표정은 시큰둥, 이미 몇 해 전부터 접했던 내용인 듯싶었다. SF 영화에서나 보던 펄스 데토네이션 엔진^{Pulse Detonation Engine} 시연을 동영상으로 봤다. 미국 중부의 어느 대학 연구실의 실험 영상이었다. 또 다른 누군가는 지구에서 태양 다음으로 가까운 항성인 프록시마 센타우리 탐사 프로젝트의 경과를 발표했다. 이웃 항성을 방문하려는 시도 자체도 놀라운데, 굉장히 구체적으로 프로젝트가 진행 중이어서 더 놀랐다. 프로젝트에 참여한 투자자도 있다고 했다. 탐사선은 로켓 추진이 아니라 광돛이라는 돛이 빛을 받아 속도를 낸다고 하는 대목에서는 넋이 나갈 지경이었다.* 또 다른 누군가는 달에서 자원을 채취할 준비를 한다고 했다. 헬륨-3을 캐러 갈 것이라고 했다.

차세대 우주기술 말고도 다양한 비즈니스가 있었다. 동유럽의 우주 강국은 안전하고 신뢰성 높은 로켓엔진을 팔고 있었다. 이미 수십 년의 운용 경험을 바탕으로 검증된 엔진이라고 했다. 실제로 거대한 엔진을 행사장에 전시도 해놓았다. 인도에서 온 기업은 소형위성을 조립해주는 서비스를 소개했다. 마치 용산의 조립 PC처럼 고객의 요구에 맞춰 위성을 조립해 준다고 했다. 그들이 가진 모든 부품은 우주급 부품이어서 조립하고 나서 바로 실전에 투입할 수 있는 것처럼 이야기했다.

우리나라도 이제 우주 강국이라던 기사는 뭔가 하는 생각이 들었다. 누리호는 1톤의 탑재체를 정지궤도^{GTO}에 쏘아 올릴 수 있는 성능으로 우수한 성능의 추진체라는 기사를 읽었다. 그뿐만 아니라 누리호의 국산화율이 95%가 넘는다고 했는데, IAC에서 본 여러 기술에 비해 상당히 뒤처진다는 느낌이 들었다. 확인해 보니 누리호 발사체 성능은 소련과 미국이 1960년대 초에 발사한 것들과 비슷했다. 국산화율은 높았지만, 성능에 있어서는 대략 50년 정도의 기술 격차가 존재했다.

다행히 우리나라가 위성 분야에서는 제법 긴 역사가 있어서, 특히 대형위성의 경우 우리나라 기업이 좋은 기술 경쟁력을 보유하고 있다. 해양 위성안

---

* Breakthrough Starshot, 광돛에 레이저를 발사하여 광속의 20% 속도로 날아간다.

테나 시장도 우리나라 기업*이 석권하고 있다. 하지만 뉴 스페이스 패러다임과 함께 등장한 소형발사체와 소형위성 시장에서는 한국이 많이 뒤처진 상태다. 위성과 통신하는 지상국의 수도 선발주자와의 격차가 크다. 스페이스X는 이미 120개의 지상국을 운용하여 스타링크^{Starlink} 서비스를 제공하고 있다. 아마존도 착실히 준비 중이다. 아마존이라니 좀 생뚱맞다고 느껴질 수도 있겠지만, 그들은 이미 2019년부터 위성용 지상국을 운용하기 시작했다. 각각의 지상국은 아마존의 AWS 클라우드 서버와 연결되어 전 세계 어디서든 쉽고 안전하게 접근할 수 있다. 현재 아마존의 지상국 데이터 센터는 세계 열두 곳에서 운용되고 있다.

　이러한 기술격차는 우주 분야에만 한정되지 않는다. 사실 예전부터 다소 의아하게 생각하는 단어가 'IT 강국'이라는 표현이었다. 한국은 제조업에서 탁월한 성과를 거뒀다. 휴대전화, 반도체 등의 'IT 제조업'에서는 세계적이다. 하드웨어 측면에서는 우수하나 소프트웨어 측면에서도 '강국'이라는 지위를 붙일 수 있는지는 의문이다. 'IT 제조 강국'이라는 말에 동의할 수는 있어도 'IT 강국'이라는 단어는 무리가 있어 보인다. '절반의 IT 강국'이라 해야 하나. 제품에 들어가는 어떤 운영체제도 국내에서 만들어 낸 적이 없다. 소프트웨어 원천기술 대부분은 해외에서 들여온 것이라 보아야 한다. 애플리케이션도 선도 국가에서 개발한 것을 적절히 변형해 사용하는 경우가 많다. 인공지능 분야도 미국이나 중국과 비교하면 격차가 상당한 것으로 파악되고 있다.

---

* 인텔리안테크, 2021년 해상용 위성통신 안테나(VSAT) 시장점유율 59%로 독보적 1위.

미래의 먹거리라 여겨지는 인공지능 분야에서 선두와의 격차를 살펴보자.

미국의 인공지능 개발업체 AIPRM은 2024년 초, AI 투자와 관련한 재미있는 통계 및 예측을 공개했다. 각국이 현재의 투자 규모를 유지할 때 2040년 어떠한 상황이 될지를 예상해 본 것이다. 단순히 현재의 인프라와 투자 규모를 놓고 비교한 것이라 얼마나 정확한지는 모르겠다. 그러나 투자 규모가 산업의 성장에 직접적 영향을 끼친다는 점을 고려해 보면 나름의 의미가 있을 듯하다. 자료에서는 미국의 AI 기술력을 다른 나라가 언제 따라잡는지를 예측했다. 각국이 현재의 투자 규모를 유지한 채로 2040년이 도래했을 때, 미국은 투자를 멈춘다. 그리고 다른 나라들이 현재의 투자 규모를 유지하면 중국은 38년, 인도는 291년, 독일은 355년을 더 따라가야 미국 수준을 달성할 수 있다고 봤다. 2040년 이후 미국이 AI와 관련된 어떤 투자도 하지 않는다는 전제에서 말이다. 이 상황에서 한국은 447년을 더 써야만 미국을 따라잡을 수 있다고 한다.* 447년이라니. 현재 미국이 한국보다 30배 더 많은 투자를 하고 있다고 하니, 한편으로는 이해가 가는 수치다.

인프라 상황도 살펴보자. 페이스북과 인스타그램을 운영하는 메타 META는 현재 H100 GPU를 35만 개 정도 보유하고 있다. (H100은 엔비디아에서 판매하는 인공지능 학습용 프로세서) 메타는 2026년 말까지 H100에 준하는 GPU를 총 60만 개 정도 보유하는 것을 목표로 하고 있다. 마이크로소프트는 15만 개, 구글과 아마존은 각각 5만 개씩을 확보한 것으로 알려져 있다. 이와 비교하면, 한국의 상황은 심각하다. 개별 기업 수준에서 인

---

* https://www.aiprm.com/ai-statistics/

프라를 논하기가 어렵다. 현재까지 국내에 판매된 H100의 개수가 1만 개가 채 되지 않는다고 한다. 네이버, 카카오, 삼성 등이 인공지능에 뛰어들었는데, 각각의 기업이 많아야 수천 개 수준의 GPU를 확보했을 뿐이다. 물론, 수천 개의 H100 GPU가 결코 적은 수는 아니다. H100의 개수가 인공지능 수준의 모든 것을 보여주는 것도 아니다. 중국은 H100 한 장 없이도 딥시크^{DeepSeek}를 개발하지 않았는가.*

기술기업 투자를 통해 이름을 알린 벤처캐피탈들이 있다. 실리콘 밸리에는 인텔과 애플에 투자했던 세콰이어 캐피탈, 페어차일드 반도체 창업 멤버인 유진 클라이너가 설립해서 기술 투자로 정평이 난 클라이너 퍼킨스 등이 전통의 강호로 아직 건재하다. 일론 머스크와 함께 페이팔을 창업했던 피터 틸이 주축이 되어 설립한 파운더스 펀드는 스페이스X 등에 투자하여 큰 수익을 올렸고, OpenAI를 비롯해 수많은 AI 기업에 투자한 A16Z^{Andreessen Horowitz} 등도 기술 투자의 명가로 입지를 굳혔다. 이들 투자의 공통점은 무엇일까? 짧게 줄이기는 어려운 주제지만, 그들은 넓은 시장에서 축적된 기술 배경과 관련 밸류체인을 확보하는 데 성공한 기업에 투자했다. 반대로 시장이 작아 축적된 역량적 배경이 없는 경우에는 극히 신중했다.

어느 큰 기업을 이끌었던 경영자가 은퇴 후 《초격차》라는 제목의 책으로 그 기업이 가진 우위의 원천을 설명했던 적이 있다. 이 '초격차'라는 단어는 아마도 기술 투자자가 가장 듣고 싶어 하는 이야기가 아닐지 싶다. 내

---

* 딥시크가 발표한 논문에 따르면 저성능 프로세서 H80을 2,000장 사용하여 운용 중이다.

가 투자한 기업이 후발주자를 '초격차'로 이기고 있다는 말. 생각만 해도 달콤하다.

한국이 유독 앞서 나가는 분야도 있다. 반도체산업 그리고 이와 관련된 기술적 배경은 세계 최고 수준이다. 지금은 선두를 내주었지만, 조선과 관련한 사업역량도 아직 튼튼하다. 자동차산업도 강하다. 최근 여러 위기설이 나오고 있지만, 배터리는 동아시아 3국이 세계 시장을 이끄는 형국이다. (바이오 전문가가 아니라 조심스럽지만) 제약과 바이오 분야에서의 우위도 상당한 것으로 알고 있다. 특히 바이오와 IT, 바이오와 기계공학이 접목된 분야에서 좋은 성과를 내고 있다고 들었다.

배터리 분야를 좀 더 자세히 들여다보자. 배터리 신기술 개발과 관련한 밸류체인은 이미 한국 안에 전부 갖추었다고 해도 과언이 아니다. 신기술을 개발하기 위한 충분한 노하우가 쌓여 있고, 이를 지지하는 인프라와 인력도 훌륭하다. 새롭게 개발된 기술을 실험하고 적용하기에도 최적이다.

어느 한국 기업이 첨단소재를 개발하여 유럽의 기업에 샘플로 납품한 적이 있었다. 납품받은 유럽 업체는 도착한 소재를 테스트해야 했는데 현지에는 이를 테스트할 장비도 인력도 없었다. 결국 제품을 실험하기 위해 연구원을 중국과 한국에 급히 파견했다. 업계에서는 이러다 샘플이 한국으로 다시 돌아오겠다는 우스갯소리가 돌았다. 배터리에 있어서는 이 정도로 한국의 입지가 탄탄하다. 이런 상황에서 배터리 기술에 투자하고자 하는 투자자가 있다면, 다른 나라보다 한국에 와서 투자해야 할 것이다.

독보적이지 않더라도 유의미한 시장을 형성하는 시장도 투자를 고려해 볼 만하다. 한국인은 게임을 좋아한다. 한국 경제 규모는 전 세계 경제의 1.4% 안팎인데 한국의 게임 시장은 전 세계 시장의 6%를 차지한다. 한국은 게임을 사고 아이템을 구매하는 데 주저함이 없는 국가다. 게임에 많은 돈을 쓴다. 전 세계 시장의 6% 정도면, 그 안에서 사업을 전개하는 기업이 세계적으로 성장할 수 있는 괜찮은 환경이다. 시장이 크니 참여자도 많아진다. 인력이 풍부하고 이들을 채용할 여건도 좋아진다. 그래서 게임 투자로 좋은 성적을 거두는 투자자도 많은 것이다. 최근 분위기가 조금 바뀌었다는 이야기를 듣기도 했지만, 여전히 시장은 큰 편이다.

시장이 작거나 시장 상황이 좋지 않으면 투자의 난도는 상승한다. 워런 버핏은 시장의 중요성을 이야기하면서 "물고기를 잘 잡는 방법은 물고기가 많은 곳으로 낚시를 가는 것"이라고 이야기하지 않았던가? 넘실대는 대양의 거대한 참치를 꿈꾸면서 강물에 낚싯대를 드리우는 우를 범하지 말자는 이야기일 것이다.

기술 투자로 혁신을 이끈다는 화려함에 취하지 말아야 할 것이다. 가장 뜨거운 분야에 투자한다는 것이 투자의 성공률을 높여주지는 않는다. 많은 사람이 기술 투자가 미래라 하지만, 그 안에 기회와 위험을 구분해야만 할 것이다.

토대

현지에서 봤던 분위기

○

2024년 10월 13일.

"너도 내일 발사 보러 왔어?"

"응."

"너는 얼마나 멀리서 왔어?"

"운전해서 8시간 걸렸어."

"후우, 대단하네. 부디 내일 볼 수 있기를 바라."

"고마워."

호텔 체크인을 해주던 직원이 싱겁게 말을 건넨다. 아마 오늘 많은 사람이 같은 목적으로 숙소를 찾았기 때문이겠지. 내가 큰 가방에 카메라, 삼각대까지 챙긴 것을 보고는 나도 '그 부류'의 사람이라 생각한 것 같다. 지난주로 예정되어 있던 스페이스X의 팰컨 헤비 발사는 두 번이나 연기되었다. '100년 만의 초대형 태풍'이라는 수식어로 많은 이들을 두려움에 떨게 했던 '밀턴' 때문이었다. 예상만큼 강한 태풍은 아니었다지만, 17명이 목숨을 잃고 67조 원의 피해를 남겼다. 그거에 비하면 발사 연기가 무슨 대수인가 싶지만, 두 번째 연기는 갑작스러워 예약한 호텔을 날렸다. 다시 변경될까 출발 직전까지 발사 스케줄을 재차 확인했다.

플로리다주 올란도 동쪽에 있는 타이터스빌Titusville이라는 동네는 묘한 곳이었다. 대략 올란도와 케네디 우주센터 사이에 있는 동네다. 숙소가 저렴한 편이었는데 그래서인지 디즈니월드와 케네디 우주센터 방문객이 섞여서 묵는 느낌이었다. 로켓이 그려져 있는 티셔츠를 입은 사람과 디즈니 캐릭터의 옷을 입은 사람이 로비에 한데 섞여 앉아있는데, 뭔가 다른 듯 비슷한 느낌이었다. 모두 꿈의 장소를 찾아온 것이니 비슷하다고 보아야 하나. 먼 길을 달려온 이들이 대부분일 텐데, 그래도 다들 표정이 밝았다.

한국에서 누리호 발사를 보러 갈 때는 5시간 거리를 운전했었다. 가족과 함께여서 2박 3일 일정으로 작은 펜션도 예약해 두고, 남도 음식도 맛보려고 식단도 짰다. 이번에는 운전으로 8시간 거리였다. 구글 지도가 7시간 30분으로 안내를 했지만, 결국 중간중간 정체 구간을 만나면서 8시간을 넘겼다. 가족은 함께 오지 않았다. "막히지만 않는다면 7시간 30분 정도"라고 얘기하자마자 입을 맞추기라도 한 듯 합창으로 혼자 다녀오라고 했다. 혼자 가는 거, 다른 일정 없이 발사만 보고 오기로 했다. 숙박도 딱 하루만, 이틀 동안 16시간 거리를 달려야 한다.

케네디 우주센터는 플로리다의 메릿 섬Merritt Island에 있는 우주 발사시설이다. 익히 알려진 대로 아폴로 우주 프로그램부터 스페이스 셔틀 프로그램까지 전부 이곳에서 발사가 이루어졌다. NASA는 우주 개발 역량을 키운다며 1960년 플로리다의 자연보호지역 일부를 지금의 우주센터로 만들었다. 우주센터의 이름은 섬의 이름을 따서 '메릿 아일랜드 발사센터'로 지어졌다. 처음 이 프로젝트를 진행한 대통령은 드와이트 아이젠하워였다. 그러다 존 F. 케네디 대통령이 달 착륙 프로젝트를 천명하고 이곳에 본격적으로 힘을 싣기 시작했다. 그러던 존 F. 케네디 대통령이 1963년 암살로 생을 달리하자 그를 기리기 위해 센터의 이름을 바꾸었다.

현재 케네디 우주센터에는 총 10개의 발사대가 있다. 주로 사용하는 발사대는 센터 북쪽의 39A와 39B 발사대다. 각각 스페이스X의 팰컨 헤비와 달 탐사 미션 '아르테미스' 임무가 할당되어 있다. 조금 더 남쪽으로 내려가면 스페이스X의 팰컨 9 발사를 위한 40번 발사대가 있고, 41번, 37번 발사대가 아틀라스 V 로켓과 델타 IV 헤비 로켓 발사를 맡는다. 기종별로 발사대가 할당된 것이다.

 이번 발사는 39A 발사대에서 진행되는 터라 센터의 북쪽 부근에서 볼 수 있었다. 한국처럼 외나로도의 한 곳에서만 발사하는 것이 아니기 때문에, 발사를 보러 가기 전에 어느 발사대에서 발사가 진행되는지를 반드시 확인해야 한다. 케네디 우주센터의 넓이는 대략 567km²로 서울 넓이인 605km²의 약 0.9배다. 서울 넓이와 거의 비슷한 면적이다. 가장 북쪽에 있는 발사대에서 가장 남쪽에 있는 발사대까지의 직선거리로만 대략 20km다. 만일 남쪽 끝에서 39A의 발사를 보려고 한다면 티끌 같은 불꽃의 움직임만 관측할 수 있을 것이다.

NASA에서 공식 관람 프로그램을 운영하기도 한다. 임무에 따라 다르지만 대략 250달러 정도를 내면 대형 카운트다운 시계가 있는 곳에서 바다 건너로 발사를 관람할 수 있다. 뉴스나 신문에서 볼 수 있는 익숙한 '그 장소'다. 발사를 보고 나서는 센터 내부의 박물관이나 시설을 체험할 수 있다. 하지만 가격도 가격이고 발사대와의 거리도 꽤 돼서 가까이 볼 수 있는 다른 곳을 찾아보기로 했다.

북쪽 끝, 우주센터를 막 벗어난 지점에 해변이 있었다. 일반 대중에게도 공개되는 해변으로 플라야린다 해변^{Playalinda Beach}이라는 이름을 가지고 있다. 해변을 따라 길게 주차장도 있고, 해변의 남쪽 끝이 발사대까지 트여 있어 팰컨 헤비 발사 장면을 보기에 최적의 장소라 알려져 있다. 발사 시간은 오후 12시 6분이니 아침을 먹고 9시 정도에 출발하면 될 것 같다. 다행히 월요일 오전이라 많은 인파는 몰리지 않으리라 예상해 본다. 더욱이 텍사스에서 있었던 스페이스X의 스타십^{Starship} 발사로 많은 이들이 텍사스로 몰려 이번 플로리다 발사는 조금 한적할지도 모르겠다.

다음 날 아침, 바뀐 잠자리 때문인지 강한 햇빛에 눈이 떠졌음에도 정신이 들질 않는다. 일어나자마자 발사 스케줄을 다시 확인한다. 13일 오후 12시 6분. 발사는 예정대로 진행되는 듯하다. 아침을 먹으러 나서는데, 엘리베이터에서 마주친 여성의 등에 큼지막하게 'Mission : Europa Clipper'라는 로고가 있었다. 어깨에는 삼각형의 패치가 붙어있고 패치에는 흰 돛을

단 범선이 있었다. 미지를 탐험하는 모험선을 상징하는 듯했다. 어쩌면 이 사람은 제트추진연구소Jet Propulsion Laboratory, JPL나 응용물리연구소Applied Physics Lab, APL의 연구원일지도 모르겠다. 이번에 유로파 클리퍼라는 탐험선을 만들고 운용하는 곳이 두 연구소이기 때문이다. 목성의 위성 중 하나인 유로파는 얼음으로 덮여있다. 과학자들은 이곳 얼음 아래 생명체가 존재할 가능성이 있다고 추정했다. 지구 밖 천체에서 아직 한 번도 생명체를 발견하지 못했는데, 어쩌면 최초로 생명체가 발견될지도 모를 일이다. 이를 확인하기 위해 NASA와 JPL, APL은 이곳까지 가는 쾌속선Clipper을 띄우기로 했다. 여태껏 인류가 만든 우주 탐사선 중 가장 크기가 크다. 아까 보았던 패치의 범선은 쾌속선을 상징하는 것이리라. 쾌속은 쾌속인데, 워낙 거리가 멀어 유로파 도착까지는 6년이 걸릴 예정이다. 대략 2030년 경이다. 유로파까지 가는 도중 지구에서 한번, 화성에서 다시 한번 중력 보조 기동Swing-by으로 속도를 높인다. 그렇게 유로파에 도착하면 2032년까지 유로파 주위를 돌면서 생명체 존재 여부를 확인하게 된다.

호텔 로비의 양상은 전날과 비슷했다. 유로파와 스페이스X 티셔츠를 입은 무리와 드레스와 나들이옷을 입은 또 다른 무리의 사람. 호텔 식당은 좁았다. 앉을 데가 없어 기다리기보다는 근처에서 식당을 찾기로 했다. 마침 호텔에서 5분 거리에 크래커 배럴Cracker Barrel이 있었다. 미국 남부 가정식을 하는 체인인데 가성비가 훌륭하다.

    식당에 들어가서 혼자서 음식을 기다리는데, 옆 테이블에 한 무리의 엔지니어가 앉는다. 통성명하거나 한 것은 아니다. 그냥 그들이 풍기는 강력한 아우라를 통해 그들이 스페이스X의 엔지니어일 확률이 매우 높으리라 추정했다. 그들은 전부 여덟이었는데 그중 둘은 식사 주문도 안 하고 노트북에 뭔가를 계속 입력했다. 그들의 티셔츠는 전부 검은색이었는데, 각각이 입은 셔츠에 쓰인 미션 번호가 조금씩 달랐다. 팰컨 헤비도 있었고 F9이라고 쓰여있는 티셔츠도 있었다. 아마 팰컨9을 뜻하는 것 같다. 한 사람의 등에는 랩터^{Raptor}라는 글자와 함께 로켓엔진이 그려져 있었다. 메탄을 연료로 쓰는 스페이스X의 차세대 로켓엔진이다. 그들이 주문을 마치자마자 어디선가 나타난 다른 무리의 사람이 다가와 아는 척을 했다.

"어제 발사 정말 끝내주더라. 정말 축하해."

"젓가락에 걸리는 거 말이지? 나도 그게 될 줄은 몰랐어. 컴퓨터 그래픽 같더라고."

그는 스타십의 발사체를 공중에서 잡는 것을 두고 '젓가락'이라고 표현했다.

"그러니까 너희 정말 대단해. 진짜 쩔더라."

식당 안의 이목은 그들에게로 쏠린다. 아마 찾아와 말을 건 이들은 우주 관련 미디어 소속인 듯했다. 어제 텍사스에서 발사를 보고 왔고, 오늘은 이 발사를 본 후에는 바로 캘리포니아로 넘어가 스타링크 위성 발사를 보러 간다고 했다. 저렇게 매일매일을 발사만 보면 감흥이 떨어질 것도 같은데, 어지간히 좋긴 한가보다 싶었다. 저렇게 발사만 쫓아다녀도 생활이 유지가 될까도 궁금했다.

아침을 먹고 9시 반이 되어 플라야린다 해변으로 향했다. 발사 전까지 심심하면 읽을 책, 차량 엔진을 끄고 기다릴 것을 대비한 보조배터리, 견과류 두 봉지, 얼음 가득한 아이스커피를 챙겼다. 타이터스빌에서 플라야린다 해변까지는 차로 30분을 들어가야 했다. 열대림 사이에 난 왕복 2차선 도로를 따라 들어갔다. 들어가는 차량은 많은데 나오는 차량은 없었다. 아마도 다들 발사를 보러 가는 것이리라. 머릿속은 어떻게 사진을 찍을지 이리저리 구도를 잡느라 분주했다. 20분 정도 차를 몰아 들어갔을 때, 갑자기 한 무리의 차량이 섬을 빠져나가는 것이 보였다. 해변과 반대 방향으로. 어째서 저들은 반대 방향으로 나가고 있는가.

내비게이션상으로 목적지가 얼마 남지 않았을 때 'Playalinda Beach'라는 팻말이 있었고 입구는 폐쇄된 상태였다. 이미 차량 스무 대 정도가 폐쇄된 입구 앞에서 어지럽게 엉켜있었다. 차에서 내려 다들 황당하다는 표정을 짓고 있었다. 아마도 서로 "이 도로가 왜 폐쇄되어 있지?"라는 대화를 나누고 있는 듯했다. 5~6km 정도만 더 가면 목적지인데, 여기서 막히다니. 상황을 파악하고는 재빠르게 다른 지점을 찾아 나서는 사람도 있었고 누군가는 혹시 문을 열어주지 않을까 하는 기대에 닫힌 문 앞에서 하릴없이 서성이고 있었다. 나도 차에서 내려 고민을 시작했다. 이곳 지리를 잘 모르는데 섣불리 다른 포인트를 찾아 나서는 것은 현명하지 못한 생각인 것 같았다. 지도로 확인해 보니 지금 지점에서 발사대까지의 거리는 플라야린다 해변에서 발사대까지의 거리와 비슷했다.

그렇게 한참을 고민 중인데 두 대의 경찰차가 등장했다. 차에서 내린 경찰관은 그곳의 군중을 향해 차를 빼라며 다그쳤다. 몇몇 중년의 아저씨가 "그러지 말고 문 좀 열어주쇼!"라고 떼를 써봤는데 경찰은 "이번 태풍 피해가 아직 복구되지 않았다"라며 출입을 불허했다. 단호한 경찰과 난감한 표정의 사람들. 나는 멀리 가지 않기로 했다. 다른 건 둘째 치고 오면서 마신 아이스커피 때문인지 화장실이 급했다. 경찰이 지키는 입구를 떠나 다른 도로로 접어드는데 공사장, 정확히는 야적장 같은 곳이 보였다. 공사장에는 혹시 화장실이 있지 않으려나 싶어 그곳에 차를 대고 주위를 서성였다. 그러자 다른 이들도 하나둘 나를 따라 길가 공터에 차를 대는 것이 아닌가. 대략 15분이 지나자, 십여 대의 차가 갓길에 나란히 줄지어 섰다.

사람들은 신속했다. 차를 세우자마자 캠핑 의자를 꺼내서 앉을 곳을 만들기도 했고, 동영상 촬영장비를 들고 승합차 위로 올라가는 이도 있었다. 파라솔을 설치한 가족도 있었다. 다들 어차피 다른 데를 찾는다 한들 여기만큼 가까운 곳은 찾기 어렵다고 생각한 것 같았다.

낮 기온이 30도까지 오르는 플로리다 날씨에 다들 각자의 방식으로 더위를 식혔다. 발사 시간까지는 아직 한 시간이 남았다.

발사대까지의 거리는 대략 9km 정도였다. 누리호를 보러 갔을 때는 5.6km 거리에서 볼 수 있었는데, 거리가 좀 멀어서 아쉬웠다. 발사체의 크기가 크니 먼 거리에서도 잘 보이지 않을까 기대해 본다.

"5 minutes to go!"

승합차 지붕에 앉아 대포 렌즈로 촬영을 준비하던 아저씨가 큰소리로 외친다. 너도나도 발사대 쪽으로 시선을 돌린다. 한 시간 넘는 기다림 끝에 드디어 발사다. 자연보호구역이다 보니 스마트폰 통신이 불안정하다. 중계

갓길에 줄지어 구경하는 사람들

라도 볼 수 있으면 언제 솟아오를지 감이라도 잡을 수 있을 텐데. 다들 그냥 남쪽을 보면서 기다릴 뿐이다.

'이제 올라올 때가 된 것 같은데?'라고 생각하는 순간 갑자기 백색의 불꽃 하나가 하늘로 솟구쳤다. 아무 소리도 없이 '스윽~' 나타났다. 몇 초 지나 굉음이 도착한다. 로켓이 기운이 좋은 건가, 생각보다 너무 빠른 속도로 시야에서 멀어진다. 부랴부랴 카메라를 꺼내 셔터를 눌렀지만, 제대로 찍힌 사진이 없었다. 그렇다고 눈으로 발사 과정을 잘 지켜본 것도 아니었다. 최근 시력이 안 좋아진 탓인지 불꽃이 뿌옇게 대기 밖으로 사라지는 것을 속절없이 바라봤다.

주위의 반응은 덤덤했다. 어제 스타십 발사가 워낙 화제가 되어서 그런지 팰컨 헤비는 구식 기체가 되어 찬밥 신세가 된 느낌이었다. 환호성을 지르는 사람도 없었다. 다들 '응 그래, 쟤는 원래 저렇게 잘 날아가는 거였어….' 그런 느낌의 표정을 짓고 있었다. 팰컨 헤비의 발사 시퀀스에 따르면 로켓이 대기권을 벗어나는 데는 5분이면 충분하다. 시야에는 이내 로켓이 남긴 하얗고 긴 연기만 구름처럼 하늘에 남았다. 모인 이들은 한두 번 손뼉을 치고는 다시 차에 타기 시작했다. 하나둘 차례로 차가 떠나는데 나만 혼자 허망한 여운에 자리를 뜨지 못한다.

'그거 다들 겁나게 쿨하네.'

다시 운전대를 잡고 내비게이션을 켠다. 7시간 48분이라는 시간이 찍힌다.

팰컨 헤비가 날아가는 모습

중간중간 쉬었다 가면 얼추 밤 9시 전에는 도착할 수 있을 것 같다. 이 5분을 위해 16시간 운전을 한다니, 아무리 보고 싶은 마음에 스스로 운전대를 잡고 먼 길을 왔다지만 살짝 어이없는 생각이 들어 헛웃음이 나온다. 기다리면서 뒤적거리던 찰스 부코스키의 책이 조금 위로가 된다. "무엇이든 하고 싶다면 그냥 하라." 다음 스타십 발사 때는 텍사스에 가볼까 잠시 생각해본다. 5분을 위해 왕복 40시간의 운전을 감내할 수 있겠는가. 아무리 부코스키의 조언이 있어도 그건 안 될 것 같다. 앞으로 발사는 편안히 집에서 유튜브로 보는 걸로 마음을 먹는다.

A box of Chocolates

탑다운 vs. 바텀업

○

내가 다니던 벤처캐피탈은 자회사를 가지고 있었다. 우리와 비슷하게 투자 업무를 했는데, 액셀러레이터였다. 벤처캐피탈에 앞서 초기 기업을 발굴, 투자하고 성장시키는 역할을 하는 회사를 액셀러레이터라고 한다. 나는 자회사의 대표를 평소 형님이라 부르며 믿고 따랐다. 둘 다 초기 기업 투자에 관심이 많아서 업무와 관련된 고민도 많이 나누곤 했다. 어느 날 갑자기 그 형님이 내 자리로 불쑥 찾아왔다.

"혹시 지금 시간 있어요?"

나이 차이가 있어 반말을 써도 될 텐데, 꼭 존대했다.

"아, 네. 마침 별일 없긴 합니다."

"그러면 나랑 미팅 좀 들어갑시다."

그러면서 내 팔꿈치를 잡아끄는 것이 아닌가. 아니, 갑자기?

"아…. 형님. 혹시 어떤 회사인지는 알아야 제가…."

"2차전지 회사인데 같이 한번 들어봅시다."

부끄러운 이야기지만, 나는 당시 1차전지와 2차전지의 차이도 몰랐다. (나중에 알게 된 바로는 1차전지는 충전할 수 없는 전지를, 2차전지는 충전이 가능한 전지를 말했다) 국산 배터리는 로케트 건전지뿐이고, 다른 배터리는 만드는 줄도 몰랐다. 당연하게도 우리나라가 2차전지를 잘 만든다는 사실도 몰랐다. 난 당황하여,

"엇, 잠시만요! 저 배터리는 정말 하나도 모르는데요?"

"괜찮아요. 일단 들어가 봅시다."

"아니 괜찮다니요…."

그렇게 무턱대고 끌려 들어간 회의실에는 중년의 남성이 앉아있었다. 야무진 눈매에 긴 얼굴, 얼핏 '닥터 슬럼프'의 박사 같은 인상이었다. 그분은 스타트업 대표였다. 대학교 교수이기도 했는데 내가 아무런 배경지식이 없다고 하자 매우 당황하였다. 잠시 생각을 가다듬더니 결심했다는 듯한 표정을 짓고서는 설명을 시작했다. 사업설명이라기보다 강의에 가까웠다. 그것도 명강의였다. 두 시간에 걸친 설명과 질의응답을 마치고 나서 나는 배터리 전문가로 다시 태어난 느낌이 들었다. 스스로 앎의 즐거움에 고취되어 하마터면 "당장 투자하겠습니다"라고 외칠 뻔했다. 하지만 이내 겸손한 척 "제가 아직 너무 아는 것이 없어서 조금 더 공부해 보겠습니다"라는 말로 긴 미팅을 마쳤다.

다음 날부터 나는 두 시간의 강의를 통해 얻은 정보를 검증하기 시작했

다. 배터리 기술을 잘 알고 있을 법한 사람을 찾아가 이것저것 물어보기부터 시작했다. 당시 서점에는 2차전지 관련 책이 몇 권 없었다. 그럼, 알음알음 물어볼 수밖에…. 다행히 비슷한 분야의 스타트업에 투자해서 상장까지 성공한 업계 선배가 있어 그분들의 이야기를 들으러 다녔다. 대략 2주의 시간이 지나자 '이거 정말 괜찮겠는데?'라는 생각이 들었다. 같이 투자 검토를 진행하던 자회사 대표 형님도 좋은 회사 같다며 투자 의지를 보였다. 우리는 IR을 진행했다.

IR 역시 분위기가 좋았다. 발표하는 대표의 설명력이 만렙이라 기술이나 사업계획도 이해하기 좋게 전달되었다. 동료도 다들 '호오. 나쁘지 않은데요?'라는 표정이었다. IR을 진행하면서 나의 마음은 '괜찮겠는데?'에서 '이건 좋은 투자가 될 것 같아'라고 바뀌었다. 리스크도 분명 존재했지만, 전기차 시장이 커지면 큰 기회의 문이 열릴 것 같은 생각이 들었다.

이때가 2018년이었는데 당시는 전기차 시장에 투자하는 것이 성급한 판단이라는 반론도 많았다. 하지만 우리는 전기차 시장이 열릴 가능성이 그렇지 않을 가능성보다 훨씬 높다고 생각했고, 이 투자도 충분히 큰 기댓값을 가질 것으로 봤다. 그렇게 IR이 마무리되고 대표가 회의실을 나설 때 나는 잽싸게 따라붙어 친근한 척 옷소매를 붙들었다.

"대표님 오늘 발표 아주 좋았습니다. 분위기도 나쁘지 않았고요."

근데 안색이 좋지 않다.

"근데 저…. 룸^{Room}을 드리기가 어려울 듯합니다. 룸을 3억 정도로 줄여도 되겠습니까?"

투자금 배정을 두고 룸이라는 용어를 쓴다. 즉 내가 투자할 수 있는 금액이 3억 정도라는 이야기였다. 3억이라니. 원래 우리는 30억 규모로 투자를 진행하기로 했었다. 나에게 주어졌던 기회가 1/10로 줄어든 느낌이었다.

"아니 그게 무슨 말씀이세요. 저희 원래 30억으로 진행하기로 하지 않았던가요?"

"자세한 이야기는 말씀드리기가 어렵습니다. 죄송합니다. 제가 KTX 시간이 촉박해서, 다음에 다시 이야기 나누시지요. 그럼…."

그러더니 뛰어가듯 사무실을 빠져나갔다. 땀이 났다. 이거 무슨 일이 있었던 것임이 틀림없다. 하지만 이대로 투자금액을 줄일 수는 없었다. 뭐라도 해야 했다. 아내에게 전화를 걸어 오늘 집에 들어갈 수 없을 것 같다고 했다. 그리고 스타트업 대표가 타고 내려간 KTX의 다음 시간으로 KTX를 예약했다. 나는 따라 내려갔다.

"저 대표님, 저도 내려왔습니다. 잠시 만나 뵙고 이야기 나누시죠."

도착하고 역에서 대표에게 전화를 걸었다. 자기를 따라 내려와 만남을 청한 상황에 당황스러워하는 목소리였다. 당황이라기보다 황당해했다.

"허…. 대단하십니다. 오늘은 밤이 늦었습니다. 내일 아침 7시에 제 사무실에서 뵙죠."

다행히도 다음 날 새벽 미팅으로 나는 다시 투자금액을 확보할 수 있었다. 업체 대표는 나의 행동에 질렸다는 표정을 지었지만, 그런 적극적인 모습이 싫지는 않은 눈치였다.

이 이야기는 내가 겪었던, 투자자가 회사를 찾아내는 무수한 방법의 하나에 불과하다. 하지만 이를 이야기한 이유는 그동안 스타트업과 만났던 과정이 전부 이 같은 우연 속에서 이루어졌음을 말하고 싶어서다. 대단한 기획이나 계획은 없었다. 그때그때 연이 닿아 기회가 열리기를 기다리는 것 말고는 없었다.

기업발굴 방식으로 탑다운Top Down Approach이 좋으냐 바텀업Bottom Up Approach이 좋으냐를 가지고 의견이 갈리곤 한다. 업계에는 탑다운 방식을 투자의 정석인 것처럼 설명하는 사람이 간혹 있는데, 아마 투자도 '기획과 계획'으로 이루어질 수 있다고 생각해서인 듯하다. 그들은 유망한 분야를 설정하고, 그 분야에서 가장 잘하는 기업을 찾아 투자하면 된다고 말한다. 말은 쉽다. 하지만 미래에 어느 분야가 유망할지 파악하는 것조차 쉽지 않은데, 그 분야의 기업을 전부 다 알고 있는 건 더 어려운 일 아닌가. "탑다운! 탑다운!" 외치지만 정작 그런 이야기를 한 사람조차도 우연에 기대어 회사를 찾는 경우가 많았다.

그럼, 바텀업이 맞는 것인가? 맞고 틀리고를 떠나 투자가 이루어지는 과정을 보면 그렇게밖에 진행될 수 없다는 생각이 든다. 투자의 기회는 랜덤으로 발생하는 것에 가깝기 때문이다. 워런 버핏도 투자 기회는 무작위로 생긴다고 이야기했다. 그는 이를 두고 타자가 야구공을 치는 것과 같다고 비유했다. 흔히 '스트라이크존' 비유라고 알려진 이야기는 워런 버핏이 《타격의 과학》이라는 책을 예로 들어 설명하면서 유명해졌다.

메이저리그의 마지막 4할 타자 테드 윌리엄스가 쓴 《타격의 과학》은 그가 생각하는 타격의 모든 것을 담고 있다. 스윙 메커니즘, 스윙의 궤적, 선구안, 훈련 방법부터 타격에 들어설 때의 마음가짐까지. 나도 처음에는 '뭐 그리 대단한 내용이 담겨있을까' 하는 마음으로 책을 폈는데, 내용이 생각보다 방대하고 깊었다. '야구 기술'과 관련한 내용도 내용이지만  그가 야구를 대하는 진심만으로도 그의 책은 나에게 교훈이 되었다. (야구를 대하는 태도가 숭고하기까지 했다)

그 책에서 테드 윌리엄스는 타율을 높이는 방법에 관해서 이야기한다. 그가 제안한 방법을 요약하면 다음과 같다. 스트라이크존 안에서 내가 가장 잘 치는 영역을 파악한다. 스트라이크존에 들어온 공이라고 무조건 휘두르지 않는다. 스트라이크존 안에서도 자기가 가장 잘 치는 곳으로 공이 들어올 때를 기다린다. 원하는 공이 들어오면 스윙한다. 이 이야기만 두고 보면, '뭐야. 너무 쉬운 이야기잖아?'라는 생각이 든다. 하지만 실천이 결코 말처럼 쉽지만 않다.

투수는 타자를 유혹하는 존재다. 스트라이크인 척 볼을 던지고, 볼인 것처럼 스트라이크를 던진다. 그래서 많은 타자가 비록 치기 좋은 공이 아니더라도 '저 정도면 괜찮은데?' 하며 방망이를 휘두르고 만다. 그렇게 좋은 타구 만들기에 실패하고 만다. 테드 윌리엄스는 타자가 집요하게 자기가 잘 치는 곳으로 공이 들어오기를 기다려야 한다고 말한다. 타율은 결국 '좋은 선구안'과 '기다림'으로 만들어진다.

워런 버핏은 이 원리가 투자에도 똑같이 적용된다고 했다. 무작위로 들어오는 수많은 투자 기회 중에서 나의 스트라이크존에 들어오는 것에만 스윙해야 한다. 투자자도 자신만의 스트라이크존을 가져야 한다. 자신이 선호하며 잘 이해할 수 있는 분야가 있어야 하고, 그 분야의 기업을 만났을 때 비로소 투자자는 자신 있게 배트를 휘두를 수 있다. 그리고 그렇게 안타나 홈런은 만들어진다. 이것이 워런 버핏이 말하는 '투자자를 위한 타격의 과학'이다.

단 한 가지, 워런 버핏은 자신의 이론이 테드 윌리엄스의 그것과 한가지 측면에서 다르다고 이야기했다. 그것은 야구와 달리 투자에는 삼진이 없다는 것이다. 그래서 투자자는 계속 기다릴 수 있다고 이야기한다. 최고의 공이 들어올 때까지 계속 기다리면 된다. 누가 뭐라 하지도 않는다. 설령 좋은 기회를 놓치더라도 게임에서 배제되거나 퇴출당하지 않으니 안심하고 공을 기다리라고 이야기한다. 시장의 모든 기회를 잡으려 하지 않아도 된다. 헛스윙만 하지 않으면 된다.

워런 버핏은 많은 투자자가 확신도 없이 방망이를 휘두르는 것을 보며 안타까워했다. 적지 않은 투자자가 가장 잘 치는 공이 아님에도 섣불리 스윙해 버리고 만다고 말이다. 심지어는 확연히 스트라이크존을 벗어나 걸러야 할 공을 보고도 남이 휘둘러서, 혹은 잘 모르지만 좋아 보인다는 등의 이유로 배트를 돌려버리는 우를 범하고 만다.

워런 버핏의 이야기는 "예·복습에 학교수업 위주면 누구든 공부 천재!" 같은 소리처럼 듣기에는 쉬우나 실천하기는 어렵다. 투자도 타격처럼 '선구안과 기다림으로 빚어지는 예술'이다. 선구안은 관점을 말한다. 명확한 관점. 시장에 대한 깊은 통찰과 통섭, 정보와 통계로 다져진 근거, 기술에 대한 깊은 이해가 필요하다. 시장의 모든 정보를 다 알아야 한다는 이야기가 아니다. 그저 시장을 바라보는 관점을 명확히 해야 한다는 뜻이다. 그래야 나만의 스트라이크존을 만들 수 있다.

앞서 말한 대로 공은 중구난방으로 들어온다. 좋은 회사도 찾아오지만, 간혹 판단할 수 없는 기업이 오기도 한다. 나에게는 한때 LK-99로 세상을 떠들썩하게 했던 그 기업이 찾아온 적이 있다. 첫 만남에 긴 시간 이야기를 나눴었다. 분위기도 나쁘지 않았다. 나는 혼자 상온 초전도체가 등장하면 어떤 일이 벌어질지를 생각하다가 나도 모르게 몸서리를 쳤다. '어떻게 나에게 이런 기회가 왔단 말인가!' 김칫국 제대로 마셨다. 마음은 이미 미래시대의 기술 속으로 들어가 있었지만, 자료에 다소 미진한 부분이 있어서 추가 자료를 요청하며 미팅을 마쳤다. 그리고 기대에 차서 자료를 기다렸다. 하지만 미팅 후 한참이 지나도 데이터는 오지 않았다. 나는 잔뜩 몸에 힘이 들어간 채로 홈런을 치려고 별렀지만, 그 공은 내가 판단할 수 없는 구간으로 들어왔다. 그럼 투자하지 않으면 그만이다.

상온 초전도체처럼 나중에라도 스트라이크존을 벗어나는 기업이라면 다행이다. 문제는 스트라이크존에 걸쳐서 들어온 것 같은 기업, 스트라이크라 생각되었건만 변화구처럼 빠져나가는 기업이다. 애초에 스트라이크존과 떨어져 큰 고민하지 않아도 되는 기업과 달리 애매한 기업은 투자자를 깊은 고민에 빠뜨린다.

ABS^{Automatic Ball-Strike System}를 도입한 프로야구와 달리 투자판에는 이런 걸 검증할 시스템이 없다. 내 관점에 부합하는지, 내가 좋아하는 투자인지, 무엇보다 내가 이해하는 투자인지를 전부 스스로 알아내야만 한다. 하지만 내가 어떤 사람인지도 모르는 게 보통인 요즘 세상에 내 관점을 가다듬고 그 테두리 안에서 투자한다는 것이 말처럼 쉬울까. 어떻게 보면, 좋은 투자를 하기 위해서는 외부의 정보에 앞서 나 스스로에 관한 공부가 우선되어야 할 것이라는 생각이 들기도 한다. 그래서 '나는 어떤 사람일까?', 나아가 '내가 좋아하는 것은 무얼까?'라는 질문의 답을 찾는 것이 좋은 투자자가 되기 위해 풀어야 할 첫 번째 질문일지도 모르겠다.

회사를 어떻게 만나는지를 이야기하다 이야기가 옆으로 샜다. 다시 회사를 찾는 이야기로 좀 돌아가 보자. 내가 만났던 스타트업은 어떻게 나에게 연락이 닿았을까? 앞서 스트라이크존에 공이 날아와 꽂히는 비유를 들어서 혹자는 투자자가 가만히 있어도 투자기회가 마구 들어올 것 같다고 생각할 수도 있겠다. 하지만 외부에서 인입되는 투자 건은 드물다. 대부분 경우 심사역이 시장을 훑거나 소개에 소개를 거쳐 스타트업과 만나게 된다.

나는 6년이 조금 넘는 기간 동안 13개의 회사에 투자했다. 건별로 보면 이전 회사에서 투자했던 기업에 다시 투자한 사례가 2건, 대학이나 지자체의 창업보육기관으로부터 소개받은 경우가 3건, 개인적 인연으로 투자를 한 건이 6건, 투자가 필요하다면서 나에게 찾아온 기업이 2건이었다.

서두에 예로 들었던 '선배의 손에 이끌려 들어간 미팅'의 건 이외에도, 옛 직장의 상사가 창업해서, 대학 시절 동기가 창업해서, 친구의 친구에게 투자가 필요해서, 심지어 후배의 아내가 사업을 하는데 유망해 보여서 투자를 한 적도 있다. 그렇게 우연이라는 꼬리표를 달고 날아온 공이 나의 스트라이크존을 통과했던 것 같다. 모든 것이 그저 우연에 불과해 알 수 없다는 '허무주의'를 이야기하고 싶은 것은 아니다. 인연이 어떻게 닿는지 알 길이 없으니, 나만의 견고한 스트라이크존을 가지고 늘 준비해야 한다는 이야기다.

벤처캐피탈 심사역을 지망하는 이들이 나에게 종종 하는 질문이 있다. "스타트업을 어떻게 발굴하나요?" 그러면서 효율적인 딜 소싱$^{Deal\ Source}$ 전략은 없는지 물어본다. 그들은 벤처캐피탈 업계에 들어가면, 으레 매일 저녁 네트워킹을 위한 술자리에 참여해야 하고 항시 넓은 인간관계를 유지하기 위해 노력해야 하는 것 아니냐고 묻는다. 나도 업계에 들어오기 전에는 비슷한 선입견을 품고 있었다. 심지어 "무릇 심사역이라면 하룻저녁 세 번의 술 약속을 소화해야 한다"라는 이야기를 들은 적도 있다.

    그럴 필요 없다. 오히려 그럴 시간에 더 많은 자료를 읽고, 더 많은 독서를 하며, 더 많은 소설을 읽기를 권한다. 정보를 찾기보다 나를 아는 데 더 시간을 써야 하지 않나 싶다. 나는 오히려 이 업계에 들어오면서 더 이상 저녁 약속을 갖지 않게 되었다. 술을 마시지 않은 지도 몇 해가 되었다. 그런데도 투자하는 데 별다른 문제를 겪거나 하지 않았다.
    업계 네트워킹이 무조건 좋지 않다는 것이 아니다. 업계의 네트워크 덕에 좋은 투자를 하는 사람도 분명 존재한다. 그런 투자 방식이 본인에게 맞고, 좋은 실적으로 이어질 수 있다면 그렇게 하면 된다. 하지만 흔히 알려진 것처럼 심사역이면 무릇 그래야 한다는 이야기는 통념에 불과하다. 만일 투자는 좋아하는데 내향적이고 적극적으로 네트워크를 만들 능력도 충분치 않다면, 그래도 괜찮다고 이야기하고 싶은 거다. 아니, 오히려 더 낫다는 생각이 들기도 한다. '선구안과 기다림'의 관점에서 봤을 때 넓고 번잡한 네트워크는 도리어 독이 될 수 있기 때문이다.

좋은 기업을 찾는 것은 엘도라도를 찾아가는 여정이 아니다. 소문으로 접한 황금의 땅을 찾아 떠나는 행렬에 동참하지 않아도 된다.

영화 〈포레스트 검프〉는 역사가 우리의 삶 곳곳에 존재한다는 것을 보여준다. 주인공 포레스트 검프는 시대의 영광을 찾지 않았다. 그저 주어진 삶을 진지한 태도로 살았을 뿐이다. 바보스러울 정도로. 누구 말처럼 "하루하루는 성실하게, 그러나 인생 전체는 되는대로" 살았던 거다. (정말 좋은 이야기다) 그러다 그는 결국 역사의 여러 페이지를 장식한다. 의도치 않게 말이다.

영화의 첫 장면에서 포레스트는 옆자리 여인에게 초콜릿을 권하며 이런 이야기를 한다.

"Life is like a box of chocolates. You never know what you're gonna get."
"인생은 초콜릿 상자와 같아요. 무엇을 얻게 될지 아무도 모르거든요."

나도 투자가 이런 초콜릿 박스를 여는 것과 비슷하다고 생각한다. 상자를 열기 전까지는 어떤 초콜릿이 담겨있는지 모른다. 심지어 박스를 열고 나서도, 입 안에 초콜릿을 넣기 전까지는 어떤 맛인지 알 수가 없다. 그저 덤덤하게 하나하나 음미하면 된다. 옆자리 누군가의 초콜릿을 탐낼 필요도 없다. 어딘가에 맛있는 초콜릿이 지천으로 널렸다고 하더라도 그곳을 찾아 나설 필요도 없다. 어차피 내가 다 먹지도 못할 것을.

조급해할 필요도, 아쉬워할 것도 없다. 그렇게 하나하나 맛을 보다 마음에 드는 초콜릿이 있으면 그만이다. 그러기만 해도 된다.

나 좀 바라봐요!

나르시시스트인가요?

○

"오늘 시간 내주셔서 감사합니다. 이제 발표를 시작하겠습니다."

이런 말과 함께 넘긴 발표 자료의 첫 장이 대표의 독사진이라면? 함께 IR을 듣는 회사 동료들은 아마 내 표정부터 살폈을 것 같다. '저 양반 저거 또 발작하겠네'라는 의미로 말이다. 내가 발표 서두에 대표의 사진이 크게, 단독으로 등장하는 걸 싫어하기 때문이다. 싫어한다기보다는 경계한다는 정도의 표현이 적절하겠다. 독사진이면 그나마 낫다. 만에 하나, 그 페이지가 대표의 상반신이나 전신사진으로 가득 차 있다면 상황은 더 심각해진다. 내 머릿속에는 '이 대표는 과연 괜찮은 사람일까?' 하는 물음이 맴돌기 시작한다.

나는 나르시시즘적 성향의 CEO를 경계한다. 나르시시즘적 성향이 뭐 그리 큰 문제냐고 생각할 수도 있다. 주변에선 나에게 너무 과민한 것 아니냐며 면박 주기도 한다. 나르시시스트를 두둔하는 것은 아닌데 딱히 싫어할 이유는 없다는 사람도 있었고, 혹자는 그런 스타일의 창업자가 소심한 대표보다는 더 낫다고 하는 사람도 있었다. '창업이 어디 보통 어려운 일이겠는가, 대표가 자기확신이 있어야 회사를 잘 이끌 수 있지 않겠느냐'라는 논리다. 하지만 이렇게 누군가가 '자신감'이라고도 부르는 '나르시시즘'은 회사 경영에 심각한 문제를 발생시키기도 한다.

2022년 작고한 인류학자 겸 정신분석학자인 마이클 맥코비는 2004년 1월 〈하버드 비즈니스 리뷰〉에 기고한 '나르시시즘적 CEO: 놀라운 장점과 피할 수 없는 단점'*에서 나르시시스트 리더의 장단점을 이야기했다.

    우선, 그들은 회사의 구성원에게 비전을 제시하고 혁신을 주도하는 데 뛰어나다. 같은 능력의 경영자라고 하더라도, 나르시시스트 경영자는 자신이 생각하는 회사의 비전을 직원에게 호소하고 이를 따르게끔 하는 능력에서 우위를 보인다. 이런 경우 구성원이 회사의 비전을 중심으로 응집할 수 있는 요인을 만들어 회사의 빠른 성장이 가능하게끔 한다.

    둘째, 나르시시스트 리더는 위기대처 능력이 좋은 편이다. 그들은 다른 유형의 리더보다 결단력과 실행력 측면에서 더 뛰어난데, 이러한 특징은 회사가 위기에 당면했을 때 빛을 발한다. 그들은 창의적으로 해결책을 제시하거나 신속하게 의사결정에 나서는 편이다. 더불어 실행속도도 매우 빠르다. 위기 시에는 너무 많은 요인을 고려하거나 부차적 영향을 걱정하며 실행의

---

* https://hbr.org/2004/01/narcissistic-leaders-the-incredible-pros-the-inevitable-cons

시기를 늦추기보다는 빨리 시도하고 결과를 얻는 전략이 효과적이기 마련이다.

셋째, 자신의 비전과 성과를 밖에 알리기 좋아하는 성향이 강하다. 이는 팬덤을 형성하기도 좋고, 그 덕에 회사가 긍정적 이미지를 형성할 수도 있다. 이들은 인정욕구가 높아 주목받기를 즐긴다. 그러다 보니 언론에 나와 자신을 홍보하거나 자신의 계획을 공적으로 밝히기에 주저함이 없다. 그러다 보니 같은 성과에도 다른 타입의 리더보다 주목받기 마련이다.

2010년을 전후하여 시장의 관심을 끌었던 비슷한 성과의 두 기업을 돌이켜 보자. GE와 코스트코는 당시 처한 상황이 달랐지만 실적과 성장세는 매우 비슷했다. 두 기업 모두 응당 주목받아야 했지만, 스포트라이트는 GE와 GE의 회장 잭 웰치에게 집중되었다. 당시 잭 웰치는 대중적으로도 주목을 받았고 심지어 어떤 이는 그를 두고 '전설의 경영자'라고 치켜세우기도 했다. 이처럼 잭 웰치가 세계 경영의 3대 구루^{Guru}로 추앙받았던 반면, 비슷한 경영성과를 내던 코스트코 회장을 아는 이는 거의 없었다. 이제는 위대한 기업이 된 코스트코이지만 대중은 여전히 코스트코를 이끄는 사람이 누군지 잘 모른다. 2025년 현재 확연히 갈린 두 기업의 위치를 보자면, 당시의 평가는 아이러니 그 자체다.

마지막으로 마이클 맥코비는 나르시시즘적 리더가 갖는 높은 에너지를 장점으로 든다. 이들은 매우 열정적이다. 높은 에너지 레벨로 주위 사람을 독려한다. 조직을 역동적으로 만든다.

같은 글에서 마이클 맥코비는 거의 같은 이유로 이들의 단점을 설명하기도 했다. 비전과 혁신을 주도하고 과감한 결단을 내리는 나르시시스트 리더는 조직 내 다른 목소리를 무시하는 경향이 있다. '내가 맞아'라는 생각에 갇혀 버리는 것이다. 회사는 의사결정자가 잘못된 의사결정을 내릴 때 이를 견제할 수 있는 시스템을 갖춰 놓기 마련인데, 나르시시즘 리더는 이런 시스템을 무력화시킨다. 이는 때때로 매우 심각한 결과를 초래하기도 한다. 회사의 커뮤니케이션 시스템이 마비되고 나아가 회사의 의사결정 시스템을 파괴하는 결과를 가져오기도 한다.

낮은 공감능력, 독단적 의사결정, 쉽게 타인을 향하는 비난 등은 나르시시즘적 리더가 가진 성격적 특성인데, 이는 직원이 조직을 떠나게 만든다. 그들의 낮은 자존감은 스스로 열등감과 질투에 빠지게 만들어서 조직의 뛰어난 사람을 배척하는 결과를 만든다. 높은 수준의 추진력과 에너지가 조직의 동기를 강화하는 역할을 하기도 하지만, 동시에 회사의 구성원을 피곤하게 만들기도 한다.

나르시시즘적 리더는 개인의 삶 측면에서도 해롭다. 이들은 대부분 관계를 형성하는데 서툰 경우가 많은데, 이는 이들이 타인에게 무관심하기 때문이다. 개인적 관계에서 나르시시즘 리더는 곧잘 상대의 문제를 넘겨짚는다. 공감 없이 자기 기준으로만 상대가 처한 상황을 판단해 버리고 만다. 마이클 맥코비는 "이들은 멘토로서는 최악"이라는 평을 남겼는데, 이들이 개인적으로 관계를 맺는 데 얼마나 큰 문제가 있는지를 지적한 것이다.

나르시시즘적인 리더가 회사에 득이 되려면 아주 중요한 전제가 있다. 바로 그 사람 자체가 아주 뛰어나야 한다는 점이다. 모든 단점을 상쇄할 정도로 말이다. 능력이 갖춰지지 않은 채 나르시시즘으로 똘똘 뭉친 사람만큼 재앙인 것도 없다.

이러한 사람은 어떻게 알아볼 수 있을까? 나르시시스트가 보이는 징후가 있다. 우리는 그걸 알아채면 된다. 많은 이들이 연구를 통해 나르시시스트를 찾기 위한 '비간섭 측정 non-intrusive measurement' 방법을 고안해 왔다. '비간섭 측정'이란 직접적으로 무엇인가를 물어보지 않고, 그 사람의 행동이나 그 사람 주위의 요인을 통해 대상의 심리를 파악하는 것이다. 그들이 일반적으로 보이는 특징을 살펴보자.

첫째, 이들의 언어에는 '나'가 유독 많이 등장한다. 나르시시스트로 판명된 CEO의 언어 속에는 '나', '내가', '나의' 등의 1인칭 대명사가 빈번히 등장한다. 보통의 리더가 '우리' 또는 '회사'라는 주어를 사용하는 것과는 대조적이다. 심지어 그들은 시장 상황이나 비교적 객관적인 사안을 설명할 때도 CEO를 지칭하는 말이나 '나'라는 대명사를 사용한다. 예를 들어 "우리는 최근 시장의 변화에 직면하여"라고 써야 할 부분에서 "나의 판단에 따르면, 최근 시장 상황이 바뀌어"라는 형태의 문장을 사용하는 식이다. 이들이 말하는 회사의 중심에는 회사가 없다. 그 중심에는 자기 자신이 존재할 뿐이다.

둘째, 연차보고서나 기업설명 자료에 본인의 사진을 넣고 싶어 한다. 나르시시스트 CEO는 자신의 사진을 연차보고서나 IR 자료의 '될 수 있으면 앞부분에', '많은 지면을 할애'해서 실으려고 한다. 이들은 자신의 사진이 단독으로 크게 사용되기를 원한다. 대부분 회사가 그렇지 않으냐고? 다국적 기업의 연차보고서를 보면 사진을 찾아보기 어렵다. 요즘은 연차보고서에 사진을 넣지 않는 경향이 있기도 하지만, 대부분 기업은 글 또는 숫자로 회사의 상황을 설명한다. 내용 전달에 할애하기도 벅찬 지면에 굳이 이미지를 넣는 경우는 거의 없다. 간혹 사진이나 이미지를 삽입하는 예도 있는데 브랜드 종류나 제품의 종류가 많을 경우, 새로운 상품이 출시된 경우에 한한다.

이는 스타트업도 비슷하다. 대부분의 스타트업은 IR 자료에 대표를 소개하기 위한 페이지를 따로 빼지 않는다. 팀 소개 페이지 한구석에 대표의 정보를 함께 넣는다든지, 자기는 빼고 팀원만 소개하기도 한다.

셋째, 나르시시스트 CEO는 과한 보상을 요구한다. 스스로 후한 보상을 책정한다. 본인을 위해 과한 주식 옵션을 책정하거나 보상 패키지를 지정하는 경우가 흔하다. 별다른 이유 없이 인센티브를 높게 책정하거나 퇴직 패키지를 상향 조정한다. 스스로 받을 보상을 본인의 승인 아래 통과시키는데, 본인은 그럴 만한 자격이 있다고 생각한다. '내가 대표인데, 이 정도면 괜찮은 것 아닌가?'라는 식이다. 나르시시즘적 성향이 강하면 강할수록 성과와 보상 사이의 괴리는 커진다. 회사의 실적이 들쭉날쭉해도 나르시시스트의 보상은 해가 갈수록 후해진다.

넷째, 미디어 노출을 즐긴다. 앞서 언급한 대로 나르시시즘적 CEO는 언론 노출을 선호한다. 외부에서 자신을 칭찬하거나 높게 평가하는 걸 중요하게 생각한다. 그래서 언론에 수시로 등장하려 하고, 소셜 미디어에서도 본인이 자주 언급되기를 바란다. 이때 나르시시스트는 회사의 성과나 업무와 관련된 내용을 담백하게 이야기하지 않는다. 그보다는 자신이 얼마나 큰 일을 이루었는지, 얼마나 대단한 사람인지를 강조한다. 또한 사회적으로 성공했다는 이미지를 형성하기 위해 협회에 이름을 올리거나 표창, 외부 직함에 연연하는 경향을 보인다. 간혹 정계에 관심을 두기도 한다.

이러한 방식으로 밝혀진 나르시시스트는 과연 훌륭한 경영성과를 보였을까? 세계적으로 유명한 경영자가 나르시시스트인 경우가 있다 보니 이들의 성과가 괜찮았으리라 생각되기도 한다. 하지만 여러 연구를 종합해 보면 '나르시시스트 CEO의 경영성과가 더 좋았다'라는 근거가 희박하다. 성과는 입증하기 어렵지만, 이들이 지닌 해악은 명확하다. 그렇다 보니 나르시시스트가 회사를 성공적으로 이끈 사례와 관련된 연구보다 이들이 회사를 어떻게 망가뜨리는지에 대한 연구가 훨씬 더 많다. 〈하버드 비즈니스 리뷰〉, 〈스탠포드 비즈니스 리뷰〉, 〈포브스〉 등 수많은 경영학 매체에서 나르시시즘에 빠진 경영자가 얼마나 위험한지를 다루어 왔다.

　이들이 지목하는 최악의 단점은 '부도덕함'이다. 나르시시즘적 CEO는 자신이 룰 위에 존재한다고 생각한다. 나아가 회사의 규칙이 나를 위해 존재한다는 생각에 이르기도 한다. 그래서 CEO가 배임이나 횡령을 저지를 가능성이나, 주위에서 이러한 일이 벌어지더라도 묵인하고 넘어가는 경향이 월등히 높다. 어찌 보면 자연스러운 모습 같기도 하다. 세상의 중심에 '나'를 두고 사는 사람이라면 시스템마저도 자신의 이익을 위한 도구로 삼지 않겠는가.

지금은 역사로 사라진 엔론Enron이라는 회사가 있었다. 1987년 미국 휴스턴에서 설립된 천연가스 기업으로, 설립 후 승승장구하여 2000년대 무렵에는 미국 7대 회사로 성장했다. 이 회사는 IT 붐에 맞춰 천연가스 이외에 IT 서비스 관련 사업으로 진출할 것을 선언했다. 그리고 막대한 자금의 투자를 집행한다. 하지만 IT 관련 DNA가 없었던 엔론은 이 투자로 엄청난 손해를 입게 되는데, 이를 감추기 위해 당시 기준으로 역사에 없던 최악의 분식회계를 저지른다. 회사의 주요 경영진인 제프 스킬링[CEO], 앤드류 패스토우[CFO]는 이런 분식회계를 주도했다. 회장 켄 레이는 이를 알면서도 묵인했다. 분식회계는 1990년대 후반부터 2001년 파산보호 신청 직전까지 이어졌다.

분식회계 사건 이후 여러 연구진이 엔론 경영진의 나르시시즘적 성향에 주목했다. 켄 레이 회장은 경영에 큰 관심이 없는 사람이었다. 하지만 언론에 나와서 주목받기를 즐겼으며, 회사에 계속해서 많은 보상을 요구했다. 인맥과 자리 욕심도 대단했는데, 같은 텍사스 출신의 부시 가문과 가까웠으며 그 인연으로 내무부 자관까지 지냈다. 공화당, 민주당 할 거 없이 정계에 자금을 대 정치적 입지가 견고했다. 엔론의 회계 부정이 밝혀지고 파산보호 조치가 진행되는 와중에도 레이 회장은 현실감각을 찾지 못했다. 그는 인맥을 믿었던 걸까. 엔론이 다른 우량회사에 인수될 것임을 자신했고 공중분해될 일은 없을 것이라 공언했다. 하지만 파산보호 신청 6년 후 엔론은 완전히 사라지고 말았다.

제프 스킬링과 앤드류 패스토우가 분식회계에 적극적으로 나설 때 사내에는 적지 않은 이들이 견제에 나섰다. 심지어는 몇몇 직원은 연극을 만들기도 했다. 그들은 연극을 통해 회사의 시스템이 얼마나 망가지고 있는지, 불합리하고 부조리한 일이 얼마나 심각하게 벌어지는지를 고발하려 했다. 그때 올렸던 연극은 <오즈의 마법사>였다. 연극을 올린 직원은 형해화되어버린 회사, 하루가 멀다고 벌어지는 부조리를 연극이라는 수단으로 풍자하려 했다. 이에 아랑곳하지 않고 스킬링은 레이 회장에게 3억 달러 이상의 스톡옵션을 안겨준다. (물론 스킬링 본인은 더 많은 보상을 챙겨갔다) 레이 회장은 사내의 고발과 투서, 충고를 전부 묵살하고 만다. 시간이 갈수록 분식회계의 주역은 더 많은 보상을 스스로에게 책정하고 언론에 더 자주 등장했으며 다양한 수단을 동원해 자기를 홍보했다. 마치 유명세가 면죄부가 될 수 있으리라 생각한 것처럼 말이다.

1990년대 후반 엔론의 연차보고서를 보면, 주요 경영진의 사진이 점점 크게 실리기 시작한다. 연차보고서의 첫 페이지를 경영진의 사진으로 장식했다. 1998년 연차보고서에는 스킬링과 레이의 상반신 사진이 페이지 전체를 가득 채웠다.

그러던 것이 1999년 연차보고서에서는 주요 경영진의 전신사진으로 바뀐다. 몇몇 학자는 이 사진의 크기 말고도 포즈에도 주목했는데, 특히 제프 스킬링의 포즈를 눈여겨보라고 이야기한다. (사진 왼쪽)

엔론 사태가 터지기 직전인 2000년 엔론의 연차보고서에는 비록 사진의 크기

가 줄긴 했지만, 레이 회장과 제프 스킬링의 다양한 포즈가 그래픽과 함께 실렸다. 그해 연차보고서에서는 이 둘의 리더십 덕에 엔론이 모든 면에서 경쟁자를 압도하고 있다고 적혀있다.

2001년 엔론은 분식회계 및 각종 부정이 드러났고 같은 해 파산보호를 신청한다. 이후 레이 회장은 재판 도중 심장마비로 사망했고, 제프 스킬링은 24년 형을 받았으나 감형을 받고 2019년에 출소했다. CFO였던 페스토우는 사법 거래를 통해 형기를 6년으로 줄이는 대신 2,340만 달러의 벌금을 내기로 합의한다.

혹자는 나르시시즘의 극단에 있는 스티브 잡스나 빌 게이츠, 일론 머스크를 예로 들면서 반론을 제기한다. 나르시시스트이지만 유능하지 않으냐는 이야기다. 물론, 이러한 부류의 리더도 분명 존재한다. 마이클 맥코비의 말처럼 나르시시스트가 능력이 출중하고 주주이익에 반하지만 않는다면 상당히 괜찮은 경영자가 될 것이다. 하지만 비전과 실행력, 능력과 추진력의 뒷받침 없이 돋보이고자 하는 열망과 인정욕구, 열망과 불안으로 복잡하게 꼬여있는 평범한 능력의 나르시시스트라면 어떨까? 그들은 자신도 신화의 길을 걷고 있노라 생각하겠지만 실상은 평범한(혹은 평범의 범위를 크게 벗어나지 않는) 능력에 본인을 바라보는 기대치만 잔뜩 높아 자기 자신과 주위 사람을 괴롭히게 될 것이다.

그래서 나는 스타트업을 만날 때 사업만큼이나 사람 또한 눈여겨봐야 한다고 주장한다. '비간섭적 측정'이 필요하다는 이야기다. IR 자료에 대표의 사진이 첫 장에 전신으로 등장했을 때, 혹은 자신의 이력을 지나치게 시시콜콜 이야기하는 경우를 경계해야 한다. 자신이 몸담는 단체의 리스트나, 자신이 소개된 언론의 기사 목록, 수상 이력 등을 여러 페이지에 걸쳐서 담는 이도 나르시시스트일 확률이 높다. 회사의 연혁을 소개하며 "제가 한 일"이라는 표현을 쓴다든지 회사의 가치를 자신의 가치로 치환시키는 경우도 조심해야 한다. 회사를 설명하지만, 그 안에 회사가 없는 경우, 사실상 그것이 대표의 공치사에 불과하다면 이 역시 경계해야 한다.

이쯤에서 발생할 수 있는 오해를 잠시 짚고 싶다. 지금까지의 이야기가 나르시시스트는 사업을 못 한다는 것으로 일반화되지 않았으면 한다. 아울러 '나르시시스트가 모두가 부도덕해!'라고 말하는 것도 아니다. 그들이 지니는 성격적 특성을 고려하여 투자의 위험도를 추정하는 데 반영을 하자는 것이다. 많은 연구와 사례로 증명된 나르시시스트의 '확률적 위험'을 너무 사소하게 보지 말자는 것이다.

치명적인 것은, 나르시시즘에 빠진 경영자가 자신이 그렇다는 것을 인지하지 못한다는 것이다. 자신이 부족할 수 있다는 것, 자신이 실수할 수 있는 존재라는 사실을 망각한다는 점에서 위험한 상황을 만들 개연성이 높다. 사업에는 알기 어려운 수많은 변수가 존재한다. 그래서 실수는 필연적이다. 하지만 그들은 이를 인정하지 않거나 심한 경우 존재하지 않는 일처럼 생각하기도 한다. 나는 이를 '권능감에 빠진 경영자'라고 부른다. 자신이 옳다고 믿는 정도가 심해서 응당 자신에게 찾아올 수 있는 불운이나 시련까지도 자기를 빗겨 나갈 것이라고 낙관하는 상태다. 이러한 상태의 경영자는 실수를 만회하거나 오류를 바로잡을 기회마저 박탈하고 만다.

경영에서 일어나는 실수라면 그나마 다행이다. 부정을 저지르거나 이를 뭉개고 넘어가려는 상황이면 문제는 더 심각해진다. 사안을 객관적으로 보려 하지 않기 때문에, 자신을 향한 충고를 아주 사소하게 듣거나 이를 자신을 향한 공격으로 여긴다. 그들은 양심의 가책보다 수치심이 더 발달한 경우가 많다. 그래서 지적된 잘못을 수정하기보다는 그것을 문제 삼는 이들을 적대시하기 마련이다. 이 과정에서 회사의 커뮤니케이션과 자정 시스템은 망가진다. 조직에 이를 악용하는 사람이 늘어난다. 그렇게 악순환은 강화된다.

나르시시스트는 왜 그런 행동을 할까. 그들은 강한 에고를 가지고 있다. 자의식으로 표현되기도 하는 그들의 에고를 두고 혹자는 창업자가 가지는 강점이라고 추켜세우지만, 실상은 내면의 약점을 위장하기 위한 방패인 경우가 많다. 방어기제인 셈이다. 《나르시시즘의 심리학》을 쓴 서던캘리포니아대학교의 샌디 호치키스 교수는 나르시시스트가 불안에 취약하다는 점을 짚는다. 그 불안 때문에 그들은 늘 인정에 목마르고 타인의 욕망을 쉽게 자신에게 투영한다. 그들은 부적절한 자아상, 거절에 대한 두려움, 외부 검증 등으로 유발되는 불안을 막기 위한 방책으로 '나르시시즘'이라는 방어기제를 선택한 것이라 설명한다.

흥미롭게도 이들의 무의식 속에는 자신의 단점에 대한 인식은 남아있는 듯하다. 의식적으로는 자신의 단점을 알아채지 못하지만, 이를 보완하려는 의지는 무의식적으로 작동한다. 예를 들면, 자신의 단점을 경영목표로 설정하는 식으로 말이다. 마치 단점이 명확한 누군가가 그 단점을 가리기 위해 그 반대의 것을 자신의 아이덴티티라고 주장하는 것과 비슷하다. 앞서 언급했던 엔론의 당시 경영이념이 무엇이었을까? '정직, 소통, 존중, 탁월함'이었다. 엔론에 가장 부재했던 가치였다.

나도 이러한 사실을 잘 몰랐을 때, 나르시시스트가 대표로 있는 기업에 투자한 적이 있다. 투자를 검토하는 단계에서 알아챌 수 있었던 대표도 있었고, 투자시점에는 분명 소박하고 진실하며 겸손했는데 회사가 성장하고 나서 나르시시스트로 변한 대표도 있다. 그들에게 투자한 결과가 어땠는지 물어본다면, 성과로만 보면 '나쁘다'라고 단언하기는 어렵다. 하지만 돌이켜보면 그들이 보인 독단과 부조리함에 투자하고 나서 조마조마했던 적이 한두 번이 아니었다. 주주의 이익을 대변하지 않거나, 심지어는 반대의 결정을 내려 분란이 생긴 적도 있다. 그런데도 큰 피해 없이 무사히 회사가 성장할 수 있었던 것은 내가 그들을 지켜본 기간이 짧았기 때문으로 생각한다. 만일 충분히 긴 시간 그들을 지켜보았을 때도 그들이 여전히 훌륭한 성과를 내고 있을지는 모르겠다.

    이게 비단 스타트업의 대표에게만 적용되는 이야기는 아니다. 이 기준은 벤처캐피탈을 선택하는 기준으로도 유용하다. 벤처캐피탈 대표가 어떠한 성향을 지닌 사람인지, 심사역은 어떠한 성품의 사람인지를 파악하는 데에도 나르시시즘 지표는 유용할 것이다. 이를 활용하면 투자받으려는 스타트업과 출자를 생각하는 기관이 자기가 선택할 벤처캐피탈이 자기의 이익을 대변해 줄지, 아니면 그들 자신의 이익을 우선시할지 판단할 수 있을 것이다.

이 사회의 많은 사람이 '나 좀 바라봐요'를 외치고 있는 상황에서, 혹자는 그게 우리의 평균과도 같은 모습이라고도 이야기한다. 자본주의 사회에서 자신의 이익을 극대화하는 것이 무엇이 나쁘냐고도 한다. 하지만 이익 추구에 한도와 경계는 불분명하고 누군가는 그 경계를 너무 멀리 넘어버리기도 한다. 설령 그것이 불법의 영역이라고 할지라도 말이다.

'경계를 넘는 사람'들의 특성은 이미 여러 연구를 통해 충분히 다뤄졌다. '세상에 저런 사람이 있기 마련이지 뭐'라며 가벼이 넘길 일이 아니다. 나르시시스트를 찬찬히 지켜보자. 그들의 위험성을 인식하고 대응하자.*

---

* 국내에는 《나르시시즘의 심리학》, 《나르시시스트 리더》, 《나르시시스트 관계 수업》과 같은 책이 출간되어 있다. 이들 책을 통해 나르시시스트가 어떠한 특성이 있는지, 조직에 어떤 영향을 미치는지 알 수 있다. 아울러 나르시시스트와 직접 관련된 내용은 아니지만 《당신 옆의 소시오패스》나 《에고라는 적》 같은 책도 유용하다. 구글에 '나르시시스트 CEO' 등으로 검색해보면 이들과 관련된 연구 결과를 쉽게 찾을 수 있다.

결정을 파는 사람

직업으로서 심사역

○

언젠가 시골 의사 박경철 씨의 강연을 들은 적이 있다. 직접 들은 것은 아니고 인터넷에 돌아다니는 영상을 통해서였다. 내용은 흥미로웠다. 90년대 후반 인터넷 초창기, 1세대 벤처 창업가에 관한 이야기였다. 강의 내용 중에 유독 오랫동안 뇌리에 남는 말이 있었다.

"모든 인류가 이 문명의 발전에 기여했다고 생각하지만, 천만의 말씀이다. 인류의 문명이 이만큼 온 데에는 0.1%의 창의적 인간이 다른 사람은 보지 못하는 것을 보고, 생각하지 못하는 것을 생각하고, 다른 사람은 꿈꾸지 못하는 것을 꿈꾸고, '여기가 새로운 세상이다!' 하고 깃발을 꽂으면, 0.9%의 통찰력과 직관을 갖춘 안목 있는 인간이 거기에 뛰어들어 한배를 타고 등을 밀고 손을 당기면서 이루어 낸 역사다."

1%에 의해 움직이는 역사라니. 게다가 박경철 씨는 그렇지 않은 99%를 두고 '잉여 인간'이라고 표현했다. 상당히 폭력적인 이야기다. 제레미 리프킨의 책에서 보았다면서 설명한 부분인데, 나중에 찾아보니 리프킨의 책에는 이런 내용이 없었다. 아마 박경철 씨가 잘못 알고 강의에서 인용한 듯하다.

여하튼 당시 나는 30대로 어떻게 살아야 할지 고민하던 때였는데, 이 이야기는 나에게 다양한 생각을 불러일으켰다. '혹시 나도 0.1%가 될 수 있을까? 어쩌면 0.9%에 드는 것은 가능하지 않을까?' 하면서 말이다. 이런 생각의 연장에서 찾은 직업이 투자였다. 0.1%는 도저히 가망이 없어 보이고, 어쩌면 0.9%의 통찰이라도 구해보자는 마음에서 말이다. 투자자, 그중에서도 초기 창업 기업에 투자하는 벤처캐피탈 심사역이 딱 맞을 것 같았다.

투자 심사역으로 지냈던 시간이 그다지 길지는 않았지만, 심사역이라는 직업에 관해서 이야기해 보려 한다. 직업의 본질을 깊이 있게 분석한 내용은 아니다. 수년간 지켜본 업에 대한 인상비평 정도다. 혹시 모를 오해를 막고자 미리 전제하고 싶은 것은, 나는 투자를 굉장히 매력적인 직업으로 보고 있다는 점이다. 나는 지금까지도 벤처캐피탈의 심사역이 앞서 이야기한 0.9%의 역할을 하고 있다고 생각한다. 앞으로도 계속 몸담고 싶은 직업이고, 즐거움과 동시에 의미를 주는 직업이라고 느낀다.

업계에 있으면 "투자 심사역이라는 직업은 어때?"라는 질문을 종종 받는다. 아무래도 종사하는 사람의 수가 많지 않고, 외부에 알려진 정보도 별로 없어서 궁금해하는 것 같다. Venture Capitalist, 즉 심사역은 어떤 사람일까? 워낙 다양한 스타일의 심사역이 있기에 '심사역은 이렇다!' 식의 일반화는 어렵다. 이처럼 심사역이 각기 다른 스타일을 지닌 것은 스타트업 투자에서 벤처캐피탈이 구축한 시스템보다는 개인기가 더 중요하기 때문이다.

심사역에 따른 스타일을 떠나, 우선 직업적 특성부터 접근해 보자. 심사역은 벤처캐피탈에 고용되어 자본을 모아 펀드를 결성하고, 이를 투자하여 돈을 번다. 흔히 이야기하는 '펀드매니저'다. 주수입원은 벤처캐피탈이 돈을 버는 것과 마찬가지로 수수료(월급)이며, 투자성과가 좋으면 일정 비율의 보너스(인센티브)를 받게끔 되어있다.

대부분의 벤처캐피탈은 심사역의 투자 프로세스를 존중한다. 심사역의 전문성과 직무의 독립성을 인정하는 편이다. 간혹 어떤 회사는 발굴과 검토 과정에 일일이 개입하기도 하지만, 내가 아는 회사 대부분은 이 과정을 심사역의 재량으로 남겨둔다. 그러다 보니 심사역이 투자 규모, 투자 속도, 투자 스타일 등을 본인 스스로 결정할 수 있는 편이다. 그래서 여느 직장인과 비교했을 때, 보다 더 자유로운 근무 환경을 갖게 되는 것 같다.

'일반적'이라는 단어를 쓰기에 무리가 있지만, 보통의 회사에서는 주어진 일을 시간 내에 수행해야 하는 업무구조를 갖기 마련이다. 설령 그것이 연구원이거나 글을 쓰는 것들이어도, 회사에 고용된 직원이라면 결국 '특정 시간 노동을 하고 그 대가로 임금을 받는 구조'를 크게 벗어나지 않는다. 즉, 회사에 나의 시간을 팔아 돈을 버는 방식이다. 하지만 심사역은 조금 다르다. 그들은 결정을 판다.

벤처캐피탈 펀드는 대부분 7~10년 사이의 만기를 가진다. 이 시간 동안 투자와 회수가 이루어진다. 심사역이 얼마나 많은 시간 일을 했는지가 펀드의 성과를 좌우하지는 않는다. 핵심은 펀드 운용기간 안에 얼마나 많이 '좋은 선택'을 누적했는지다. 노동의 정의 중 '사람이 생활에 필요한 물자를 얻기 위해 육체적, 정신적 노력을 하는 행위'라는 점은 심사역의 일과 부합한다. 하지만 '노동이 일정 시간만큼 노동 외의 다른 활동을 할 수 있는 시간을 희생해야 한다'라는 관점에서는 다른 직업과 다소의 차이를 보일 수도 있겠다.

쉬운 말로 하면, 자기가 목표를 정하고 일의 완급을 조절할 수 있다는 장점이 있다. 그래서 제법 자유로운 편이다. 누군가는 네트워킹에 가장 많은 시간을 쓰고, 다른 누구는 기업을 찾는 데 대부분의 시간을 할애한다. 또 다른 누구는 투자이론과 정보를 습득하는 데 가장 많은 시간을 할당할 수도 있다. 사람마다의 투자전략에 따라 시간 배분이 달라진다. 상황이 이렇다 보니 외부에서 볼 때는 심사역이라는 직업을 두고 널널해 보인다고 이야기한다. 실제로 누군가 여유를 부리려고 마음먹는다면, 무작정 여유로울 수도 있다. 물론 실적이 나온다는 전제 하에서 말이다.

이런 모습을 보고 심사역이 자본가와 비슷하다고 생각할 수도 있겠다. 하지만 안타깝게도 결정을 판매하긴 해도 자본가의 역할을 하는 것은 아니다. 굳이 이야기한다면 자본가의 결정을 대행하는 정도? 본인의 자본을 활용하지 않으니 자본이득도 없다. 결국 심사역도 월급을 받는 '조금 다른 형태의' 노동자다.

보상은 어떨까? 간혹 뉴스에는 어느 심사역이 인센티브로 수십억을 받을 것이라는 이야기가 나온다. 그래서 업계 밖에선 인센티브를 목표로 이직을 고려하기도 한다. 실제로 업계에는 '대박'이라고 불릴만한 큰 인센티브를 받은 사람이 있다. 하지만 그 수는 아주 적다. 심사역 대부분에게는 좀처럼 일어나지 않는 일이다. 마치 로또 같은 이벤트다. 업계에선 "우리는 보수 상한이 없는 직업이야!"라고 희망 섞인 이야기를 하지만, 통계적으로 보면 상한은 분명히 존재한다.

인센티브의 구조를 보자. 성과급은 회수 성과급과 펀드 성과급이 있다. 회수 성과급은 말 그대로 회수하는 시점에서 회수이익의 일부를 심사역에게 나눠주는 것이다. 만일 100억 원을 투자해서 300억 원을 회수했을 때, 200억 원의 이익 중에서 일부를 심사역에게 인센티브로 배정하는 것이다. 이 비율이 대략 1~2% 안팎이다. 만일 1.5%의 인센티브 비율을 적용했다면, 200억의 1.5%, 대략 3억 원 정도의 성과급을 받아 간다고 보면 된다.

이렇게 인센티브를 받아 가는 사례는 얼마나 될까? 벤처캐피탈 펀드는 평균적으로 전체 투자 중 20~30% 정도가 회수에 성공한다. 이 성공의 이익으로 나머지 70~80%의 손해를 메꾸고 수익을 창출하는 구조다. 만일 내가 실패한 투자를 했다면 어떻게 될까? 성공적 투자에서 벌어들인 이익에서 손해 부분을 차감한다. 예를 들어, 올해 200억의 이익을 거둔 심사역이 있다고 하자. 근데 만일 그가 작년에 100억의 손해를 봤다면, 그의 회수이익은 100억으로 줄어든다. 그래서 높은 인센티브는 '손해 없는 대박'의 경우에만 가능한데, 이게 여간 어려운 것이 아니다.

손해를 차감하는 것은 큰 문제가 되지 않지만, 문제는 회수이익을 온전히 인정해 주지 않는 업계의 분위기다. 이익을 거둔 만큼 성과급을 계산해 주지 않는 회사가 많다는 이야기다. 회사는 이익을 극대화하고 이를 경영진의 몫으로 배정하기 위해, 심사역에게 주는 성과급을 다양한 이유를 들어 줄이려고 한다. 겉으로는 회수이익의 몇 퍼센트를 보장한다고 하지만 실제로는 비용을 차감하는 방식으로 인센티브를 줄인다. 업계 10위권의 제법 큰 회사는 투자를 할 때, 펀드 사용 비용을 심사역에게 청구한다. 기가 막힌 일이다. 투자회사가 직원에게 투자재원의 사용료를 받는다는 게 이치에 맞는 것인지 모르겠다. 이 소식을 접하고 그 회사의 직원이 의아해 자본비용 차감에 대한 이유를 물었다. 이때 회사의 답변은 이랬다.

"누군가 투자재원을 사용하면 다른 사람이 그 돈을 사용하지 못한다. 그렇게 기회비용이 발생하는 것 아닌가. 그 기회비용을 개별 심사역이 부담해야 하는 것은 당연하다."

대체 펀드의 기회비용은 누가 지출하는 것인가? 사실 기회비용은 펀드 결성 시점에 이미 지불되었다. 자본을 출자한 출자자가 이미 감당한 것이다. 그런데도 벤처캐피탈이 심사역에게 자본 사용 비용을 '기회비용'이라는 명목으로 다시 청구한다는 것은, 회사가 심사역을 직원이 아닌 외부 프리랜서로 바라본다는 이야기다. 투자재원을 외부 인력에게 판매하는 것과 다르지 않다.

이런저런 이유를 들어 성과급을 줄여보려고 노력하는 것은 그나마 양호한 편에 속한다. 아예 대놓고 성과급을 주지 않아 분란을 겪는 회사도 제법 많다. 업계에서는 좋은 성과가 기대되는 심사역이 어느 날 갑자기 회사와 문제를 겪어 회사를 나가거나, 성과급 지급 문제로 다투는 경우를 적지 않게 볼 수 있다. 심지어 괴롭힘에 회사를 떠나는 경우도 어렵지 않게 찾아볼 수 있다.

부경훈 현 KJ&투자파트너스 대표의 인센티브 분쟁 사례는 유명하다. 크래프톤이 배틀그라운드를 출시하기 전 부경훈 대표는(당시 케이넷 이사) 99억 원의 투자를 진행했다. 2009년도이니 당시 기준으로는 제법 큰 규모의 투자가 이루어진 것이다. 이후 크래프톤이 배틀그라운드 등의 게임으로 좋은 성과를 내고 케이넷은 훌륭한 투자성과를 기대할 수 있게 되었다. 그 시기 부경훈 대표는 케이넷 경영진과 마찰을 겪는다. 그는 2014년 퇴사를 했는데, 퇴사의 조건이 크래프톤 투자성과의 정산이었다. 2017년 배틀그라운드가 출시되고, 2018년 케이넷은 크래프톤의 주식을 처분하여 큰 수익을 올렸다.

문제는 케이넷이 부경훈 대표와의 약속을 이행하지 않으면서 발생했다. 결국 부경훈 대표는 케이넷과 소송전에 돌입했다. 3년간의 긴 소송은 대법원까지 갔고, 2022년 대법원은 부경훈 대표의 손을 들어줬다. 투자이익의 일부를 정산하라는 것이었다. 이후 케이넷은 판결대로 부경훈 대표에게 지급해야 할 인센티브를 지급했을까? 놀랍게도 아직도 지급이 이루어지지 않았다. 언론 기사*에 따르면 케이넷은 펀드가 청산되지 않았다는 이유로 지급하지 않았다. 보통 벤처캐피탈 펀드가 아무리 길어도 10년 정도의 운용기간을 갖는다는 점을 떠올리면, 16년을 끌면서 펀드를 청산하지 않은

---

* 크래프톤 투자성과급, 대법원판결 났지만, 아직도 지급 안 돼… 케이넷, 16년째 펀드 미청산, 2024년 7월 29일 조선일보

것은 이례적이다.

업계에 들어오고 초기에는 이런 모습을 이해하기 어려웠다. 벤처캐피탈업도 엄연한 사업이고, 평판과 신뢰가 중요한 일인데, 어떻게 평판과 신뢰를 훼손하는 결정을 반복할 수 있을까. 설령 억울한 일이 있어도 법적 판단이 끝난 이후까지 저렇게 버틴다는 걸 이해하기 어려웠다. 하지만 기업형 벤처캐피탈에서 2년, 벤처캐피탈에서 6년을 보내며 더 심각한 사례도 접하다 보니, 이제는 '저런 일이 또 일어나는구나!' 하며 덤덤하게 넘기게 된다.

그래서 벤처캐피탈 업계에 들어올 생각이라면 보상에 큰 기대를 하지 말 것을 당부한다. 벤처캐피탈로 이직하는 경력직의 많은 수가 연봉삭감을 경험한다. 경력직 심사역의 대부분이 제법 규모가 큰 기업에서 넘어오는 경우가 많기 때문이다. 반면 벤처캐피탈은 비교적 작은 규모다 보니 그만큼의 연봉을 지출할 여건을 갖추지 못한 곳이 많다. 그래서 "성과급이 많으니, 연봉을 삭감하자"라고 제안하는 경우가 흔하다. 나 역시 그랬다. 인사담당자는 내 연봉을 삭감하면서 성과급을 이유로 들었다. 하지만 인센티브가 들어오는 데 얼마나 긴 시간이 걸리는지는 설명해 주지 않았다. 투자를 회수하는 데는 보통 몇 년이 걸린다. 그러니 초반 몇 년 동안은 인센티브를 꿈도 못 꿨다. 펀드를 청산하거나 영업이익이 생겨도 성과급을 배분할 때는 '기여율'이 낮다는 이유로 배제되었다.

결국 많은 사람들이 넉넉한 인센티브를 꿈꾸며 업계에 진입하지만, 정작 인센티브로 혜택을 보는 사람은 아주 드물다.

하지만 심사역은 장점이 분명한 직업이다. 특히 앞서 이야기한 재량의 부분은 생각보다 큰 장점이다. 스스로 성장하고 관점을 고도화할 마음가짐이 되어있다면 심사역 커리어는 인생의 좋은 전기를 마련할 좋은 기회가 될 수 있다. 많은 사람이 처우에 불만을 느끼지만, 탐욕스러운 업계의 분위기를 감내하면서도 남아있는 것은 다른 곳에서 쉽게 얻을 수 없는 이런 '재량' 때문이 아닐지 하는 생각도 든다.

그래서 스스로 시간을 관리하는 데 능한 사람에게 벤처캐피탈 심사역은 훌륭한 직업이다. 업계의 심사역 중에는 투자이론, 기술, 경영 등에 천착하여 한 분야를 깊게 파는 사람이 적지 않다. 이들의 의견은 비슷하다. 예전 회사에서는 흥미로운 분야를 이렇게 깊이 파고들 만한 시간적 여유가 없었다는 것이다. 스스로 공부하고 관점을 가다듬을 수 있는 사람에게는 너무나 좋은 근무 환경이다.

연봉이나 성과급이 아니어도 금전적으로 더 나은 상황을 맞기도 한다. 업이 투자이다 보니 투자를 공부할 시간도 늘고 정보의 양도 는다. 투자를 대하는 태도도 달라진다. 그러다 보니 자신이 가진 자산을 투자로 늘려나가는 이들이 생각 외로 많다.

만일 누군가가 나에게 심사역이라는 직업을 추천할 것이냐고 물어본다면, 추천은 하되 두 가지를 당부하고 싶다. 첫째는 스스로 자신의 '존재'를 흔들림 없이 지키라고, 둘째로 투자시장의 미래를 고려하라고.

여기서 '존재'는 사회 속에서 나의 위치나 역할을 이야기하는 것이다. 우리가 흔히 이야기하는 '존재가 의식을 규정한다'라는 이야기의 '존재'로 보면 무난할 듯하다. 갑자기 존재 이야기를 하는 이유는 업계 내에서 자신의 정체성을 지키기가 쉽지 않기 때문이다. 음…, 너무 복잡하게 이야기한 것 같다. 그냥 까놓고 이야기하면, 업계에는 욕심이 난무한다. 다양한 욕심이 어지럽게 교차하여 마치 복마전과도 같다. 그래서 많은 이들이 욕심의 소용돌이에 존재를 던져버리고 분위기에 동화되어 버리고 만다. 일상화된 탐욕은 마치 악의 평범성을 떠올리게 한다. 업계 밖에서는 이상하다고 할만한 일들이 안에서는 아무렇지도 않게 일어난다.

"절대 바닷물을 마시지 마라."

실존적 자아를 잃을 것 같다며 고민하는 주위 동료에게 해주는 이야기다. 그런 고민을 하는 사람이 많으냐고? 상당히 많다.

욕심이란 마치 바닷물과 같아서 한번 마시면 끊을 수가 없다. 어느 순간 고통스러워도, 갈증에 괴로운 와중에도 당장 해갈을 위해 다시 바닷물을 들이키고야 만다. 업계의 제도와 체계가 욕심을 시시각각 자극한다. 이런 체계는 정교하지는 않지만 제법 효과적인 방식으로 동작한다.

우리가 사는 사회가 전반적으로 그런 경향이 있지만, 이 업계는 '페티시즘'과 '포르노그래피'의 경향이 더 짙다. 다른 의미로 주로 쓰여서 그렇지, 철학에서 페티시즘은 '물신주의'를 뜻한다. 마르크스는 자본론에서 상품이 그 본래의 사용 가치나 생산 과정과는 무관하게, 마치 스스로 가치를 지니는 것처럼 여겨지는 것을 두고 페티시즘이라고 이야기했다. 즉, 수단으로 사용되어야 하는 물질에 가치가 부여되는 현상을 말한 것이다. 업계에서는 돈이 곧 가치다. 어찌나 강력한지 마치 이데올로기와도 같다.

이런 방향으로 생각이 흘러도 이를 막을 방도가 없다. 이는 페티시즘이 포르노그래피적 특성을 띠고 전파되기 때문이다. 포르노그래피* 역시 그 뜻으로 쓴 것이 아니다. 철학에서는 이를 '맥락 없이 자극만으로 구성된 것'이라는 의미로 사용한다. 반복적인 유흥, 의미 없이 이어지는 사람에 대한 품평, 지칠 줄 모르는 자기 자랑, 돈벌이 정보에 대한 집착적 추구. 이 모든 것이 포르노그라피적 요소다. 굉장히 쾌락적인 요소여서 쉽게 빠져들고 그만큼 끊기도 어렵다.

앞서 이야기한 '존재가 의식을 규정한다'라는 이야기처럼, 이런 분위기 속에 내(존재)가 있으면 의식(자아)을 부여잡아야만 한다. 바닷물을 마시고 맥락을 삭제당한 뒤 그저 재귀적 쾌락에 자아를 맡긴다면, 그 출구는 좀처럼 찾기 어려울 것이다. 설령 지금, 이 상황이 뭔가 잘못되었다고 자각하더라도 말이다. 그렇게 시간이 흐르면 그 사람 '본연의 이야기'와 '취향'은 희미해져 간다.

실제로 업계에서는 취향을 찾아보기 어렵다. 취향을 표출하는 것을 반기는 분위기도 아니거니와, 몰개성의 물신사회에서 개인의 기호를 표출하는 게 얼마나 사치스러운 일인가 하는 생각도 든다. 이런 상황을 목도할 때면 이성복 시인의 〈그날〉이라는 시가 떠오른다.

업계의 전망은 어떨까? 명지대 박정호 교수는 2023년 이런 이야기를 한 적이 있다.

---

* 그리스어에서 유래했으며 꽃(pórnē)과 그림(graphē)의 합성어다. 여기서 꽃은 당시 매춘부를 뜻했다. 즉, 그리스어로는 '매춘부와 관련된 그림'이라는 뜻이었다.

"국민연금은 아마, 곧 세입보다 세출이 더 많아지는 시기를 맞이하게 될 것입니다. 그 시기가 많이 남았으면 하지만, 머지않은 듯합니다. 2026년 정도면 연기금은 본격적으로 국내 주식을 매각할 수도 있습니다."

현재 한국 주식시장에서 연기금이 차지하는 비중은 13%를 조금 넘는다. 상당한 비중이다. 그런데 만일 2026년부터 연기금의 사정으로 주식을 팔기 시작한다면, 주식시장은 아마 상당한 영향을 받을 거다. 이런 사례는 과거 일본의 버블 붕괴 시기에도 있었다. 1989년 일본 경제의 버블이 터지자 일본 연기금은 자산 방어를 위해 주식시장에서 큰 규모의 자산 매각을 단행했다. 금리 상승 등의 여건으로 안 그래도 좋지 않던 일본 경제는 연기금의 매각으로 더 큰 타격을 입었다. 그래서 잃어버린 10년, 잃어버린 20년을 이야기할 때 당시 일본 연기금의 매각 결정을 비판적으로 분석하는 보고도 많다. 오히려 연기금이 버블 붕괴를 가속했다는 것이다.

한국은 조금 더 심각할 수 있다. 인구가 줄고 있기 때문이다. 이는 새롭게 연금을 내는 사람이 줄고 있다는 뜻이기도 하다. 예전에는 수익성이 좋지 않아도, 늘어나는 인구만큼 증가하는 불입액 덕택에 전체 기금 규모를 방어하기가 수월했다. 하지만 인구가 줄어드는 시점에서는 연금 납입액만으로는 기금 규모를 유지하기 어렵다.

비단 연기금이 아니더라도 한국 주식시장에 타격을 줄 만한 요소는 더 있다. 경제인구가 줄어들어 경제 규모가 줄면, 소비도 함께 줄어들 개연성이 높아진다. 이는 인구감소, 노령화를 겪은 국가가 겪는 공통적인 현상이다. OECD는 이러한 경향을 일본 등의 사례로 확인했고 우리나라에도 경고한 바 있다. 생산성 하락 및 소비 감소에 대한 대책이 필요하다고 말이다. 만일 이렇게 경제의 활력이 저하되는 상황을 맞이하면 스타트업의 성장은 지속될 수 있을까?

수출도 문제다. 우리나라가 지금까지 수출로 경제성장을 견인했다는 점에 반론을 제기할 사람은 별로 없을 것 같다. 중간재 생산과 수출로 오랜 기간 대중국 특수를 누렸던 우리나라는 최근 중국의 기술 성숙으로 점차 설 자리를 잃는 것이 아니냐는 우려가 나오고 있다.* 첨단산업 분야에서는 이미 여러 분야에서 역전을 허용했다. 아직 수출산업은 건재한 편이긴 하나 향후 이러한 추세가 이어질지 우려하는 목소리가 나오고 있다.

만일 소비가 감소하고 경제둔화가 현실이 되면, 벤처캐피탈의 투자 난도는 점점 더 높아질 것이다. 이런 시장 상황의 변화에 우리는 어떻게 대처해야 할까?

찰리 멍거가 생전에 기자로부터 이런 질문을 받은 적이 있다.

"만일 당신이 단 하나의 조언을 해준다면, 투자를 시작하려는 사람에게 어떤 조언을 해주겠습니까?"

그러자 찰리 멍거는 짧은 고민 끝에 이런 대답을 내놓았다.

"물고기가 많은 곳에 가서 낚싯대를 드리우라고 할 겁니다."

앞서 워런 버핏도 비슷한 이야기를 즐겨한다고 언급한 바 있다. 그만큼 장기적으로 시장환경이 좋을 곳에 가서 투자를 시작하라는 이야기가 중요

---

* 최병천 신성장경제연구소장의 책 《좋은 불평등》에서 이런 상황의 세부를 살펴볼 수 있다.

하다는 이야기일 것이다.

앞서 이야기한 연기금 문제나 경제 펀더멘털 측면을 고려한다면, 우리나라 투자시장의 미래를 '우상향'으로 전망하기는 쉽지 않은 상황이다. 확률상 그렇다는 이야기다. 뭐, 당장 시장 상황이 나빠지지는 않을 것이라 본다. 지금까지 한국은 스타트업 시장에 오랜 시간 투자를 해왔고, 이 시장을 떠받치는 자본과 시장참여자가 아직 건재하기 때문이다.

실제 업황도 나쁘지 않다. 2024년 4월 금융감독원에 따르면 국내의 상장 벤처캐피탈 20개 회사의 2023년 회계연도 사업보고서를 종합하면 매출은 총 1조 151억 원, 영업이익 합계는 3,501억 원에 달했다. 벤처캐피탈의 매출 합계가 역사상 처음으로 1조 원을 넘기기도 했다. 2022년엔 매출 7,527억 원, 영업이익 -2,852억 원인 것을 생각해 보면 큰 성장이다.

하지만 이런 상황이 언제까지 이어질지 모르겠다. 만일 상황이 나빠지면 벤처캐피탈도 이전과는 다른 전략을 들고나와야 할 것이다. 해외 시장의 비중을 대폭 늘려 국내 경기 하락에 대응하는 것과 동시에 유망 섹터를 발굴하여 기회와 리스크를 관리해야 한다. 해외 진출이 가능한 기업에 투자하거나, 투자한 기업의 해외 진출을 도와야 한다. 과거 벤처캐피탈이 넓게 쏘는 '산탄 전술'을 구사했다면, 이제는 '저격 전술'을 구사해야 할 것이다. 장기적으로 이러한 상황을 고려하여 커리어를 구상해야 할 수도 있다.

앞으로 벤처캐피탈 시장은 예전처럼 규모가 곧 경쟁력이 되는 곳이 아닐 확률이 높다. 과거 많은 벤처캐피탈이 그랬던 것처럼 회사 차원의 전략이 없이 심사역 개인 역량에 의지하는 것은 위험하다. 이제 벤처캐피탈을 평가할 때의 기준이 달라져야 한다. 얼마나 현명한 이가 대표로 있는지, 그 대표를 구심으로 심사역의 역량이 얼마나 효율적으로 모이는지, 그때 회사의 전략은 얼마나 명확한지가 경쟁력이 될 것이다.

업계에 대한 우려를 너무 길게 적어 쓸데없는 걱정을 유발한 것은 아닌지 모르겠다.

세상을 공부하여 돈을 버는 직업. 그 자체로도 투자 심사역이라는 직업은 매력적이다. 설령 큰 성과를 남기지 못하더라도, 그 과정만으로도 투자자가 될 이유는 충분하다고 생각한다.

투자는 좋은 일이다. 사회의 자산을 효율적으로 분배하고, 기회가 필요한 이들에게 기회를 전달한다. 자신이 쌓고 닦은 통찰을 세상에 적용해 볼 수도 있다. 나만의 좋은 시스템을 갖추고 오랜 시간 동안 그것을 반복하면 큰 성과가 되어 돌아오기도 한다. 오랜 시간 이 일을 지속하기 위해서는 지혜로써 이 일을 대하는 방법을 찾아야만 한다. 그게 가능하다면 우리는 여든, 아흔까지도 품격 있는 현역 투자자로 살 수 있다. '품격' 있는 현역 말이다.

투자판에 적응하기

투자 시스템은 어떻게 만들어지는가?

○

2000년대 초중반, 전산학을 전공한 사람 중 적지 않은 수가 통신 분야를 선택했다. "스무 살의 TTL", "아버지 Na는 누구예요?" 등의 광고로 통신사가 진검을 겨루던 시기, 많은 이들이 통신 분야를 두고 세상을 바꾸는 중요한 수단이 될 수도 있겠다고 생각했다. 그런 사람 중 하나였던 나 역시 '정보통신'이라는 팻말이 붙은 연구실에서 석사 시절을 보냈다.

통신이나 데이터베이스가 주목받던 당시, 인공지능 분야는 그야말로 '냉골'이었다. (적어도 그 당시 한국은 그랬던 것 같다) 지금처럼 머신러닝과 딥러닝이 일반적이지 않았던 시절, 인공지능 수업은 '상태 기계$^{State Machine}$' 기반의 연구가 주류였다. 상태 기계라는 것은 간단히 말해 조건에 따른 결과를 도출하는 시스템이라고 보면 된다.

세탁기 같은 것이 대표적인 예다. 세탁물이 세탁기에 적재되고 '세탁'

이라는 버튼이 눌렸을 때 세탁기는 생각한다. '세탁기 문이 닫혔는가?', '세탁물 무게는 측정했는가?', '사용자가 지정한 세탁 모드는 무엇인가?' 등 일련의 질문에 해당하는 답을 가지고 미리 탑재된 세탁 프로그램 중에 하나를 고른다. 정확히는 '상태'와 '전이'가 반복되어 적합한 답을 고르는 것을 상태 기계라고 하는데, 간략히 조건에 따라 적절한 답을 선택하는 것이라고 해두자.

　이러한 방식의 인공지능은 활용처가 넓지 않았다. 당시에도 기계학습을 연구하는 사람이 있긴 했지만, 상용화가 요원하다는 의견이 많았다. 딥러닝은 아예 먼 미래의 기술처럼 여겨졌다. 그래서 또래의 친구 중에는 인공지능 연구실보다는 통신사의 '쩐의 전쟁'이 벌어지는 통신 분야를 선택하는 이들이 많았다.

대학원 연구실 규모도 차이가 컸는데, 인공지능 연구실보다 통신 분야 연구실 인원이 서너 배 많았다. 내가 있던 연구실은 콩나물시루처럼 사람과 PC, 서버가 엉켜있었다. 그때는 잘 몰랐다. 많은 사람이 선택하는 분야가 곧 레드 오션이고 긴 시간의 관점에서 보면 시장이 서서히 축소되리라는 것을 말이다. 당시 인공지능을 선택했던 사람은 인공지능 분야가 머지않은 시간 안에 화려하게 주목받으리라는 것을 알았을까?

　대세를 좇아 뛰어든 통신 분야였지만, 나름 재미도 붙였던 것 같다. 졸업하고 대기업에 들어가 통신 장비를 만들기도 했고, 그러다 유학까지 가버리고 말았다. 딱히 유학을 가야겠다는 큰 결심이 있던 것은 아니었다. 막연히 유학을 가서 박사학위를 받으면 다소의 경쟁우위가 생기지 않겠냐는 생각으로 준비했다. 레드 오션 참여자의 숙명 같은 것이었을까. '저 길을 가야 겠어'라는 비장한 결심은 없었다. 마치 한 해의 마지막 날 보신각 종소리를 듣겠다며 발 디딜 틈 없는 인파 속에서 이리저리 떠밀려 부유하듯, 정신을 차려보니 미국이었다.

입학을 일주일 앞둔 여름의 절정, 미국에 도착하자마자 방문한 학과 사무실에서 나는 뜻밖의 이야기를 들었다.

"오! 네가 마리아 교수님이 뽑은 그 학생이로구나?"

"아. 네, 맞아요. 그제 도착했습니다."

근데 직원의 표정이 이상했다. 조금 당황하는 것 같기도 했는데, 여하튼 밝지 않은 표정이었다.

"그런데 말이야."

잠시 주저하더니 이야기를 이어갔다.

"마리아 교수가 지금 학교에 없구나."

처음엔 어디 출장을 간 줄 알았다.

"마리아 교수가 학교를 옮겼어. 너에게 전해달라는 말이 있었는데…. 만일 네가 크레타대학에 올 수 있다면 자기가 받아주겠다는 말을 남겼어."

"크레타? 크레타면 그리스에 있는 섬 아닌가요?"

"응 맞아. 그리스, 크레타."

역사책에서나 보던 그 섬 아니던가. 미노스 문명의 발상지. 그리스 사람이라면 당연히 자랑스러워할 이름이겠지만, 나에게는 낯설기 그지없는 이름이었다. 머리가 하얘졌다. 내 인생에 '크레타'라는 이름이 이리도 불쑥 끼어들 것이라고는 상상도 하지 못했으니까. 당시 그 학교에는 통신 분야 교수가 3~4명밖에 되지 않았다. 그래픽스와 이미지 관련 분야가 강했던 학교라 교수 대부분이 해당 분야의 연구를 주로 했다. 입학하기도 전에 나에게 입학허가를 줬던 교수는 사라졌고, 나는 다시 교수를 잡아야 하는 상황이 됐다.

교수를 다시 잡는 과정은 지난했다. 몇몇 교수에게 거절당한 후, "한 번 같이 해보자"라고 이야기해 준 교수는 이미지 처리를 연구하던 사람이었다. 서릿발처럼 냉랭한 표정의 우크라이나 출신 교수는 인공지능을 연구하는 사람인지, 인공지능 그 자체인지 모를 정도로 무뚝뚝했다.

 그 교수 밑에서 나는 객체인식 기술과 관련된 연구를 했다. 지금이야 사람이면 사람, 자동차면 자동차 원하는 대로 인식하는 것이 가능하지만, 당시에는 물체를 인식해서 그것을 분리해 내는 것이 상당히 어려운 기술이었다. 이미지 정보를 받아들이고 이를 수학적으로 해석해서 객체를 분리하는 일, 그러니까 머신러닝을 배우게 됐다.

 지금은 딥러닝이 보편화되어 더 이상 머신러닝이라는 용어를 잘 쓰지 않지만, 2000년대 후반만 해도 머신러닝은 '떠오르는' 신기술이었다.

머신러닝의 대략은 이렇다. 만일 비행기를 포함한 이미지를 식별하는 인공지능을 만들고 싶다면, 비행기를 포함한 이미지 50장과 그렇지 않은 이미지 50장을 준비한다. 도합 100장의 이미지를 시스템이 읽어 들이게끔 한다. 이미지가 가진 특성을 저장한다. 이미지의 경계선, 텍스처, 명암, 색상

등 다양한 특성을 감지하고 이를 수학적으로 해석하여 그 통계를 저장한다. 그렇게 이미지별로 저장된 통계치 중에서 실제로 비행기가 등장하는 이미지의 통계치에는 더 높은 가중치를 부여하고, 그렇지 않은 통계치에는 낮은 가중치를 부여한다. 이렇게 비행기가 등장한 이미지의 특징에 가중치를 반복해서 높여나가는 것을 '학습'이라고 한다. 그렇게 시스템은 학습된 통계 데이터를 가지고 새로운 이미지가 입력됐을 때 비행기를 포함하는지 아닌지를 판단할 수 있게 된다.

입력된 값을 수학적으로 해석하고 통계적으로 저장하는 것을 '학습'이라고 한다면, 새로운 입력값을 학습된 통계와 맞춰보는 것을 '추론'이라고 한다. 그러니까, 비행기의 특성을 시스템이 익히는 것이 '학습', 새로운 이미지에 비행기가 있는지를 판단하는 것이 '추론'이다.

만일 통계를 축적하는 일을 '인공 신경망'에 맡기면 딥러닝이 된다. 그러니까 딥러닝은 머신러닝의 한 분야다. 머신러닝은 입력 정보에서 어떤 특징을 학습할 것인지를 사람이 지정해 주다 보니 추출하는 특징의 수와 처리하는 데이터의 양이 제한적일 수밖에 없다. 반면 인공 신경망은 많은 수의 특징을 학습할 수 있고 대규모 데이터에서도 강력한 성능을 발휘한다. 당시 학교의 대다수가 머신러닝을 연구할 때, 어도비^{Adobe}(포토샵을 만든 그 회사)에서 왔던 박사과정 학생이 딥러닝을 활용하는 것을 보고 눈이 휘둥그레졌던 기억이 난다. 시스템은 느리고 복잡했지만, 성능은 넘볼 수 없었다. 놀라웠다. 기계학습으로는 아무리 발버둥 쳐도 넘기 어려웠던 성능의 벽이 그 학생의 손안에서는 쉽게 해결되었다.

이제는 당시의 머신러닝을 사용하는 분야는 거의 없다. 모든 분야에서 딥러닝이 자리를 잡았다. MATLAB(수학, 통계 전용 프로그램)으로 프로그램을 짜고 일반 PC로 통계를 돌리느라 몇 시간을 기다려야 했던 시대에서 이제는 인공지능을 위한 다양한 도구와 프로세서가 등장해서 연구자가 더 많은 연구를 신속하게 수행할 수 있게 되었다.

그런데 시스템이 복잡해지고 사용하는 데이터가 늘어남에 따라 점차 사람들은 인공지능이 왜 그런 결정을 내렸는지 이해할 수 없게 되었다. "왜 그런 결과가 나온 거야?"라는 질문에 대답하는 것이 어려워졌다는 이야기다. 그래서 한때 많은 이들이 인공지능의 신경망 안에서 일어나는 일을 가지고 '블랙박스'라고 칭하기도 했다. 뭔가 일이 벌어지고는 있는데, 그 속을 도통 모르겠다는 소리였다.

이런 특징을 처음 접했을 땐, 마치 인공지능이 사람 같다고 생각하기도 했다. 설명할 수는 없지만 적절한 결과를 도출하는 '직관' 같은 것이 인공지능 안에 생긴 게 아닐지 모르겠다는 생각도 했었다. 직관Intuition의 정의가 '논리나 추론적 분석 없이 즉각적으로 상황을 이해하는 것'이니, 인간의 그것과 크게 다르지 않다는 느낌이었다. 혹시 통계가 많이 모이면 그것이 시스템에 직관을 가지고 오는 건 아닌가 하고 말이다.

처음 투자 업무를 시작하면 학습이 진행되지 않은 시스템 같은 느낌이다. 나름 성공한 회사가 가지는 '패턴'을 분석하기 위해서 자료도 읽고 투자서도 접해보지만, 회사를 만나고 투자하기 전에는 나의 '투자 시스템'에 통계가 쌓이지 않는다. 물론 자료를 축적하는 것은 대체 불가능한, 무척이나 중요한 일이다. 하지만 내가 가진 데이터가 현실과 정합整合되려면 반드시 경험이 필요하다. 그래서 투자 경험이 없는 투자자의 모델은 아직 학습되지 않은 빈 시스템과 같다. 심사역이 회사를 만나고 미팅과 검토를 반복하면서 비로소 데이터가 학습 모델이 쌓이기 시작한다.

인공지능은 학습하면서 스스로 무엇을 학습하는지에 대한 자각이 있다. 만일 인공지능이 꽃을 학습한다고 해보자. 시스템은 사람이 제시하는 꽃 사진을 읽어 들이면서 데이터를 '꽃'이라는 카테고리에 쌓는다. 반면 심사역이 회사를 만나면서 데이터를 쌓는 과정을 생각해 보자. 지금 만나는 회사가 잘 될 회사인지, 그렇지 않은 회사인지 알 수 없다. '정답이 없는 경우'가 대부분이다. 결국 오랜 시간 동안 다양한 기업을 만나면서 각 기업이 가지는 특성과 그들의 사업성과를 사후적으로 매칭시켜야 한다. 조금이라도 이런 시간을 아껴보려고 투자자는 기업 사례를 분석한다.

하지만 선행후명先行後明이라고 했던가. 기업의 성공담은 여러 사람의 해석을 거쳐 윤색되기 마련이다. 더 보기 좋게 다듬어지기 마련이고, 그 과정에서 실수나 과오는 가려지기도 한다. 순간순간 생존을 위해 했던 일들이 나중엔 전략적 결정으로 탈바꿈한다든지, 우연히 벌어진 일을 의도한 계획의 결과로 기술되기도 한다. 반면 실패의 사례는 어떠한가. 실패는 잘 기록되지 않는다. 간혹 거대한 실패가 이야기로 다뤄지긴 하지만 대부분 기억 속에서 사라지고 만다. 이렇듯 간접경험은 분명 도움이 되지만 한계가 있다. 그래서 직접 기업을 만나 경험을 축적해야 한다.

지금까지 이야기한 내용을 중간 요약하면 이렇다. 심사역은 많은 기업을 만나면서 경험치를 축적해야 한다. 하지만 무작정 경험을 쌓기만 하는 것도 정답은 아니다. 과거 기업의 사례와 이론들을 참고하여 나의 고유 모델에 축적하는 것이 필요하다.

결국 투자 심사역이 기업을 검토하고 판단하는 안목을 기르기 위해서는 그가 사용하는 고유의 통계 모델이 얼마나 잘 구축되는지가 관건이다. 즉, 같은 경험을 하더라도 기업평가를 위한 통계 모델을 누가 더 효율적으로 고도화시켰는가가 경쟁력이라는 이야기다.

혹자는 "투자는 그냥 운 아닌가?"라고 이야기하기도 한다. 투자 업계에서 흔히 하는 이야긴데, 나는 업계에 다른 이들보다 높은 성공률과 성공적인 회수를 오랜 시간 반복하는 이들이 분명 존재한다고 생각한다. 이런 반복적인 성공은 어떻게 설명할 수 있을까? 그마저도 운이라고 이야기할 수도 있겠지만, 그것을 전적으로 운이라고만 치부할 수 있을지는 모르겠다. 이왕이면 '실력'이라 칭할 수 있는 부분도 분명 존재한다고 여기고 이를 배우는 것이 그렇지 않은 것보다는 낫지 않을까.

만일 누군가가 자신의 통계 모델, 그러니까 자신만의 관점을 가다듬는 데 성공했다면, 이를 활용할 방법은 없을까? 방법이 있다. 그리고 그 방법을 적극적으로 활용하기를 권한다. 나는 타인의 '선구안을 흡수'하는 방법을 가장 효과적인 투자능력 계발법 중 하나라고 생각한다. 특히 심사역 커리어 초기에는 이 방법을 활용하여 업무에 활용하기를 권한다.

처음 투자업에 입문했을 때, 나는 기업을 만나러 갈 때면 부서의 선배를 대동했다. 그들에게 기업 방문에 동행해달라고 하면 얼굴에는 귀찮은 표정이 역력했다. 하지만 아랑곳하지 않고 졸랐다. 처음부터 '그들의 관점을 흡수해야지!'라는 의도를 가졌던 것은 아니다. 그냥 혼자 가면 어찌해야 할 줄 몰랐으니까. 무서웠으니까 같이 가자고 한 것이었다.

그런데 몇 번 선배를 대동하고 스타트업과 미팅을 하고 나니 이게 많은 도움이 되는 것 아닌가! 같이 가서 그냥 옆에 앉아있는 것이 아니라 선배가 회사와 대화하고 협상하는 과정을 유심히 지켜봤다. 그들이 회사에 어떤 질문을 던져 어떻게 정보를 확보하는지, 알게 된 정보를 어떻게 소화하고 저장하는지를 따라갔다. 그리고 기업과의 미팅이 끝나고 나면 그들이 어떻게 생각하는지를 물었다. 그들의 피드백은 천차만별이었다. 비즈니스 모델을 가지고 장단점을 분석하기도 하고, 조직의 분위기를 눈여겨보기도 했다. 어떤 이는 대표의 인상이 좋지 않다며 걱정하기도 했고, 많은 장점에도 불구하고 '왠지 모를 싸함'이 느껴져서 불안하다고 이야기하기도 했다.

그들에게 그렇게 생각하는 이유를 물어보면 자세히 설명해 주는 사람도 있었지만, 어떤 경우에는 "그냥 그런 느낌이 들어"라며 짧게 답을 하기도 했다. 마치 인공지능이 어떤 값을 내놓았을 때 어떤 자료와 논리를 근거로 그 결과에 이르게 되었는지를 이야기하지 못하는 것처럼 말이다. 오랜 시간 동안 그들의 경험 속에 축적된 '패턴'에 근거한 직관일지도 모른다는 생각이 든다.

아무튼 이렇게 습득한 그들은 관점을, 나중에 내가 혼자서 스타트업을 만났을 때 적용해 보거나 따라 해 보았다. 그러면서 어떤 관점이 유용한지, 어떤 질문이 효과적인지, 어떤 태도가 바람직한지를 터득할 수 있었다.

비록 벤처캐피탈 업계가 개인사업자 모임 같다고 이야기하지만, 업계에 가장 필요한 것은 '멘토-멘티' 관계가 아닐지 싶다. 자신의 관점과 노하우를 전달하여 새롭게 투자에 입문한 이들이 시행착오를 줄일 수 있게끔 말이다. 이런 시스템이 갖춰진 투자사는 드물다. 자기가 알아서 좋은 멘토를 찾을 수밖에 없다. 막무가내처럼 보일지라도 무조건 붙들고 보는 거다. 각자의 회사에서, 아니면 회사 밖에서라도 경험 많고 좋은 관점의 선배와 기업 검토부터 심사까지 함께해 볼 것을 권한다. 혼자서 패턴을 학습하지 말아라. 이미 존재하는 패턴을 가지고 나의 가중치를 조정하는 것이 훨씬 효율적이다.

드래곤볼 만화를 보면 상대의 능력을 빼앗는 캐릭터가 있다. 그런 캐릭터를 보고 흔히들 '사기 캐릭터'라고 이야기한다. 누구나 업계에 들어온 초기에는 이런 능력을 갖추고 있다. 타인의 모델을 수월히 흡수할 수 있는 시기 말이다. 하지만 이 시기가 지나고 나만의 모델이 만들어지면 그것을 수정하는 것이 어렵다. 그래서 업계에 발담은 시점에 좋은 멘토를 찾아 그들의 경험을 흡수하기 바란다.

혼자 성장하려 하지 마라. 흡수해라. 드래곤볼의 그 캐릭터처럼….

생각하고 있지만 말하지 못하는 것들

다른 방향으로 가는 벤처캐피탈들

○

"Help me, help you."

1996년 영화 〈제리 맥과이어〉의 명대사 중 하나다. 영화에서 미식축구 선수 로드가 매니저 제리의 충고에도 멋대로 굴자, 제리가 제발 내가 널 도울 수 있게 나를 좀 도와달라며 외치는 장면에 나왔던 대사다. 굉장히 기억에 남았던 대사인데, 이 영화는 이것 말고도 주옥같은 대사로 가득 차 있다. 주인공 제리 맥과이어가 사무실에서 전화통을 붙들고 "Show me the money!"를 고래고래 외치던 것으로 시작해서 아내 도로시에게 "You complete me"라고 이야기하던 장면까지. 그야말로 명대사 향연이었다.

개봉 당시 영화를 봤을 때는 그저 주인공이 많은 어려움에도 불구하고 성공에 이르는 이야기 정도로 생각했다. 하지만 나이가 들고나서, 그러니까 개봉하고 대략 15년 정도 후에 이 영화를 다시 봤을 때, 그리고 최근에 한

번 더 봤을 때는 영화의 내용이 전과 다르게 다가왔다. 요즘에서야 비로소 영화의 주제 의식이 와닿기 시작했다.

제리 맥과이어는 스포츠 에이전시의 '잘나가는 에이전트'였다. 그런 제리 맥과이어가 자신의 고액 연봉을 마다하고 에이전트가 선수를 '인간적으로' 대하기 위해 고객을 줄여야 한다는 25페이지짜리 보고서를 쓴다. 그 보고서의 제목은 '생각하고 있지만 말하지 못한 것들-매니지먼트 사업의 미래'였다. 보고서에서 제리는 시스템에서 사람이 소외되어서는 안 된다고, 이렇게 가다가는 이 산업에 미래가 없을 거라고 이야기한다. 그러면서 그는 우리가 찾아야 하는 것은 돈보다는 일의 보람이며 인간성이라고 강조하며 보고서를 마무리 짓는다. 영화에서 제리 맥과이어는 35살인데, 35살이 이런 생각을 했다는 게 놀랍다. 나는 마흔이 넘어서야 겨우 영화의 주제를 이해하기 시작했는데 말이다. 아마 연출가나 각본가의 나이는 훨씬 많을 것이라며 변명처럼 추측했지만, 영화의 각본을 쓰고 연출까지 했던 카메론 크로우는 이 영화의 시나리오를 35살에 썼다. 쳇.

여하튼 영화는 단순히 삶의 역경을 딛고 성공하는 이야기가 아니었다. 자신이 인간성을 잃어감을 인지하고, 동화처럼 그 인간성을 회복하는 여정을 담았다. 일과 가족, 사랑과 우정을 통해 삶의 가치를 보여주는 영화였다.

여주인공 도로시 보이드는 제리 맥과이어가 쓴 보고서를 보고 매우 마음에 든다며 이렇게 이야기한다.

"요즘 시대에 그런 낙관론은 가히 혁명적이라 할 수 있죠."

슬픈 말이다. 낙관론을 혁명만큼이나 기대하기 어려운 시대라니. 더욱이 인간이 소외된 시스템에서 인간성을 찾자는 주장이 낙관론이라니. 마치 제리 맥과이어가 맞닥뜨릴 슬픈 운명을 예언이라도 하는 듯싶다. 어쩌면 제리 맥과이어가 자신의 보고서 제목으로 썼던 '생각하고 있지만 말하지 못하는 것들'은 말해서는 안 되는 것들이었는지도 모른다.

사실 어떤 업이 되었건 간에, 일 안에서 인간성을 회복하고자 하는 시도는 언뜻 '낭만적'이라고 치부될 수도 있겠다는 생각이 든다. 사전에서는 '낭만'이라는 말뜻을 '현실적이지 못하고 환상적이며 공상적인 것'이라고 설명한다. 말이 좋아서 현실적이지, 조금 냉정히 이야기하면 '비용 효율적이지 못한 것'이라거나 '낭비적인 것'이라는 뜻이 될 수도 있을 것 같다. 효율을 추구하는 시스템에서 인간성이 희미해지는 것은 일견 당연한데, 그 안에서 인간성을 찾겠다니…. 여하튼 감독 겸 작가였던 카메론 크로우는 용감하게도 자본주의 시스템에서 모두가 낭비라고 조소하는 '인간성 회복'이라는 동화 같은 꿈을 어쩌면 이런 식으로 보여주고 싶었던 것 같다.

여기 비슷한 꿈을 꾸는 두 군데의 벤처캐피탈을 소개하려고 한다. 자못 낭만적인 이들이다. 두 곳 모두 업계가 가진 도그마 안에서 놓치는 무언가를 찾고자 했다. 각자의 방식으로. 〈뉴욕 타임스〉가 최근 기사에서 다룬 벤처캐피탈 두 곳의 독특한 행보를 여기서 일부 인용하겠다.

"스타트업 투자자가 벤처캐피탈의 '더 큰 것이 더 좋다'라는 고정관념에 반발한다."

2024년 9월 3일, 〈뉴욕 타임스〉

From left, Mackenzie Regent, Nick Chirls and Jonathan Wu, the founders of Asylum Ventures, which has a $55 million venture fund for very young tech companies. Jack Flame

어사일럼 벤처스Asylum Ventures의 대표 닉 철스는 얼마 전까지 노테이션 캐피탈이라는 자신의 벤처캐피탈을 운영했었다. 그곳에서 10년 동안 3개의 펀드를 만들었고 100여 개의 회사에 투자했다. 꽤 성공적인 경력이다. 하지만 그는 자신의 벤처캐피탈이 커짐에 따라 작은 파트너십을 벗어나 거대 자금을 운용하는 업계의 행태를 따라감을 느끼기 시작한다. 이런 변화가 달갑지 않았다. 회사가 커지면 커질수록 투자가 아닌 자본을 축적하고 배분하는 데만 골몰할 수밖에 없었기 때문이다. 이는 업계의 일반적인 현상이었지만, 닉 철스는 이를 두고 업의 본분을 망각한 것으로 생각했다. 그는 평소 자본최적화에 혈안이 되어버린 벤처캐피탈 업계를 '완전히 비인간화'되었다는 표현을 썼을 정도로 경계했는데, 결국 비슷한 길을 갔던 것이다.

그는 새로운 길을 가기로 한다. 그가 세웠던 노테이션 캐피탈을 그만두고 어사일럼 벤처스를 설립했다. 사실 노테이션 캐피탈도 업계에서는 독특한 투자 철학으로 유명했는데, 그걸로는 성이 차지 않았던 것 같다.

닉 철스는 스타트업, 특히 기술 스타트업에게는 '작지만 함께 모험하는' 자본이 필요하다고 주장했다. 그의 새 회사 어사일럼 벤처스는 장기투자가 가능한 미래가치가 풍부한 기술회사에 소액만 투자한다. 펀드 사이즈를 크게 가지고 가지 않을 것이라 공표했다. 그런데도 그의 철학을 믿어주는 이들이 5,500만 달러를 맡겼다. 이 정도면 크다면 큰, 하지만 비교적 작은 크기라 봐도 좋을 만한 규모다. 미국의 벤처캐피탈들이 운용하는 자산이 2023년 1.1조 달러를 넘어선 걸 생각해 보면, 크기가 아담한 편이다.

그는 많은 벤처캐피탈이 구사하는 투자전략에도 우려를 표했다. 비즈니스 검증보다는 화제성을 앞세운 기업에 불확실한 전략으로 투자가 남발되고 있다고 했다. 닉 철스는 벤처캐피탈이 장기적 전략으로 가치에 집중하는 투자에 나서야 한다고 주장한다. 현재 어사일럼 벤처스는 1년에 4~5개 정도의 작은 크기의 기업에 투자하고 있다. 여기서 작은 기업이란 50만 달러 정도면 사업을 시작할 수 있는 아이템을 가진 기업이다. 짧은 시간 안에 추가 투자가 필요한 기업은 배제한다. 큰돈을 투자해서 머니 게임 양상으로 흘러가는 곳에는 투자하지 않겠다는 이야기다.

한 가지 재미있는 것은 그들이 영화 제작사 A24로부터 영감을 받았다는 것이다. A24는 블록버스터가 지배하는 시장에서 독립영화로 시작하여 메이저 영화사의 문턱까지 온 입지전적인 곳이다. 2012년 세 명의 창업자로 시작한 영화사는 기존 대형 영화사의 제작 문법을 답습하지 않았다. 예술적이고 실험적인 영화를 만들긴 하되, 감독에게 영화 촬영의 전권을 부여하고 독창적인 작가와 협업할 수 있는 시스템을 제공한다. 영화감독과 작가의 창의성이 마음껏 발산될 기회를 제공하려 한 것이다. 이는 영화 제작에 깊이 관여하며 검증된 작가만을 신뢰하는 대형 영화사의 행태와는 다른 것이다. 그러다 보니 A24의 영화는 다소 어두운 분위기이지만 자유와 사랑, 삶의 가치를 이야기하는 재기발랄한 영화가 많다. 비록 블록버스터급의 흥행을 거두는 것은 아니지만 세계 유수의 영화제에서 두각을 보이며 대중의 뇌리에 깊이 각인되었다. 플랜B^{PlanB}, 네온^{NEON}, 라이온스게이트^{Lionsgate} 등과 더불어 세계 영화 시장에서 허리를 맡고 있는, 주목해야 할 회사임에는 분명하다.

어사일럼 벤처스도 A24처럼 작지만, 가능성 있는 스타트업의 초기에 투자하는 것을 목표로 한다. 그리고 나서 오랫동안 그들의 곁을 지키는 든든한 지원군이 되겠다고 이야기한다. 머니 게임이 아니더라도 성공할 수 있다는 것을 보여주겠다는 이야기다. 이러한 전략이 기존에 없었던 것은 아니다. 다만 시장에 1.1조 달러의 자금이 들어온 상황에서 "나는 작지만 좋은 투자를 할 테야"라면서 대세와 반대 방향으로 걸어갈 수 있는 용기는 매우 놀라운 것임이 분명하다. 돈보다 자신의 철학을 따라가는 용기 말이다.

이런 선택은 분명 돋보인다. 아무도 가지 않은 방향을 홀로 가니, 얼마나 눈에 띄는가.

"벤처캐피탈이 한 보기 드문 일: 고객의 돈을 돌려주다."

2024년 10월 2일, 〈뉴욕 타임스〉

이번에 이야기할 벤처캐피탈은 신생이 아닌 유구한 역사와 전통을 가진 곳이다. 이름은 CRV로, 이름을 들으면 혹자는 '자동차 관련 회사인가'라고 생각할지도 모르겠다. 이들의 이름은 창업자의 이름을 따서 지어졌다. CRV로 바꾸기 전 이름은 찰스 리버 벤처스$^{Charles\ River\ Ventures}$였다. 1970년 MIT 출신 창업자에 의해 동부에 설립되었다가 오래전 실리콘밸리로 터를 옮겼다. 초창기 벤처캐피탈 중 하나로 유구한 역사를 자랑하는 만큼 훌륭한 투자성과를 자랑한다. 지금은 X로 바뀐 트위터, 배달의 강자 도어대시^{DoorDash}, 클라우드 스토리지의 시초 드롭박스^{Dropbox}, 미국 최대의 부동산 플랫폼 질로우^{Zillow}, 기업용 소셜네트워크 야머^{Yammer} 등 무수한 성공 이력을 보유한 곳이다. 하나 눈여겨볼 만한 점은 CRV가 이들 기업에 투자한 시점이 대부분 설립 초기였다는 점이다. 창업 초기에 투자하고 이후 지속해 투자를 반복하는 전략으로 이처럼 훌륭한 투자성과를 올린 거다.

CRV는 50년이 넘는 역사에 현재 운용하는 자산 규모만 해도 30억 달러가 넘는다. 프리 시드$^{Pre\ Seed}$, 시드, 시리즈 A의 기술 기업에 투자하는 전략으로 500개가 넘는 스타트업에 투자한 이 기업이 갑자기 왜 언론의 관심을 끌었을까?

코로나19로 인해 시장의 유동성이 넘쳤던 시기에 CRV도 여러 펀드로 많은 돈을 모았다. 그들은 2021년 초기 기업 투자를 위한 10억 달러 규모의 펀드와 후속 투자 전용의 5억 달러짜리 펀드를 만들었다. 당시 시장은 유동성 장세가 한동안 지속될 것 같은 분위기였다. 2021년을 지나서 2022년까지는 예상대로 많은 돈이 벤처캐피탈 시장으로 흘러 들어갔다. 하지만 2023년 이후 시장 상황이 변했다. 팬데믹이 종료되고 금리가 오르면서 투자 열기도 식었다. 이미 투자받은 기업의 가치는 지나치게 높았고, 작은 기업은 자금을 유치하기 어려워졌다. 이런 상황이다 보니 CRV는 자신의 장점을 살린 투자를 하기가 어려워졌다. 특히 후속 투자를 위한 펀드가 문제였다.

실리콘밸리의 다른 투자자와는 달리 CRV는 기업의 가치가 명확하지 않을 때 투자하는 것을 경계했다. 그들의 보수적 관점으로는, 그들의 후속 투자 펀드가 목표하는 수익률을 거두려면 애초의 예상보다 훨씬 더 높은 밸류로 회수해야만 했다. 후속 투자 펀드가 주로 투자하는 단계를 고려했을 때, 투자 이후 기업가치가 대략 10억 달러 수준이 되어야 펀드 기대수익을 충족할 수 있다는 계산이 나왔다. 이는 냉각된 시장에서 유니콘 기업이 쏟아져야 한다는 의미였다. CRV는 이런 시나리오의 현실성이 떨어진다는 결론에 다다른다. 더욱이 후속 투자 펀드의 운용 때문에 회사 내부 자원의 배치도 어려웠다. 고민 끝에 이들은 놀라운 결정을 내린다. 현재 상황에서는 기대에 부합하는 투자를 할 확률이 낮아졌다고 판단, 2.75억 달러의 펀드 잔액을 LP에게 돌려주기로 한 것이다.

혹자는 이러한 결정을 가지고 "투자 여건이 나빠져서 투자금을 돌려준다는 게 그렇게 놀랄 일인가?"라며 반문할 수도 있다. 하지만 벤처캐피탈 업계에서 펀드 규모는 곧 수익이다. 만일 2%의 운영수수료를 수취한다고 생각해보자. 2.75억 달러의 펀드는 매년 550만 달러의 수수료를 회사에 가져다줄 것이다. 더 좋은 투자를 기대하기 어렵다는 이유로 쉽게 포기할 만한 금액이 아니라는 얘기다. 게다가 운용자산이 2.75억 달러나 줄어든다는 것은 회사의 규모와도 연관성이 있는 부분이어서, 여하튼 펀드를 자진반납한다는 게 말처럼 쉽지 않다.

하지만 CRV의 이러한 결정은 여러모로 현명한 판단인 듯하다. 우선 투자 여건을 자세히 관측한다는 점에서 돈을 맡긴 LP에게 신뢰감을 심어줄 수 있다. 더욱이 이익에 앞서 자기네들이 추구하는 투자 철학을 고수한다는 점에서도 회사의 혜안을 외부에 알리는 효과도 있다. 무엇보다 회사가 저런 결정을 내림으로써 회사의 구성원이 느낄 자부심, 혹은 '우리 회사는 다른 곳과 다르다'라는 느낌이 값지지 않은가.

한국에서는 이 정도로 주도적인 펀드 운용을 기대하기 어렵다. 우선 펀드를 구성하는 방식이 미국과 다르다. 한국의 경우 대부분의 벤처캐피탈 펀드가 공적기금을 기반으로 조성된다. 한국벤처투자^{KVIC}, 국민연금공단, 산업은행, 한국성장금융과 같은 정책금융이 벤처캐피탈 펀드의 앵커^{Anchor}가 된다.

새로운 펀드가 조성될 때 이들 중 하나가 앵커로 출자하지 않으면, 작은 규모의 공적기금이나 사기업이 출자하기를 꺼린다. 간혹 작은 기금에서 단독 출자 사업공고를 내기도 하지만 규모가 아주 작다. 사실상 대규모 공적기금의 출자 없이는 펀드 결성이 어렵다. 이들 기금은 국민의 세금 또는 연금을 기반으로 한다. 그래서 상당히 보수적이고 정형화된 펀드 운용을 요구하는 편이다. 물론 펀드별로 '주목적'이라는 제약을 두어 펀드의 성격을 규정하고 특정 분야의 투자를 유도하기도 하지만, 벤처캐피탈이 펀드의 성격이나 운용전략을 자율적으로 정하는 경우는 거의 없다.

최근 은행이나 기업에서 벤처캐피탈 출자를 늘린다고는 하지만, 이들도 공적기금의 향방을 예의주시한다. 독특한 펀드와 투자전략으로 차별점을 확보한 벤처캐피탈이 없기 때문이다. '여기다!' 싶은 곳이 없다 보니, 결국 큰돈이 들어가는 곳에 동참하는 '대세 추종' 전략을 택하게 된다. 상황이 이렇다 보니 벤처캐피탈은 자신의 특징을 규정하거나 펀드의 운용전략을 차별화하기가 점점 더 어려워지는 악순환의 고리에 빠진다.

그래서인지 우리나라에서 독특한 투자 철학으로 이름을 알린 벤처캐피탈을 찾아보기 어렵다. 투자 철학은 둘째치고 뭔가 특징 있는 회사 운영으로라도 알려진 회사가 있는지도 모르겠다. 거의 모든 벤처캐피탈이 "Bigger is Better"라는 격언을 쫓는 것 같은 느낌이다. 규모가 곧 회사의 특징이 되어버렸다.

스타트업 입장에서도 이런 시장의 획일성은 반갑지 않을 것이다. 시장에 다양한 투자 스타일의 벤처캐피탈이 있고, 그들 펀드마다의 특징이 명확할 때 다양한 선택이 가능할 것이니 말이다. 비슷한 벤처캐피탈에 대동소이한 펀드 사이에서 스타트업이 선택할 수 있는 것은 담당 심사역의 역량뿐인 듯하다.

앞서 어사일럼이나 CRV의 사례에서 그들이 우려했던, 기계적으로 자본이 배치되는 투자시장의 모습이 한국 스타트업 투자시장의 현주소는 아닐까. 이런 시장 상황에서 누군가 나서서 어사일럼이나 CRV처럼 새로운 성격을 주창하며 시장에 메시지를 던지는 일은 여간해서는 일어나지 않을 것 같다는 생각이 든다. 한편으로는 아쉽다. 시장의 기회는 '누구나 알지만 말하지 못하는 것들'을 외치며 나서는 자들에게 열리기 마련인데 말이다.

통계적 유의성에 머물러라

위대함으로 포장된 위험들

○

투자에서 통계는 얼마나 유용할까? 많은 투자자들이 "통계적으로 사고하라"라고 이야기할 정도로 투자에서 통계는 중요하다. 어떤 통계는 우리가 가진 선입견과 착각 너머의 사실을 보여주기도 하고, 생각지도 못한 인사이트를 주기도 한다. 무수한 변수로 둘러싸인 복잡계를 사는 우리에게 통계가 만능은 아니나, 만일 우리가 통계에 기반한 확률로 사고할 수 있다면 많은 시행착오를 줄일 수 있을 것이다.

투자 이야기에 앞서 스포츠를 예로 통계의 힘을 느껴보자.

요즘 팀 스포츠에서는 통계를 잘 다루는 것이 점점 더 중요해지고 있다. 실제로 팀을 구성하는 팀원의 수가 많을수록 통계는 더 강력한 힘을 발휘한다. (변수가 많으면 많을수록 통계가 중요하다) 특히 축구, 야구처럼 많은 사람이 팀을 이루는 스포츠에서 통계가 사용되는 것은 이제 일반적인 일이 되었다. 혹자는 팀이 스타 플레이어를 사 모으는 것보다 통계를 잘 다루는 것이 더 중요하다고 주장하기도 한다. 반대로 팀원이 적은 종목일수록 통계의 의미는 적어진다. 테니스나 배드민턴은 개인의 역량이 거의 모든 것을 결정한다. 이런 종류의 스포츠에는 이변이 거의 일어나지 않는다.

빌리 빈이라는 이름은 이제 너무 유명해졌다. 아직도 그는 오클랜드 애슬레틱스(이제는 라스베이거스 애슬레틱스가 될 예정이지만…)에서 수석 고문으로 활동 중이다. 그는 1990년대 후반, 40도 안 된 나이에 메이저리그 야구팀의 단장이 됐다. 그리고 여러 시즌 놀라운 성적을 올리면서, 그에 관한 책도 나오고 영화까지 나왔다. 영화 〈머니볼〉이 빌리 빈의 '단장으로서의 여정'을 중점적으로 다루었다면, 영화의 원작인 마이클 루이스의 책 《머니볼》은 그의 여정뿐만 아니라 '세이버메트릭스 발굴'의 과정도 비중 있게 다루고 있다.

나도 2000년대 중반, 이 책에서 처음 세이버메트릭스를 접하고는 상당히 충격을 받았던 기억이 난다. 비슷한 시기에 읽었던 스티븐 레빗과 스테픈 더브너의 《괴짜 경제학》에서 느꼈던 '놀라운 통계의 신비' 스포츠 판이었다. (스티븐 레빗과 스테픈 더브너는 《괴짜 경제학》, 《슈퍼 괴짜 경제학》, 《괴짜처럼 생각하라》 등을 함께 썼다. 어느 것 하나 버릴 것 없는 책이다)

세이버메트릭스 SABR Metrics는 간단히 말해 통계에 기반한 게임이론을 야구에 접목한 것이다. 야구의 성적을 만들어 내는 핵심 통계가 무엇인지를 발견(혹은 발굴)하고, 이를 기반으로 어떠한 선수를 어떻게 기용할지를 결정한다. 내가 기용하는 선수는 다른 팀이 기용하지 못한다. 팀별 예산 내에서 남이 택하지 않은 선수를 적절히 조합해야 하는 것이다. 그래서 게임이론이다. SABR는 The Society for American Baseball Research의 약자다. 한글로 하면 '전미야구연구회' 정도 되겠다. 1971년 이 모임이 만들어지고 나서 간단한 통계 위주였던 기존의 야구 데이터가 점점 복잡해지기 시작했다.

이전에는 타율과 방어율 정도만 있었던 것이 점차 출루율, 장타율, 이닝당 출루 허용률WHIP 등으로 세분됐다. 90년대 이후 컴퓨터가 등장하자 야구연구회는 야구를 더 잘게 분해하기 시작했다. 야구에서 수치화시킬 수 있는 모든 것을 통계로 만들어 냈다. 그리고 야구 구단은 이를 활용해 구단을 운영하기 시작했다. 세이버메트릭스는 그렇게 야구에 없어서는 안 될 것이 되었다.

빌리 빈이 세이버메트릭스의 최초 사례는 아니었다. 게다가 빌리 빈의 성과가 온전히 세이버메트릭스 덕인지도 의문이다. 개인적으로는 빌리 빈 단장의 훌륭한 지도력이 90년대 후반부터 2000년대 초반까지의 애슬레틱스의 성적을 견인했다고 생각한다. 촉망받는 선수였다가 부상으로 어린 나이에 퇴물이 되었던 경험을 가진 자유분방한 성격의 리더. 그런 배경에서 나온 리더십이 팀을 훌륭히 이끌었을 것이다. 영화에서는 그가 마치 모든 것을 통계에 근거해서 결정하는 듯한 모습으로 비쳤는데, 이는 실제보다 과장된 부분이 있다. 〈머니볼〉이라는 영화가 그를 과장된 통계 마니아로 만들어 낸 것 같아 조금은 아쉽다.

빌리 빈의 리더십이 과소 평가된 부분이 있다는 아쉬움은 차치하고, 어쨌든 그가 통계적으로 유의미한 자원 활용 전략을 구사했기 때문에 그의 리더십과 좋은 시너지를 만들어 냈을 것이다. 이런 사례는 빌리 빈 이후에도 이어졌다. 2007년 보스턴 레드삭스를 우승시킨 테오 엡스타인의 한 손에는 세이버메트릭스가 있었다. 테오 엡스타인이 86년 만에 밤비노의 저주를 깨자, 세이버메트릭스는 업계 표준처럼 다뤄지기 시작했다. 이제는 구단에 돈이 많든 적든 간에 세이버메트릭스를 사용한다. 적어도 통계적 유의성을 확보한 상태에서 전략을 구사하겠다는 이야기다.

최근에도 새로운 통계 지표가 개발되어 추가되고 있다. 예를 들어 대체 선수 대비 승리 기여도, WAR$^{Win\ Above\ Replacement}$ 경우는 선수의 가치를 평가하는 가장 효과적인 지표로 활용되고 있다. 더 이상 야구에서 통계는 '의미가 있냐, 없냐?'의 관점으로 다뤄지지 않는다. 이제는 스포츠 통계는 더 의미 있는 요소^{Factor}가 무엇인지의 논의로 접어들고 있다.

다양한 변수 속에서 의미를 찾아내는 통계. 그중에서도 '통계적 유의성'을 찾는 일은 투자에서도 매우 중요하다.

얼마 전 대학을 갓 졸업한 예비 창업자를 만났다. 그는 지금 다니는 회사를 그만두고 조만간 창업할 예정이라고 했다. 아이템은 '우주 실험 도구'였다. 난데없이 우주라는 단어를 들은 나는 정확히 어떤 제품인지를 재차 물었다. 그의 설명은 이랬다.

"이제 우주의 시대가 열렸습니다. 이제 일론 머스크는 일 년에도 수십 번 로켓을 발사해요. 스타링크 아시죠? 그 위성이 이미 수천 개나 궤도를 돌고 있어요. 이제 민간 우주여행 시대도 열릴 겁니다. 우리도 머지않아 우주에 갈 수 있을 것 같아요."

여기까지 이야기하더니, 숨을 깊게 들이쉬고 초롱초롱한 눈을 한 채 말을 이어갔다.

"과학 실험을 우주에서 할 수 있게 만들 겁니다! 우주 시대가 열렸다고는 하지만 모두가 우주에 갈 수는 없으니, 우주에서 실험할 수 있는 교구재를 만들어서 원격으로 실험할 수 있게 할 거예요. 새로운 시대에 가장 민감하게 반응하는 강남 사교육 시장에 판매할 겁니다."

나는 실제로 어느 정도의 시장이 있는지를 물었다. 그리고 얼마나 많은 사람이 그 시장에 참가하고 있는지, 얼마나 많은 소비자가 그 제품을 기다리고 있는지도 물어봤다. 그의 대답은 "아직 없다"였다. 그에게는 우주 시대가 열리면, 사교육 시장도 우주로 확장할 것 같다는 '아이디어'만 있는 것이었다. 안타깝게도 그 창업자는 해당 분야의 전문성도 없었다. 상경계열 전공으로 우주산업 실태를 알지 못했다. 그는 아직 그것을 구현할 '기술'도 사업을 구체화할 '계획'도 없었다.

이 사업은 투자받기 어려울 것 같다는 나의 이야기에 왜 그렇게 생각하는지를 몇 번이나 되물었다. 시대의 큰 흐름이 시작되었는데 그걸 그렇게 부정적으로만 보면 어쩌냐며 답답해했다. 나는 대답했다.

"사업이 잘되고 안되고를 이야기하는 것이 아닙니다. 투자하려면 확률과 기댓값을 가지고 투자해야 합니다…. 근데 이 사업은 일단 확률도 낮고, 기댓값도 얼마나 큰지 모르겠어요. 즉, 통계적 유의성 밖에 있는 사업이라는 이야기에요."

그가 사업계획을 만든 근거는 충분했다. 우리가 접하는 뉴스에서는 곧 우주의 시대가 온다고 이야기하고 있었으니까. 단지 그것이 얼마나 현실성 있는지에 대한 고려가 없었을 뿐이었다.

이런 예는 다소 극단적으로 보이지만, 투자 검토 과정에서 드물지 않게 만날 수 있는 유형이다. 사업 전체를 두고 봤을 때 실현 가능성이 떨어지기도 하고, 사업계획 일부 연결고리의 개연성이 낮아 문제가 되기도 한다. "만일 시장이 대격변을 마주한다면 우리 사업은 성장할 겁니다." 이런 가정을 하곤 하는데, 대격변의 근거는 아직 확인할 수 없다는 식이다. 이런 일은 투자자에게 자신이 도달할 수 있는 가장 큰 성과를 가정하면서 발생한다. 위대함을 추구하는 과정에서 발생하는 오류 같은 것이다.

아브람 알퍼트는 프린스턴대학교에서 철학과 글쓰기를 가르치는 사람이다. 그의 저서 《모든 삶은 충분해야 한다》에서는 우리 사회가 병리적으로 집착하는 위대함에 대해 이야기한다.

그는 우리가 위대함을 추구하는 것을 두고 역사적으로 이어진 차별 속에서 생존하기 위해 권력을 좇는 데서 유래했다고 이야기한다. 우리가 어쩔 수 없이 마주하는 불평등 속에서 일어나는 생존본능이 우리를 '위대함'으로 인도한다는 것이다. 현대 자본주의는 이러한 권력 추구의 본능을 더 적나라하게 자극한다. 끊임없이 쏟아지는 뉴스와 소셜 미디어의 알림이 나의 사회적 위치를 시시각각 알려주기 때문이다. 그것은 목적지가 없는 내비게이션 같다. 어디로 향하는지는 알려주지 않지만, 내가 어디를 가든 나의 위치를 지도 위에 표시한다.

뉴스는 우리를 갈급하게 만든다. 내면에 불안을 심는다. 새로운 변화 속에서 화려하게 등장하는 사람의 영웅적 모습을 부각한다. 그들의 선견지명을 뉴스로 다루고 그들을 쫓지 않으면 낙오할 것 같은 느낌을 준다. 그 느낌은 자못 극단적이어서 성공하지 못하면 나머지는 모두 실패하는 것 같은 착각을 불러일으킬 정도다. 신화 같은 존재가 되지 못하면 패자로 영원히 남을 것 같은 느낌말이다.

이러한 우리를 위로라도 하듯이 뉴스는 비극도 함께 다룬다. 누군가의 비극은 나에게는 위로다. 수잔 손택은 저서 《타인의 고통》에서 뉴스의 역할을 이야기한다. 뉴스에서 다루는 비극은 그것을 접하는 사람으로 하게끔 안도감을 느끼게 한다고 이야기한다. 멀리서 벌어지는 전쟁과 학살, 사고와 실패의 소식은 독자에게 묘한 안정감을 느끼게끔 해준다. 어쩌면 우리는 뉴스에 의해서 더 조바심내며 달리게 되지만, 동시에 '그렇다고 네가 포기할 만큼 불행한 것은 아니야'라는 위로를 듣고 있는 것은 아닐까? 뉴스에서 다뤄지는 성공담과 비극 사이만큼의 틈이 우리에게 허용된 공간이 아닐까.

뉴스가 되었건, 혹은 소셜 미디어가 되었건 간에, 그것들은 '평범'을 다루지 않는다. 통계적 유의성이 보장된 다수의 이야기는 외면되기 마련이다. 재미가 없으니까. 그러다 보니 우리를 둘러싼 소식은 대부분 극단에 방점을 찍는 식이다. 성공도 마찬가지다. 성공을 어떻게 정의하느냐에 따라 관점이 달라지겠지만, 어떠한 관점이 되었건 간에 성공의 대부분은 '평범한 성공'일 것이다. 정규분포 속 극단과 평균 사이에 존재하는 수많은 성공의 사례 말이다. 하지만 이들 대부분은 조명받지 못한다. 그것이 설령 충분한 의미가 있다고 해도 말이다. 우리는 어쩌면 그런 평범한 성공조차 실패로 바라보고 있는 것은 아닐까?

이런 상황에서 사업계획의 통계적 유효성을 파악하기란 여간 어려운 것이 아니다. 특히 그 분야와 관련한 깊은 지식이 없으면 더욱 난망하다. 이래서 최근 많은 수의 벤처캐피탈이 기술적으로 특화된 심사역을 선발하는 것이 아닐지 싶다. 특화된 지식, 즉 전문성은 이러한 상황에서 값진 도구가 된다. 사업 혹은 투자의 각 요소가 얼마나 높은 개연성을 매개로 연결되어 있는지를 파악할 수 있어서다.

여기서 전문가란, 그저 그 분야의 지식을 빼곡히 채우기만 한 사람을 지칭하는 것은 아닐 거다. 그 분야의 요소 사이의 관계를 (확률적으로) 연결할 수 있는 사람이 응당 전문가로 불려야 하지 않을까? 인공지능, 양자 컴퓨터, 우주여행 등을 예로 들어보자. 이 기술은 언젠가 우리 삶의 안으로 들어올 법한 기술이다. 하지만 각 기술과 사업의 기회를 잇는 연결고리의 강도는 다 다르다. 이러한 기술이 기술의 영역에서 사업의 영역으로 넘어가는 스토리를 높은 확률적 맥락 속에서 상상할 수 있는 게 전문가일 것이다.

맥락 없이 사업에 나서면, 계획은 자칫 공상이 되어버리고 만다. 내 머릿속에 별도의 세계관이 형성되어 실제 현실과 괴리되는 것이다. 이런 일은 생각보다 빈번하다. 비단 사업뿐이랴, 투자도 비슷하다. 많은 투자자가 사업이나 기술을 대면했을 때, 그것들이 어떠한 맥락에서 등장했고 얼마나 현실성을 갖는지 판단하려 하지 않는다. 대신, 이 기술이 지금 얼마나 주목받는지를 따진다. 설령 주목받더라도 그 안에서 현실성을 발견하지 못했다면, 투자하지 말아야 함에도 과감히 지른다.

주식시장을 생각해 보자. 많은 사람이 주식시장에서 소식에 휩쓸려 주식을 사곤 한다. 왜 그 주식을 매입했는지를 물으면 정교한 투자 논리를 제시하는 사람이 드물다. "들려오는 소식에 오른다더라"라고 이야기한다. 좀 있어 보이게 '테마주'라는 명칭을 붙인다. 하지만 테마주 대부분은 이야기의 개연성이 떨어진다. '테마주'라는 단어가 '왜 오르는지를 설명할 길이 없다'의 동의어 같게만 느껴진다.

지금 주식시장에서는 기업이 잘 되는 이유를 찾기 위해 '테마'를 검색한다는 웃지 못하는 일이 벌어지고 있다. 수백 권의 투자서 어느 곳에도 소문에 주식을 사라는 이야기는 없다. 대선 테마주라는 모 회사는 알고 보니 대표가 대통령과 성이 같을 뿐이었다. 대체 이런 스토리와 주가 상승에 어떤 개연성이 있단 말인가.

통계적 유의성을 벗어난 '소문'은 어떻게 걸러내는가.

대니얼 카너먼은 그의 책 《생각에 관한 생각들》에서 우리의 생각 시스템을 두 개로 구분하였다. 직관적으로 동작하는 시스템 1과 논리적으로 동작하는 시스템 2. 시스템 1은 본능이 관여한다. 그래서 이 시스템은 나에게 위험이 닥치면 즉각적으로 위험을 회피하게끔 하고, 원하는 것이 있으면 바로 추구하게끔 만든다. 우리를 둘러싼 소식, 그러니까 뉴스는 우리의 시스템 1을 자극한다. 모든 뉴스가 자극적인 내용을 다루진 않지만, 우리의 시스템 1은 우리를 자극적 뉴스로 안내하기 마련이다. 이때 시스템 2는 필터의 역할을 한다. 우리가 즉각적으로 반응할 수 있는 것과 반대로, 한 번 더 생각하고 논리적으로 따지게 한다. 단순히 '이게 된대!'라는 것이 시스템 1의 반응이라면, '이게 진짜 맞나?', '이게 현실이 되려면 어떤 게 필요한가?' 등을 생각하게 만드는 것이 시스템 2다. 만일 어떠한 판단을 내리기 전에 즉각적으로 시스템 1이 반응하더라도 시간을 들여 시스템 2의 개입을 늘린다면 소문 안의 사실에 더욱더 접근할 수 있으리라.

긴 시간 동안 작지만, 반복적인 성과를 누적하여 어마어마한 성공을 거둔 자들을 보자. 그들은 시스템 1의 개입을 철저히 배제한다. 워런 버핏, 찰리 멍거, 필립 피셔, 닉 슬립 같은 투자자들의 포트폴리오를 보자. 그들의 포트폴리오는 평양냉면 같다. 자극적인 회사는 드물다. 간간하게 오랜 여운이 남는 느낌이다. 그러다 보니 여간해서는 뉴스에 오르내리지 않는다. 간혹 뉴스에 등장해도 그들의 소식은 영웅적인 서사나 비극과는 거리가 멀다. "우리가 모르는 사이에 이 기업의 성과가 이 정도로 좋았어요. 근데 이곳에 투자한 사람은 바로…"와 같은 식의 기사다.

워런 버핏과 찰리 멍거가 투자한 기업을 예로 들어보자. 버크셔 해서웨이가 코카콜라의 주식을 사 모으기 시작한 것이 1988년이다. 현재 코카콜라의 지분 9.8%를 가지고 있다. 지금까지도 버크셔 해서웨이는 코카콜라 주식을 매각한 적이 없으며 앞으로도 계속 보유할 예정이라고 한다. 매일 20억 잔, 전 세계에서 가장 많이 팔리는 음료이지만 우리는 그 기업의 소식을 뉴스에서 볼 수가 없다. 누가 코카콜라 같이 지루한 회사를 궁금해하겠는가? 비단 코카콜라뿐일까, 포트폴리오에 있는 아메리칸익스프레스, 뱅크오브아메리카, 무디스, 아마존, 애플 등의 회사도 비슷하다. 이들은 뉴스에 비교적 적게 언급되지만, 미국인의 생활을 지배하고 있다. 시장 지배력은 너무 강력해서 경쟁자가 고전을 면치 못한다. 한동안 이들의 성장은 계속될 것으로 예상된다. 리스크 관점에서는 하락의 우려가 없다. 상승의 가능성은 높고 극단적으로 안전하다.

워런 버핏과 찰리 멍거가 이야기한 투자의 체크리스트를 떠올려 보자. 둘은 투자 전에 '적어도 이 부분은 만족하는 회사에 투자할 것'이라는 취지로 체크리스트를 이야기한 적이 있다. 대략 이렇다.

이해할 만한 사업을 하는 회사인가?
진입장벽(해자)의 높이는 충분한가?
운영은 안정적인가?
돈이 벌리는 구조는 투명한가?
장기적으로 성장이 기대되는가?
큰 비용 지출 없이 시장 지배력을 유지할 수 있는가?
경쟁사의 동향은 명확히 파악될 수 있는가?

내용을 보면 단시간에 대박을 터뜨리기보다는 사업의 미래를 통계적 유의성 속에서 예측할 수 있는지를 따졌던 것 같다. 어느 것 하나 직관적인 것은 없다. 보는 순간 성공을 직감했다든지, 느낌으로 투자하라는 등의 이야기는 없다. 둘은 회사의 연차보고서를 읽고 재무 상태를 꼼꼼히 검토한 후에 자기들이 이해할 수 있는 장기적 성장 모델을 가지고 있는 회사에 투자했다. 그리고 보유했다. 수십 년에 걸쳐서 말이다.

삶의 관점에서도 통계적 유의성은 큰 의미를 지닌다. 극단적으로 생각해 보자. 어느 날 당신의 친구가 당신에게 "나 진지하게 하는 말인데, 로또 1등 되려고 해"라고 이야기한다면, 당신은 아마 '이 친구가 지금 농담하는구나'라고 생각할 거다. 통계적 유의성이 전혀 없기 때문이다. 814만 분에 1의 확률에 도전한다는 것은 현명치 못하다. 기댓값은 995원, 세후 기댓값은 400원 정도 되니 통계적으로는 하지 않느니만 못하다.

삶의 여정을 계획할 때도 우리는 시스템 1의 안테나를 펼친다. 목표한 바가 있다면 그 목표로 향하는 가장 높은 확률의 여정을 선택해야 한다. 하지만 우리는 본능적으로 목표 근처의 가장 극단의 경우를 포착한다. 문제는 그 극단의 사례가 성공할 확률은 낮고 위험성은 높기 마련이라는 점이다. 우리는 뉴스와 소셜 미디어의 흔해 보이는 성공담들에 너무 쉽게 현혹되지만 그렇게 될 확률이 얼마인지는 곰곰이 생각해 보지 않는다.

그러면 안 되겠지만, 삶의 목표가 '부의 축적'인 사람이 있다고 해보자. (예를 들어 설명하기 쉬워 설정한 예다) 만일 내가 직장인이고, 지속가능한 부의 축적을 달성하는 것이 목표라고 해보자. 목표를 달성하기 위한 통계적으로 유의미한 전략은 무엇일까? 대박을 노리기보다는 보유한 자원을 복리로 불려 나가는 전략을 세워야 할 것이다. 최대한 아껴 여유 자원을 만들고 반복적으로 투자하는 것, 그것이 자산을 축적하는 가장 검증된 방법일 거다.

만일 이런 방법이 너무 느려 답답하다면, 그나마 높은 확률을 제공해 주는 대안을 찾아보면 된다. 미국의 글로벌 자산데이터 분석회사 웰스-X$^{Wealth-X}$의 통계에 따르면 전 세계 부유층의 구성이 사업가·기업가

25~40%, 투자자 20~30%, 전문직 10~20%, 운동선수·연예인 5~10%, 예술가 1% 미만으로 나타난다고 한다. 매년 조금씩 바뀌긴 하지만 기업가, 투자자, 전문직 순서는 잘 바뀌지 않는다. 그 안에 급여 노동자는 없다. 직장에 다닌다면 회사를 그만두고 좋은 사업 아이템을 찾거나, 만일 그게 어렵다면 자산을 모아 투자를 시작해야 한다. 또는 전문직이 되기 위한 준비를 해야 한다. 하지만 만일, 복리를 누리는 것도, 직종 전환도 마다한 채 다른 노력을 한다면, 그것은 통계적 유의성을 벗어난 것일 확률이 높다.

전체적인 전략 측면에서 방향성이 잡혔다면, 세부 전술 측면에서도 통계적 유의성을 간과해서는 안 된다. 복리를 추구하든, 직종 전환으로 고수익을 추구하든지 간에 수입보다 더 많은 지출을 지속하면서 목표에 이르는 방법은 없다. 지출이 많아 현금흐름을 훼손하거나 너무 큰 빚을 진다면 통계적 유의성을 훼손하는 결과를 가져올 뿐이다. 모건 하우절은 그의 훌륭한 저서 《돈의 심리학》에서 통찰이 담긴 한마디를 남겼다.

> "Savings is the gap between your ego and your income, and wealth is what you don't see."

저축이란 얼마나 많은 돈을 벌었느냐가 아니라는 소리다. 저축은 소득과 자존심^{ego} 사이의 공간에서 발생한다. 주위를 둘러보라, 많은 수의 사람이 고소득을 올린다. 하지만 그들 전부가 많은 부를 쌓지는 못한다. 개중에는 부를 쌓은 것 이상으로 보여주고 싶은 사람이 있다. 에고가 너무 큰 나머지 현금흐름을 잠식해 버린다. 제아무리 대박을 올려도, 이처럼 씀씀이가 크다면 부가 그 사람 안에 고이겠는가? 전부 바람에 흩날려 버리기 십상이다.

평범한 직장인이 취할 수 있는 가장 높은 인과의 계획은 내가 벌어들이는 소득 대비 지출을 최소화하고, 이때 발생하는 잉여 현금흐름을 투자로 축적하는 것이다. 하지만 에고는 우리를 가만히 두지 않는다. 우리를 좋은 동네에서 살게끔 부추기고 더 좋은 차를 타게끔 유혹한다. 그 와중에 돈은 벌고 싶으니 큰 대출을 받아 위험한 투자를 감행하게끔 한다. 인플레이션 시대에 대출 자체가 큰 문제는 아니지만, 너무 큰 대출을 너무 높은 금리로, 너무 위험한 투자에 넣으려는 게 문제다.

이런 점에서 시스템 1과 에고는 일맥상통한다. 시스템 1은 감정에 기초한 판단을 한다. 자존심^{ego}이라는 심리적 요소와 상호 작용하면서 빠르게 반응한다. 예를 들어, 사람은 자신을 보호하거나 긍정적인 이미지를 유지하려는 욕구 때문에 직관적으로 반응한다. 이는 감정(자존심)의 영향을 받는 시스템 1의 자연스러운 작동 방식이다. 내가 설령 논리적으로는 시스템 2가 제시하는 길을 알고 있더라도 시스템 1의 조종을 받아 결정을 내리게 되는 것이다.

어쩌면 우리는 목표를 잊어야 하는 것일 수도 있다. 욕심의 표상을 마음속에서 지우자는 것이다. 업적은 잊고 과정에 집중하자. 간혹 직장인으로 시작하여 투자자로 성공한 사람을 만난다. 그들의 이야기에서 힌트를 얻는다. 그들은 거창한 목표를 정하지 않았다. 얼마를 벌면 무엇을 하겠다는 목표도 없었다. 그저 먼 미래를 위해 십수 년간 따분하리만치 긴 시간 투자를 이어갔을 뿐이다. 지루한 복리의 과정을 곁에서 지켜본 끝에 결실을 얻는다. 그들은 하나같이 책에서 본 투자의 '그런 속성'을 실천했을 뿐이라고 이야기한다.

극단의 자극을 버리고 평균의 무취를 택하는 것은 본능을 거스르는 일이다. 화려함이 아니라 지루함을 추구해야 하니 여간 곤욕스러운 것이 아닐 거다. 어찌 보면 더 나은 사업을 만들거나 좋은 곳에 투자하는 것이 사람의 지식이나 지능과 그다지 큰 연관성이 없을 것 같다는 생각이 든다. 지식과 지능이 단기적으로 빛을 발할 수는 있어도 오랜 시간 나를 지지해 주는 것은 결국 강건한 멘탈과 지혜이지 않을까 싶다.

아직 당신의 전성기는 오지 않았다

다가올 전성기를 맞기 위한 전략

○

IMF가 막 지나고 뉴스의 경제면과 사회면이 온통 우울한 소식으로 가득 덮였을 때, 내가 가장 좋아하던 신문의 섹션은 스포츠면이었다. 1996년 박찬호는 메이저리그에서 48경기에 출전해 5승 5패라는 준수한 성적을 거두었다. 평균 자책점은 3.64로 리그 상위에 속했다. 메이저리그 어느 팀에 가더라도 2~3선발은 가능한 수준이었다. 가슴이 뛰었다. 97년에는 뭔가 더 좋은 소식이 많이 들려올 것 같은 느낌이었다. 아침 신문을 볼 때도 스포츠면부터 뒤적였다. 운이 좋게 박찬호의 승리 소식이라도 실려있으면 하루 종일 기분이 좋았다.

당시에는 신문 가판대가 많았다. 사람이 좀 타고 내린다 싶은 버스 정류장에는 신문과 잡지를 종류별로 늘어놓고 파는 가판대가 있었다. 별로 볼 게 없었던 당시에 가판대는 포털이자 스마트폰이었다. 1997년 3월 초인가 아직 메이저리그가 시작하기 전이었던 것으로 기억이 나는데, 신문 가판대에 커다란 글씨로 "박찬호 첫 승"이라는 제목의 스포츠 신문이 걸려있었다. 눈이 번쩍 뜨였다. 첫 승이라니! 마침 주머니에 오백 원짜리 동전도 있겠다, 한 부 사보기로 마음을 먹었다.

당시 고등학생에게 오백 원은 적지 않은 돈이었다. 하지만 첫 승리라는데 참을 수 있을쏘냐. 신이 나서 신문을 사러 갔다. 가판 앞에서는 어떤 아저씨 한 분이 환불을 요구하며 가판 주인에게 뭐라 뭐라 따지는 중이었다. 나는 신경도 쓰지 않았다. 박찬호가 첫 승을 올렸다는데! "아저씨 신문이요!" 하면서 냅다 동전부터 내려놓고 신문을 집어 들었다. 흐뭇한 표정으로 신문을 펼쳤는데 아뿔싸. 신문의 접힌 아랫부분에 제목과 같은 크기와 색깔의 글자로 "전망 밝다!"라고 쓰여있었다. 내가 샀던 스포츠신문 1면의 제목은 "박찬호 첫 승"이 아니라 "박찬호 첫 승 전망 밝다!"였다. 이건 스포츠신문의 상술이라 하기도 어려웠다. 우롱이었다. 화가 났다. 알고 보니 가판 주인과 싸우던 아저씨도 속았다며 환불을 요구하던 거였다. 다른 한쪽은 이미 펼친 신문인데 낙장불입이라며 배 째라를 시전했다. 두 사람의 전투력으로 봤을 때, 난 참전도 어려워 보였다. 수줍던 나는 그냥 신문을 보기로 마음먹고 자리를 떴다. 아까운 내 오백 원.

같은 해 박찬호는 제품의 종류를 가리지 않고 다양한 광고에 등장했다. 칠성 사이다 광고와 SK텔레콤 광고는 TV를 틀면 나오는 수준이었다. 낙이 없는 한국에 희소식을 나르던 유일한 이가 박찬호였으니 당시에 그만한 광고 모델이 있었을까. 여기에 삼보컴퓨터도 가세했다. 당시 삼보컴퓨터의 주력 기종은 '체인지업'이라는 로고를 달고 있었다. 당시 완성형 PC 제조사는 그들의 제품이 조립형 컴퓨터와 달리 업그레이드가 어렵다는 비판을 받고 있었다. 그래서 조금이라도 컴퓨터를 아는 사람이라면 더 저렴하고 부품을 바꿀 수 있는 조립형 PC를 선택하곤 했다. 그래서 삼보컴퓨터는 업그레이드가 가능한 제품을 내놓았고, 그 제품에 체인지업이라는 별칭을 붙였다. 바꿔서 '체인지', 업그레이드한다는 의미의 '업'이었다. 아마 야구의 구종에서 아이디어를 얻었던 것 같은데, 체인지업은 매우 느린 구종이다. 게다가 박찬호의 주력 구종도 아니었다. 그 당시 광고를 보면서 '아이고 야구광은 저 컴퓨터 안 사겠네!'라고 생각했다.

계속 업그레이드를 할 수 있다는 것은 분명 큰 장점이었다. 무한정 업그레이드는 불가능하지만, 여하튼 PC를 사고 나서 몇 해는 성능을 높여갈 수 있으니 말이다.

사람도 분명 업그레이드를 거듭한다. 우리가 태어나서, 넘어지고 일어나는 것부터 배우고 갈고닦는 데까지 모든 것이 업그레이드의 과정 아니겠는가. 그렇게 업그레이드를 반복하다가 성인이 되고서는 성능 평가지를 받아 든다. 나에게 부여된 '주 기능'과 '장단점'을 가지고 사회에서 쓰임을 찾는다. 이렇게 사람의 능력을 바라보는 관점은 다분히 결정론적인 부분이 있다. 마치 대기업의 완성형 PC처럼 말이다.

그렇다면 대체 사람은 어디까지, 그리고 언제까지 업그레이드할 수 있을까? 이르면 20대 중반 받아 든 '스펙'이라 불리는 성능 평가서는 얼마나 유효할지, 우리의 체인지업은 언제까지 가능할까?

좋은 사업을 만들어 내기 위해서, 혹은 좋은 사업에 투자하는 데 필요한 능력 중 하나를 꼽으라면 아마도 '창의력'이 들어갈 것 같다. 사업은 시장에 존재하는 필요와 욕구 사이를 디자인과 기술로 연결해야 하는 일이다. 그래서 많은 상상력과 사고의 전환이 필요하다. 이와 반대로 투자자는 그렇게 엮은 '상상의 이야기'가 얼마나 개연성이 있는지를 판단해야 한다.

창의력과 관련된 연구는 무척 많다. 기억하는가, 십여 년 전 스티브 잡스로 촉발된 창의력 붐을. 창의력이 곧 경쟁력이라는 구호를 걸고 정말 많은 책이 쏟아져 나왔다. 대부분이 '아이를 창의력 있게 키우는 법'과 같은 교육 서적 종류였지만, 창의력의 발현과 단련을 연구한 책도 제법 많았다. 워낙 많은 책이 나와서, 그중 어느 책이 가장 좋은 답을 주었다고 이야기하긴 어렵다. 그중 기억에 남는 몇 가지를 소개하면, 실패를 두려워하지 말기, 경험을 확장할 것, 다양한 사고방식을 지속해 훈련할 것, 자유연상 기법을 활용할 것 등이었다. 뭐, 정월 초하루 덕담 같은 내용이다. 당시 나도 창의력 대장이 되어보자는 일념으로 여러 책을 모아 읽어보았다. 뭐, 지금 나의 상태를 보면 딱히 도움이 되었던 책은 없었던 것 같다. 그렇게 감흥 없는 내용 중에서도 한 가지 이야기는 기억에 남는다.

토마스 아퀴나스에 관한 내용이었다. 기독교 신앙에 논리학과 형이상학, 심리학, 인식론을 접목한 이로써 중세 철학의 중요한 인물 중 하나다. 그 당시 사람은 그를 독실한 신앙심과 함께 당시 보기 드문 풍보였다고 기록했지만,

무엇보다도 그는 비범한 머리와 창의력으로 유명했다. 어찌나 머리가 좋았는지 그에게 불쑥 책을 들고 가서 어느 페이지 몇 번째 줄에 어떤 내용이 있는지를 물으면, 그는 막힘없이 그 구절을 기억해 냈다. 그런 그의 비상한 머리로 만든 철학과 신학의 결합은 '토미즘^{Thomism}'이라 불리며 이후에도 오랜 시간 명맥을 유지한다. 특히 후대의 많은 학자가 아리스토텔레스 철학을 신학에 접목한 그의 발상을 두고 감탄을 아끼지 않았다.

그가 집필한 《신학대전》은 이성에 의해 설 자리를 잃어가던 신학을 위기에서 구해내는 데 결정적인 역할을 했다. 종교를 지키는 성벽이 무너지려는 절체절명의 순간에 그는 "이성과 신앙은 공존할 수 있다"라는 제3의 주장을 '짠!' 하고 들고나온 것이다. 그런 그의 이론은 당대뿐만 아니라 후대에도 비판과 옹호가 부딪혔다. 그러나 이론에 대한 찬반을 떠나 당시 그의 이론이 수세에 몰렸던 종교에 큰 힘이 되었다는 점과 보기 드물게 창의적이었다는 점에는 큰 이견이 없는 듯하다.

후대의 많은 학자가 그의 창의력에 대해 연구했다. 그들의 분석에 따르면 그의 창의력은 그의 어마어마한 지적자산으로부터 기인했다. 많이 쌓아둔 지적자산이 서로 연결되고 해체되는 과정에서 새로운 생각이 탄생했다는 이야기다. 그가 가진 지식을 원하는 대로 축적하고 해체하는 등, 지식을 편집하는 과정에서 그의 창의력이 계발된 것이었다. 이런 사례가 토마스 아퀴나스 이전에는 없었다. 책이라는 것이 워낙 귀했고 이토록 다양한 지식에 접근했던 사람도 없었다. 도미니코회 수도사였던 토마스 아퀴나스였으니

가능한 일이었다.˚ 단순히 말해, 많이 알아야 창의적이라는 거다.

혹자는 깨끗한 지적 배경에서 새롭게 생각해야 창의적인 발상이 가능하다고 이야기한다. 이런 주장의 근거는 빈약하다. 하지만 뭔가 '없어야 새로울 것 같다'라는 통념 때문에 많은 이들이 그렇게 믿는 것 같다. 과거 회사에서의 기억을 돌이켜보면, 뭔가 문제해결의 실마리가 잡히지 않을 때, 문제를 풀다 막혔을 때면 으레 막내를 찾지 않았던가.

"막내야! 너의 그 싱싱한 머리로 이 문제를 풀어봐라! 창의적으로!"

사고의 장애물이 없어서 더 자유롭게 생각할 수 있을 것이라는 기대 때문에 그렇게 이야기했겠지만, 막내에게는 그런 말을 하는 사람이 인생의 장애물처럼 느껴졌을 것 같다. 아는 게 없는데 새로운 생각이 나올 리 만무하지 않은가. 굳이 아퀴나스의 예를 들지 않아도 된다. 인류 역사상 가장 창의력이 뛰어났던 위인은 어떤 삶을 밟아왔는지를 들여다보면 답은 명확하다. 레오나르도 다빈치, 아인슈타인, 마리 퀴리, 파블로 피카소, 윌리엄 셰익스피어 등. 이들 중 어느 누가 생각을 비워냄으로써 창의력을 단련한 사람이 있었는가. 굳이 '프래시함'을 갖다 붙이자면, 그토록 다양한 지식을 쌓았음에도 그들은 '프레시하게' 유연했던 것이 아닐까?

우리도 마찬가지다. 누구의 머리든 쌓을수록 더 좋아지기 마련이다.

"그만하면 됐다. 더 가르칠 것이 없으니 하산해라."

˚ 중세에는 책의 제작과 보관이 주로 수도원에서 이루어졌음. 토마스 아퀴나스는 13세기 사람이고 구텐베르크 활자는 15세기에 등장했으니, 당시로서는 수도원이 책에 접근할 수 있는 거의 유일한 통로였다.

이런 무협지의 말대로 지식이 더 이상 차지 않는 임계는 존재하지 않는다. 한 번쯤은 뇌가소성Neuroplasticity에 대해서 들어본 적이 있을 것이다. 가소성이란 말 그대로 뇌가 '변형될 수 있음'을 뜻한다. 우리의 뇌는 주변 환경의 변화나 경험, 학습에 따라 구조와 기능을 변화시킨다. 우리의 뇌는 생각보다 변화와 적응 능력이 탁월하다. (이러한 뇌의 동작 방식을 따서 구현한 것이 딥러닝이다) 학습뿐만 아니라 간혹 뇌에 손상을 입는 사람 중에서도 영구적 기능 손상 없이 회복하는 사람이 있는데, 이 역시 뇌가소성 덕이다.

그렇다고 가소성이 무한정 발휘되는 것은 아니다. 가소성의 범위를 벗어난 입력이나 손상에는 우리의 뇌가 대처하지 못한다. 언뜻 노화도 가소성에 안 좋은 영향을 미칠 것 같은 느낌이다. 이는 부분적으로 맞는 이야기다. 나이별로 가소성의 추이를 보면, 유아기부터 청소년기 사이에 최고치를 찍는다. 이때 언어의 습득, 운동의 터득, 학습 능력이 최고조다. 무엇인가 새로 배우는 데 아주 유리한 조건을 가지게 된다. 그러던 가소성은 성인기에 접어들어 조금씩 낮아지기 시작한다. 청소년기에 신경회로가 매우 쉽게 형성되던 것과는 달리 성인기에는 반복된 학습과 경험을 통해서만 뇌가 새로운 것을 터득하게끔 된다. 그러다 노년기에 접어들면 뇌가소성은 현격히 떨어지기 시작한다. 다양한 인지기능 저하와 운동능력 저하로 가소성이 빠른 속도로 줄긴 하지만 노년기의 뇌도 가소성을 완전히 잃지는 않는다.

여기서 눈여겨보아야 할 것은 가소성이 인생 전반을 통틀어 0이 되는 시점은 없다는 것이다. 아무리 나이를 먹고 뇌의 능력이 떨어지더라도 뇌가 새로운 것을 받아들이는 능력은 없어지지 않는다. 뇌의 능력이 창발하듯 폭발하는 유년기가 되었든, 성숙기의 성인기나 정체기의 노년기에도 뇌가소성은 동작한다. 이는 우리의 뇌는 계속 업그레이드가 가능함을 뜻한다. 우리가 살아있는 한 사시사철 박찬호의 체인지업은 계속된다.

피터 드러커의 예를 들어보자. 피터 드러커는 자신의 저서 《프로페셔널의 조건》에서 끊임없는 학습의 중요성을 이야기했다. 그는 4~5년에 한 번씩 주제를 바꿔가면서 특정 분야와 관련된 지식을 쌓는다고 했다. 경영학, 정치학, 경제학, 역사, 철학, 미학, 예술 등과 관련된 내용을 4~5년 동안 파고든다고 했다. 한 주기마다 그는 각 분야를 그저 '맛보는' 수준에서 들여다보는 것이 아니라, 그 분야의 아주 깊은 곳까지 내려가 본다. 그는 "나는 지금껏 족히 열다섯 군데의 대학을 나온 것과 마찬가지"라는 이야기를 했다. 얼마나 깊이 해당 분야를 공부했는지 자신감을 엿볼 수 있는 부분이다. 그는 자기가 90세가 넘은 나이에도 현역으로 활동할 수 있는 것 또한 학습에서 손을 놓지 않은 덕분이라고 회고했다.

2005년 11월에 95세로 피터 드러커가 사망하자 당시 GE의 회장 잭 웰치는 그의 죽음을 두고 "거대한 도서관이 불타버렸다"라며 아쉬워했다. 그가 수많은 지식 속에 탄생시킨 '생각'의 양을 생각해 본다면 '거대한 도서관'이라는 비유보다는 '작은 도시'가 더 적절한 비유이지 않을까 싶다. 여하튼 당시 누구도 잭 웰치의 이런 추모에 그의 비유가 유난스럽다고 한 사람은 아무도 없었다.

우리도 사그라지지 않는 뇌가소성을 지속해 활용할 수 있다. '그래 우리도 할 수 있어!'라며 희망 섞인 독려를 하는 것이 아니다. 그저 뇌과학자와 수많은 선인이 증명한 사실을 이야기하는 것이다. 문제는 가소성이 아니다. 진짜 문제는 더는 업그레이드하지 않는 우리다. 우리가 체인지업 할 수 있는 존재라는 사실을 알지 못하는 것인지, 어쩌면 체인지업 하기를 포기한 것은 아닌지 모르겠다. 많은 사람이 직장에 들어가는 시점, 혹은 그 후 어느 시점부터는 배우기를 접는 모양새다. 나이 들어 배우는 것이 뭐 그리 중요하냐며 의문을 가질 수도 있겠지만, 이건 단순히 지식을 쌓는 데 그치는 문제가 아니다. (나중에 이야기하겠지만, 이것은 삶의 품격과 관련된 문제다)

나는 적지 않은 나이에 배움을 쫓는 창업자를 좋아한다. 호불호를 떠나서 그들이 더 나은 경영자가 될 가능성이 높아서다. 단순히 그들이 더 똑똑해서가 아니다. 성숙한 지적 능력과 더불어 축적된 경험, 원숙한 판단력, 네트워크와 자원, 리더십, 장기적 시각 등을 생각해봤을 때, 어느 정도 나이가 있는 사람이 좋은 회사를 만들 확률이 높다고 생각하기 때문이다.

MIT의 피에르 아주레이 교수는 2007년부터 7년간 미국에서 창업한 스타트업 창업자와 관련된 통계를 연구했다. 연구에 따르면 평균적으로 창업에 뛰어든 나이는 41.9세였다. 그중 매우 성공적인 기업을 추려 상위 0.1% 기업의 통계를 따로 내보았다. 놀랍게도 그들의 나이는 45세가 넘었다. 혹시 기술 스타트업은 좀 다를지 싶어 실리콘밸리 기업의 통계를 찾아봤다. 평균 창업 나이는 41.7세, 상위 0.1% 기업만 두고 보면 창업자는 평균 44.3세에 회사를 만들었다. 아주레이 교수는 논문의 결론 부분에서 "놀랍게도 더 늦은 나이에 창업할수록 성과가 좋았다"라고 결론을 내리면서, 더 다양한 지식과 경험을 쌓을수록 창업의 성공 확률이 높아진다고 부언했다. 이는 젊을수록, 특히 기술 스타트업에서 어린 창업자가 더 높은 성공 확률을 보일 것이라는 통념과 반대된다.

학습은 어떨까? 성인이 나이가 들어서도 자신의 업그레이드에 꾸준히 투자하는지를 생각해 보자. 생애주기 학습이라는 용어가 있지만, 과연 여기서 이야기하는 생애주기는 어떻게 되는 것일까. 혹시 20대 중반이 생애주기의 끝은 아닐까. 우리의 학습 시계는 혹시 고등학교, 길게 잡아야 대학교 정도를 지나가면 멈추는 것은 아닐지. 학습이라는 것이 반드시 독서에만 기반을 둔 것은 아니긴 하지만, 2023년도에 발표된 독서 실태의 내용을 보면 우리는 어쩌면 성인이 된 후에는 업그레이드를 멈춰버린 것이 아닐까.

대한민국 정책브리핑의 자료를 보면 우리나라 초·중·고교 학생의 종합 독서 비율은 95.8%, 연간 종합 독서량은 36권이다. 종합 독서량이라는 게 교과서, 참고서, 수험서, 잡지를 제외한 수치이니 학생은 상당히 많은 독서를 하고 있음을 알 수 있다. 하루 독서시간도 82.6분으로 많은 학생이 오랜 시간 책과 함께함을 알 수 있다. 그러나 성인의 종합 독서율은 43.0%, 종합 독서량은 3.9권, 평균 독서시간은 18.5분이다. 심각한 것은 그 추세가 급격히 하락하는 중이라는 점이다.

과한 해석일 수 있지만, 이런 내용을 보면 한국의 성인은 대학까지 축적한 지식으로 평생을 사는 것은 아닌가 하는 생각이 든다. 새로운 내용을 받아들이기보다는 축적한 내용에 경험적 자산을 붙여서 재활용하는 식으로 말이다. 한번 생각해 보아야 한다. 혹시 나는 20대에 이뤄놓은 성과를 계속 연장하며 사는 것은 아닌지 말이다. 업그레이드를 멈춰버린 것은 아닐까? 아니 오히려 하락하는 것은 아닌지도 고민해봐야 한다. 고생스러운 직

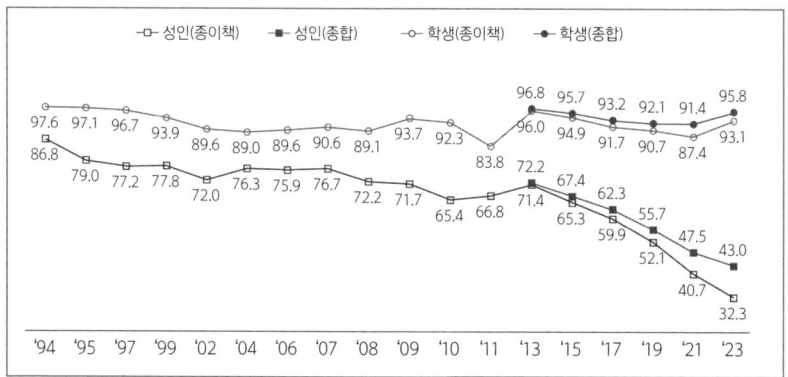

용어 정의

독서: 교과서, 학습참고서, 수험서는 제외하며, 웹소설(장르소설)을 포함한 일반도서(종이책, 전자책) 읽기와 오디오북 듣기.

전자책: 컴퓨터, 스마트폰, 스마트패드/태블릿PC, 전자책 전용 단말기 등을 이용하여 화면으로 읽는 책

오디오북: 일반도서를 음성으로 읽어주는 것으로 라디오·팟캐스트 등의 방송이나 도서 이외의 내용은 제외

연간 종합 독서율: 지난 1년 동안('22. 9. 1.~'23. 8. 31.) 일반도서(교과서, 학습참고서, 수험서, 잡지, 만화 제외)를 1권 이상 읽은 사람의 비율(종이책 전자책, 오디오북 포함)

※ 2013년 이전은 종이책 독서율 / 2013년~2017년은 종이책+전자책 독서율 / 2019년 이후는 종이책+전자책+오디오북 독서율

대한민국 독서율 추이, 출처 : 대한민국 정책브리핑

장생활을 보상한다는 마음이 정체된 삶의 핑계가 되는 것은 아닐까? 하루가 멀다고 이어지는 회식과 유흥이 마음의 응어리는 풀 수 있어도 나의 업그레이드에는 아무런 도움이 되지 않는다는 사실을 외면하는 것은 아닐까?

직장생활하면서 가장 듣기 싫었던 이야기 중 하나가 "나는 이제 나이가 들어서…"라는 식의 말이었다. 선배나 동료, 간혹 후배조차도 그런 이야기를 할 때면 나는 정색을 했다. "당신의 전성기는 아직 오지 않았다"라고 말이다. 내가 그렇게 이야기하면 대부분은 당황하면서 그렇게 이야기하는 이유를 물어본다. 나는 전미경제연구소^{NBER}와 〈하버드 비즈니스 리뷰〉에 실린 연구 결과를 그들에게 이야기해 주곤 했다.

"연구에 따르면, 가장 좋은 성과를 내는 CEO의 나이가 언제인지 아십니까? 대략 53세 전후라고 해요. 그때 지적 능력도 가장 뛰어나고, 성숙한 결정을 내릴 수 있다고 해요. 리더십도 그때 가장 빛난다고 해요. 우리는 그야말로 53세 전후에 꽃을 피우는 거죠. 전성기는 아직 오지 않았어요. 인간은 공산품이 아닙니다. 최고의 전성기가 오기 전까지 계속 발전할 수 있는 존재입니다."

통계에는 53세라 되어있지만, 나는 그게 93세여도 이상하게 생각하지 않았을 것이다.

언젠가 최인철 교수의 책 《굿 라이프》에서 이런 대목을 읽은 적 있다.

첼로의 성인이라 불리는 파블로 카잘스는 아흔이 넘어서도 매일 3~5시간 꾸준히 연습하는 모습으로 대중에게 큰 감동을 주었다. 어느 날, 세계적인 거장이 고령에도 불구하고 연습을 게을리하지 않는 모습이 의아했던 누군가가 물었다. "선생님, 선생님은 왜 아직도 그렇게 많은 시간 연습을 하십니까?" 이 질문에 대한 카잘스의 대답은 품격 있는 삶의 모습을 제대로 보여준다.

"요새 실력이 느는 것 같아."
"I believe I'm beginning to notice some improvement."

마지막 문장을 읽는데 눈물이 나려고 했다. 품격 있는 삶이 주는 감동이었다. 어쩌면 나에게 품격이라는 것을 가장 잘 설명한 글을 이야기하라면 파블로 카잘스의 저 한마디를 꼽을 것 같다.

다른 누군가가 보지 않더라도, 혹 타인의 기대와 상관없이 꾸준히 자기가 하고자 하는 일을 오랜 시간 묵묵히 하는 게 '품격' 아닐까? 나처럼 애당초 품격이라는 단어와 인연이 없는 사람도 그저 나의 일을 꾸준히 하고 나를 발전시켜 나가면 그나마 그 '품격'이라는 단어에 조금이라도 가까워지지 않을까 기대해본다.

품격 있는 사람은 품격 있는 자를 알아본다. 비슷한 부류의 사람을 알아본다는 이야기다. 오랜 시간 꾸준한 투자를 목표한다면 꾸준히 성장하는 사람을 알아보고 함께해야 할 것이다. 투자와 품격이라니 너무 맥락이 없는 것 같은 느낌일 수도 있지만, 자신을 정진하고 목표를 위해 지루한 여정을 묵묵히 해내는 사람과 함께할수록 나 역시 그럴 가능성이 커지지 않겠는가?

투자자가 가져야 할 품격이라고 해서 우아하거나 고상한 것을 이야기하는 것이 아니다. 취향이 고급스러운 것과도 별개다. 품격이란 지루하지만, 하루 또 하루 더 낫기를 묵묵히 해나가는 것이다.

사람의 마음

협상에 어떻게 임해야 할까?

○

1974년 미국의 리처드 닉슨 대통령은 워터게이트 사건과 그 사건을 덮으려고 했던 일련의 행동에 책임지고 대통령직에서 물러난다. 스스로 자리에서 내려오는 대가로 기소를 면했으니, 책임을 다했다고 보기는 어려울 수도 있겠다. 오히려 책임을 면했다고 보는 게 맞는 것일 수도…. 대중은 궁금해했다. 저렇게 걸리면 직까지도 버려야 할 무모한 일을 대체 닉슨은 무슨 생각으로 승인한 것인지 말이다. 물론 걸리지 않았을 것으로 생각했겠지…. 하지만 이런 생각으로 보기에도 워터게이트 사건이 가진 위험성은 너무나 컸다.

이 사건의 전말을 취재한 두 명의 기자가 있었다. 〈워싱턴 포스트〉의 밥 우드워드와 칼 번스타인이었다. 두 명의 기자가 2년 넘게 추적한 워터게이트 사건의 시작은 이랬다.

1972년 6월 17일 워터게이트 빌딩에서 닉슨의 재선 캠프 인사들이 붙잡혔다. 그들은 대선 상대인 민주당의 전국위원회 본부에 도청기를 설치하고 나오는 길이었다. 사건이 일어난 다음 날 닉슨 대통령은 그들은 내가 알지 못하는 사람이며, 캠프도 그런 일은 알지 못한다고 해명했다. 대통령의 해명에도 사건은 점점 몸집을 불려 나가기 시작했다. 진실 공방 속에서 한때 잠잠해지기도 했지만, 계속 대중의 입에 오르내리더니 닉슨이 재선에 성공한 다음에도 끝내 잦아들 기미를 보이지 않았다. 그러다 백악관에 설치된 도청기에 담긴 닉슨의 발언이 공개되면서 여론은 탄핵으로 완전히 기울었다. 도청기에 담긴 닉슨의 발언은 "워터게이트 사건을 어떻게든 무마시켜라"였다. 그리고 이 육성을 처음 공개한 언론사는 〈워싱턴 포스트〉였다.

〈워싱턴 포스트〉도 대단한 것이 대통령의 스캔들을 따라가는 두 기자의 취재를 계속 지지했다. 당시 〈워싱턴 포스트〉를 비판하는 여론이 적지 않았음에도 말이다. 덕분에 한때 은폐될 뻔했던 사건은 전국적 이슈로 확대될 수 있었다. 사건이 마무리된 후 이들의 취재는 책으로 만들어졌다. 책에서 두 명의 기자는 사건이 발생하고 닉슨이 대통령에서 내려오는 2년 동안의 이야기를 재구성했다. 제목은 《All the president's men》, 한국에는 《모두가 대통령의 사람들》이라는 제목으로 출판되었다. 이 책은 워터게이트 사건의 촉발부터 마무리까지

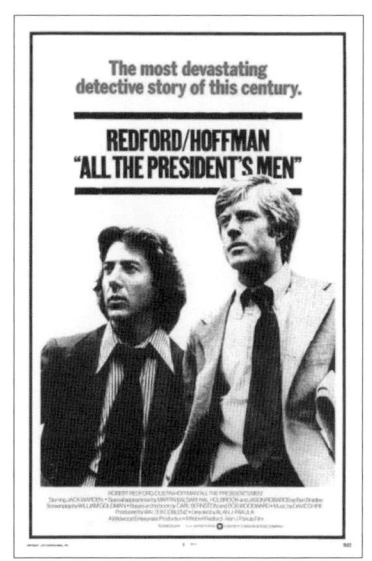

를 모두 담고 있다. 각 시점에서 어떻게 그런 결정이 나왔는지까지도…. 책은 나오자마자 많은 관심을 끌었고 1976년에는 영화로도 만들어졌다. 명배우 로버트 레드포드와 더스틴 호프만이 출연했고 작품성도 좋아 20세기 100대 영화에 77위로 랭크되기도 했다.

이 책의 초반에는 닉슨이, 이 위험한 일을 어떻게 승인하게 되었는지가 잘 묘사되어 있다. 당시 상대 후보였던 민주당의 조지 맥거번은 지지율이 높지 않았다. 맥거번은 베트남전 반대를 주장했는데, 이미 닉슨이 첫 임기 중에 미군을 단계적으로 베트남에서 철수하는 계획을 실행시키고 있었다. 이렇게 정책이 겹치는 데다 닉슨은 소련 및 중국과 관계를 개선하는 외교적 성과도 쌓아서 맥거번이 고전을 면치 못했다. 선거전 내내 여론조사에서 닉슨이 월등한 우위를 보였다.

하지만 참모진은 더 압도적인 승리를 원했다. (어느 정치 참모인들 그러지 않겠느냐마는) 재선위원회라고 불렸던 재선 캠프 인사들은 닉슨에게 민주당의 선거 전략을 빼 올 것을 건의한다. 이게 단순히 '힘닿는 범위 안에서 저들의 전략을 조사해 보시죠'라는 수준이 아니었다. 참모진은 민주당 내부의 기밀문서를 빼돌리거나 스파이를 잠입시키자는 안을 닉슨에게 올렸다. 명백히 불법인 수위가 높은 것들이었다. 최초 보고를 받은 닉슨은 승인하지 않았다. 여론이 자기에게 이렇게나 우호적인데 굳이 그런 짓까지 할 필요가 있을까 싶었을 것이다. 하지만 대선 캠프의 인사들은 집요했다. 계속해서 비슷한 제안을 닉슨에게 올렸다. 반복적으로 보고 때마다 '더 늦기 전에 민주당의 정보를 빼와야 한다'라며 닉슨의 결단을 촉구했다. 그러다 계속 거부하던 닉슨에게 참모진이 '그럼 이거라도 하게 해주세요'라고 꺼낸 것이 도청이었다.

얼토당토않은 것들을 요구하다 그나마 강도가 약한 것이 등장하면, 설령 마지막에 등장한 것이 무리수일지라도 정상적인 것으로 보이는 '착시'가 일어난다. 몇몇 심리학자도 닉슨이 이런 무모한 도청작전을 승인한 게 이러한 심리적 착시 때문이었을 것으로 추정한다.

로버트 치알디니는 이런 심리 효과를 '문간에 발 들여놓기 기법'이라고 불렀다. 문간에 발을 걸치고 문을 닫지 못하게 하면서 '이것만 들어주면 발을 치워줄게'라고 하는 것과 비슷하다는 거다. 치알디니는 그의 유명한 저서 《설득의 심리학》에서 지나치게 큰 거절을 한 뒤 작은 부탁을 들어주거나, 지나치게 큰 요구를 한 뒤 작은 것을 요구하는 전략이 협상에서 유효할 수 있다며 이 전략을 소개했다. 이때 부탁을 받는 사람은 아무리 지나친 요구일지라도 이를 거부한 것에 대한 일종의 심리적 부담과 양보 심리를 느끼게 되어 현실적인 요구가 들어왔을 때 긍정적인 반응을 보일 확률이 높아진다는 것이다. (어디까지나 확률이다)

《설득의 심리학》에서 로버트 치알디니는 상호성의 원칙, 일관성의 원칙, 사회적 증거의 원칙 등을 포함한 다양한 설득 전략을 소개한다. 그가 소개하는 원칙은 말이 원칙이지 기술에 가까운 측면이 있다. 상대방의 심리를 이용하여 자신의 의도를 관철하는 기술 말이다. 그래서 《설득의 심리학》은 협상론 책으로 다뤄지기보다는 심리학 기술을 다루는 책으로 여겨진다. 치알디니의 이런 이론을 상대방의 심리를 조종하는 것이라고 비판하는 이들도 많다. 특히 상호성의 원칙이나 희소성의 원칙 같은 경우는 사람에게 거절이 어렵게끔 만드는 효과를 불러와 마케팅, 영업, 정치에 이르기까지 많은 분야에서 활용되기도 한다. 이런 비판에 치알디니는 "사람을 조종하는 것이 아니라 효과적인 설득에 나의 이론이 사용되는 것"이라면서 덤덤하게 의견을 밝히기도 했다.

벤처캐피탈이 투자 검토를 하고 밸류와 투자 금액을 결정하는 순간에도 협상은 이루어진다. 서로가 서로를 설득하는 자리를 적어도 한번, 아니 실제로 투자 과정에서는 몇 번씩 거쳐야만 한다. 앞서 이야기한 《설득의 심리학》을 독파하면서까지 설득에 임할 필요까지는 없다. (하지만 알면 분명 도움은 될 거다) 상대의 심리를 조종하거나 거절 못 하게끔 막을 필요까지는 없어도, 상대방의 마음을 알고 다가가야 더 나은 합의점을 향해 나아갈 수는 있는 것 아니겠는가. 최근 투자와 관련하여 '데이터 기반의 검토', '증거에 기반한 실적 예측' 등의 이야기가 등장하는데 이런 것들도 중요하지만, 투자도 결국 사람이 하는 일이다. 사람의 마음을 떠나 존재할 수 없는 것이다.

얼마 전, 투자한 회사로부터 사업현황을 공유받았다. 기술 기업으로 업력이 제법 있는 회사인데, 중간에 사업 아이템을 변경하기도 하고, 판로 확보 등으로 어려움을 겪기도 해서 아직 기업 규모가 그다지 크지 않은 곳이다. 하지만 이 기업이 보유한 기술이 향후 전기차가 널리 보급되고 배터리 안전에 관한 관심이 높아지면 분명 주목받을 만한 기술이라는 생각에 투자했다. 비록 성장이 조금 더뎌도 경영진의 진지함과 기술의 혁신성이 언젠가 빛을 볼 것이라 기대하는 곳이다.

이 기업은 2023년 말부터 신규 투자를 알아보는 중이었다. 그런데 투자 경기가 좋지 않아서 투자 유치에 어려움을 겪었다. 이 과정에서 창업자가 고생 좀 했다. 제한된 인원으로 잠재고객을 상대로 샘플 대응을 했고, 동시에 투자자 미팅도 병행했다. 그것도 미국과 한국에서 동시에…. 최초 투자를 미국에서 받았고 미국에서 사업을 하려고 했던 만큼 후속 투자도 미국에서 받고 싶었지만, 진도를 빼기가 어려웠다. 다행히 얼마 전 미국의 투자사 중 한 곳에서 이번 투자의 리드 투자자가 되겠다며 연락을 해왔다. 이에 투자의 물꼬가 트였다며 나에게 반가운 소식을 알려주려고 연락을 준 것이었다. 리드 투자자가 정해졌다고 투자가 완료된 것은 아니지만, 그래도 좋은 소식이었다. 대표는 지금까지 이야기를 나눴던 한국과 미국의 투자자와 다시 이야기를 나누겠다는 계획을 공유해 줬다. 이에 나는 "부디 커뮤니케이션 코스트를 많이 지출하시기를 바랍니다"라고 당부했다.

대표는 학자 같은 사람이다. 좋은 의미로 말이다. 차분하고 진지하다. 하나의 일에 천착하여 빠져드는 능력도 갖추었지만 동시에 주위 사람의 상황을 잘 배려하기도 한다. 오지랖을 부린다기보다 상대방이 어떤 말과 행동을 했을 때 '저 사람이 저러는 데는 이유가 있겠지' 하면서 이해하는 스타일이랄까? 절대 욱하지 않는다. 알고 지낸 8년의 세월 동안 화를 내거나 흥분하는 모습을, 아니 그와 비슷한 모습조차 본 적도 없다. 정말 차분한 사람이다.

문제는 투자자와 커뮤니케이션 할 때인데, 상대방이 이야기하는 내용이 자기 생각과 다르더라도 크게 설득하려 하지 않는다는 것이다. 저렇게 이야기하는 데는 나름의 논리와 사정이 있겠지, 하면서 더 이상 말을 하지 않았다. 쿨하게 상대방을 인정하고 들어가는 것이 '좋은 거 아니야?'라는 생각을 할 수도 있지만, 협상론의 관점에서는 좋은 점수를 주기 어렵다. 이것은 설득하고 못 하고의 문제가 아니다. 관계의 강도 관점에서의 문제다.

스튜어트 다이아몬드는 와튼스쿨Wharton School에서 20년 이상 협상론을 가르친 사람이다. 앞서 이야기한 로버트 치알디니가 심리학적으로 상대를 설득하게끔 만드는 '기술'에 대해서 이야기했다면, 다이아몬드 교수는 장기적 관점에서 협상에 임하는 '전략'을 다룬다. 그의 이러한 전략은 2010년 《어떻게 원하는 것을 얻는가》라는 책으로 집대성되었다. 매우 훌륭한 책이다. 이 책은 비즈니스 협상 전략뿐만 아니라 삶 속에서 유용한 협상 전략도 안내한다. 그의 책은 총 12개의 강의로 구성되어 있다. 그중 일부 내용을 요약하면 아래와 같다.

감정의 관리: 사람의 감정은 협상에 많은 영향을 미친다. 부정적인 감정을 가지고는 협상에서 원하는 결과를 얻어낼 수 없다. 긍정적이고 차분한 태도로 협상에 임하자. 예를 들어 '내가 협상에서 이기고야 말겠어'라는 생각보다는 '상대와 내가 더 나은 합의점에 도달할 수 있기를 바란다'라는 태도가 협상을 더 나은 방향으로 이끈다.

명확한 목표의 설정: 간혹 협상에 임하면서도 내가 원하는 지향이 무엇인지 모르는 이가 있다. 내가 협상에서 얻고자 하는 것이 무엇인지가 확실치 않은 경우다. 이런 경우 협상 과정에서 길을 잃기 쉽다. 내가 원하는 바가 무

엇인지를, 나의 욕망은 어디를 향하는지 구체화하자.

상대방의 관점을 이해: 스튜어트 다이아몬드는 상대방의 관점을 이해하는 것이 성공적 협상의 핵심이라고 설명한다. 이는 과거의 협상론 패러다임이 '상대방이 나의 요구 조건을 수용하게끔 하는 것'이었던 것과는 달리, 다이아몬드 교수의 이론은 상대방의 관점을 충분히 이해하고 서로의 필요를 충족시키기 위한 합의점을 도출하는 데에 초점이 맞춰져 있다. 협상은 상대방의 요구와 나의 요구를 함께 충족시킬 수 있는 협력의 자리가 될 수도 있다는 것이다.

유연한 사고의 중요성: 스튜어트 다이아몬드는 협상은 거래가 아니라고 선을 긋는다. 대신 상대와 함께 문제를 해결하는 것이라 하며, 상대를 적대적 관점으로 보기보다는 함께 문제를 해결하는 참여자로 바라보아야 한다고 했다. 이를 위해서는 상황을 다양한 관점으로 보는 유연한 사고가 필요하다.

지속적 관계 유지: 협상의 목표는 단기적 이익 도출이 아니다. 보다 장기적으로 관계를 유지하고 발전시키는 것을 목표로 해야 한다. 협상이 타결되었건, 혹은 그렇지 않았든 간에 상대방과 좋은 관계를 오래 유지하려는 노력이 필요하다. 협상은 단판 승부가 아니다.

이러한 스튜어트 다이아몬드 교수의 조언에 따르면 앞서 이야기한 대표의 '지나치게 쿨한' 태도는 상대방의 관점을 이해한다는 점에서는 높은 점수를 줄 수 있을지는 모르겠으나, 목표를 설정하고 따라가는 측면과 지속적 관계 유지에서는 좋은 점수를 주기 어렵다. 특히 지속적 관계를 유지하는 측면에서는 매우 아쉬운데, 관계라는 것은 만남 그 자체로만 만들어지는 것이 아니기 때문이다.

중요한 것은 관계의 무게다. 돈독한 관계는 '커뮤니케이션 코스트'가 많을 때 형성될 가능성이 높다. 여기 두 가지 예를 들어보자. 먼저, 단 몇 마디로 용건을 주고받고 서로의 입장을 주고받는 만남이 있다. 반면, 서로 의견이 다를지언정 긴 대화를 통해 서로의 관점을 이해시키려고 애쓰는 관계도 있을 수 있다. 후자는 분명 많은 자원이 필요하다. 사람을 만나서 밀고 당긴다는 게 보통 에너지가 필요한 것이 아니다. 비록 많은 리소스가 쓰이지만, 관계의 무게라는 측면에서는 후자가 더 좋다.

과거 투자 검토 사례를 보아도 커뮤니케이션 코스트가 크면 클수록 투자에 더 다가갈 확률이 높았다. 설령 만나서 다투는 한이 있더라도 얼굴을 마주하고 이야기하는 경우가 '깔끔하고 간결한' 커뮤니케이션보다 투자 관점에서는 더 유익했다. 더 많이 보고, 더 많이 이야기할수록 투자에 이르는 가능성이 높아지는 경향이 있다.

이와 비슷한 이야기를 프란체스 프레이와 앤 모리스가 2020년 〈하버드 비즈니스 리뷰〉에 발표한 연구 '신뢰와 함께하기'Being with Trust'에서 찾아볼 수 있다. 관계가 매끄럽지 않다고 하더라도 투자자와 창업자가 잦은 만남 속에 서로 피드백을 주고받으며 신뢰를 쌓을 때 좋은 관계가 형성된다는 이야기다. 이러한 만남이 많을수록 투자에 이를 가능성이 커진다. 이러한 연구를 두고 투자자가 기업을 더 잘 알게 되었으니 당연한 것 아니냐고 반문할 수도 있겠다. 그 말도 맞다. 나아가 개인적으로는 투자자의 마음 한구석에 매몰비용의 오류가 작용한 것도 이유가 될 수도 있다고 생각한다. 그러니까 더 많은 커뮤니케이션으로 심사역이 기업에 더 많은 시간을 쓰게 하면, 그 기업에 투자하고 싶은 일종의 '매몰비용의 오류'가 형성되는 것이 아닐까. 아니면 단순히 친밀도가 높아져서일 수도 있다. 어쨌든 이유가 무엇이든 묵직한 만남이 더 많을수록 더 좋은 결과에 이를 가능성이 높아지는 것은 맞는 듯하다.

만일 창업자가 투자자를 설득하고 싶다면, 용건만 간단히 이메일로 보내기보다는 한 번이라도 더 마주 보고 이야기할 기회를 만들어야 한다. 마찬가지로 투자자가 창업자를 설득하고 싶다면, 전화보다는 찾아가서 얼굴을 마주하고 설득해야 더 좋은 결과를 끌어낼 수 있다.

협상을 다룬 연구, 협상에 영향을 미치는 심리적 환경을 다룬 연구는 많다. 협상이라는 것이 그만큼 중요하다는 이야기일 텐데, 하지만 현실에서는 이러한 것들이 얼마나 중요하게 다루어지는지 모르겠다. 더군다나 벤처캐피탈 심사역에게 협상은 '업'이지 않은가. 경험을 통해 터득되리라는 막연한 기대를 하기보다, 이런 내용을 진지하게 연구해야 한다.

오래전, 중요한 미팅을 잡는 과정에서 대니얼 카너먼의 《생각에 관한 생각》을 인용한 적이 있다. 당시 투자 검토가 진행 중이던 스타트업에게 우리의 투자 조건이 변경되었다고 알려야 했다. 미안하지만 이러한 상황에서 우리가 투자 검토를 계속 진행해도 좋겠냐고 부탁하러 가는 자리였다. 만나는 시간을 조율하는 과정에서 나는 오후 2~3시 정도의 시간이면 어느 요일이든 괜찮다고 이야기했다. 날짜는 상관없으나 시간만은 그때를 비워달라고 말이다. 나의 그런 요청에 함께 미팅에 참석하려던 동료는 왜 그러는지 물었다.

"대니얼 카너먼은 이스라엘의 교도소에서 가석방이 언제 많이 승인되는지를 연구한 적이 있어요. 식사 직후 가석방 승인 비율이 60~75% 정도인 것이 식사 전에는 0% 가까이 떨어진다더군요. 특히 오전에는 심각해요. 카너먼은 오전에 가석방 심사가 있으면 승인 비율이 0%였다는 사실을 알고 충격을 받았다고 합니다. 우리는 자신을 스스로 이성적이라고 생각하지만 실상 그렇지 않다는 겁니다. 이렇게 공복인 상황에서는 가석방 심사라는 '누군가의 인생을 좌우하는' 결정도 0%가 될 수 있다는 거죠. 우리가 식후에 관대해진다는 것을 부인하고 싶지만 엄연한 사실인 거죠. 이번에 상대에게 우리의 사정을 설명하고 어려운 부탁을 해야 하는 자리이지 않습니까. 그런 상황에서 우리가 굳이 그들이 공복일 때 가야 할 필요는 없는 거죠."

이런 나의 설명에 그들은 '뭐 그런 것까지 신경을 쓰나'라는 듯한 표정으로 나를 쳐다봤다. 하지만 카너먼의 사례는 미신이 아니다. 믿어도 그만, 믿지 않아도 그만의 것이 아니라는 이야기다. 공복이 협상에 미치는 안 좋은 영향은 이미 많은 이론으로 밝혀졌지만, 우리는 이런 걸 신경 쓰지 않는다. 아니 오히려 유난스럽다고 여긴다.

피치 못할 사정으로 공복 상태인 상대를 만나러 갈 때면, 나는 커피나 주전부리를 사 가곤 한다. 특히 오전 이른 시간에는 반드시. 이 역시 카너먼의 《생각에 관한 생각》에서 읽은 내용이다. 공복과 피로가 미치는 영향을 축소하기 위해서는 커피의 카페인이나 달콤한 음식이 제한적이나마 효과적이다. 비단 투자자뿐이랴. 오히려 창업자라면 다른 사람을 설득하거나 부탁해야 하는 상황을 더 빈번히 마주하게 된다. 이런 상황에서 창업자가 협상론이나 심리학을 활용해 투자자와의 만남을 조금이라도 더 유리하게 가져가는 것이 바람직하지 않겠는가?

앞서 예로 들었던 닉슨의 워터게이트 사건, 로버트 치알디니의 《설득의 심리학》, 스튜어트 다이아몬드의 《어떻게 원하는 것을 얻는가》, 그리고 다니엘 카너먼의 《생각에 관한 생각》 이 모든 것들이 협상 과정에서 유용하다. 굳이 협상 과정이 아니더라도 관계를 공고히 하는 데 활용할 수 있다. 이런 이론을 안다고 해서 내가 원하는 모든 것을 마음대로 이룰 수는 없어도, 적어도 내가 부당하게 불이익을 받는 경우는 조금 줄일 수 있으리라 생각한다. 생각 조종자가 되라는 이야기도 아니고, 이를 실천하기 위해 자신의 성격이나 성품을 바꾸라는 이야기도 아니다. 그저 상황과 상대를 조금 더 이해하는 방법을 익혀 보자는 것이다.

버크셔 헤서웨이가 벤처캐피탈이라면

확실하지 않으면 승부를 걸지 마라

○

고니: (악을 쓰며) 시나리오 쓰고 있네. 미친 새끼가!

아귀: (가소롭다는 듯이) 으허허허허허허하하하하하!

호구: 예림이(정마담), 그 패 봐봐 (패를 가리킨다), 혹시 장이야?

아귀: 패 건들지 마! 손모가지 날라가붕게. 해머 갖고 와!

정마담: (당황해하며) 정말 이렇게까지 해야 돼?!

고니: 잠깐. 그렇게 피를 봐야겠어?

아귀: 구라치다 걸리면 피 보는 거 안 배웠냐?

(중략)

선장: 사쿠라네?

호구: 사쿠라야?

아귀: 내가 봤어. 이 씨발놈, 밑장 빼는 거 똑똑히 봤다니게!

고니: '확실하지 않으면 승부를 걸지 마라.' 이런 거 안 배웠어? 뭐 해, 니네 형님 손 안 찍고?

아귀: 야! 이 씨발놈 손모가지 찍어!

오래된 영화 〈타짜〉의 시나리오 가운데 일부다. (비속어가 있으나 원작의 느낌을 살리기 위해 지우지 않았다) 영화의 하이라이트 부분을 보고 있노라면, 버크셔 해서웨이의 두 창업자가 했던 이야기가 생각난다. 정말 난데없긴 하지만, 이상하게 저 부분에서 그들이 이야기한 투자 원칙이 자꾸 떠오른다.

"원칙 하나, 절대 돈을 잃지 않는다."
"원칙 둘, 절대 첫 번째 원칙을 잊지 않는다."

그만큼 확실한 것에만 투자한다는 이야기일 거다. 그래서인지 그들의 투자 포트폴리오에는 요즘 핫하다는 그 흔한 테크 기업 하나가 없다. 소비재 회사나 금융 기업, 에너지 기업은 많지만, 플랫폼 기업과 딥테크 기업은 찾아보기 어렵다. 기술 기업이 있긴 하나 제품으로 오랜 시간 시장을 지배한 기업이어서 경쟁사가 아성을 넘보기 어려운 회사에 한정된다. 그야말로 '확실하지 않으면 승부를 걸지 마라'에 부합하는 투자전략이다.

반면 일반적인 투자자가 어떻게 투자하는지를 생각해보자. 투자 전에 '이 회사가 이것만 성공하면 얼마의 수익이 나고, 다음에는 이게 성공하면 또….' 뭐 이런 식으로 시나리오를 쓰고 있지는 않은가. "누구나 마음속에 시나리오 하나 정도는 가지고 있잖아!"라며 투자에 나서는 경우가 많은 것 같다. 만일 시나리오가 틀어지면 이러지도 저러지도 못한 채 속절없이 '오함마'에 당할 수 있는 것을 알면서도 말이다.

지난 8월 28일, 미국의 언론은 버크셔 해서웨이가 장중 시가총액 1조 달러를 돌파했음을 보도했다. 시가총액 순위로는 8위. 엔비디아, 애플, 마이크로소프트, 아마존 등 내로라하는 기업의 뒤를 따랐다. 언론은 대단한 일이라고 했지만, 수치상으로는 아직도 버크셔 해서웨이는 저평가 상태다. 버크셔 해서웨이 주식 하나의 가격이 우리나라 돈으로는 10억 원 언저리(약 70만 달러)에 시가총액이 1,400조가 넘지만, PER^{주당순익비율}은 10이 채 되지 않는다. 시가총액 1위인 엔비디아의 PER이 70에 육박하고, 애플의 PER이 30대 중반인 점을 생각하면 버크셔 해서웨이는 분명 저평가 상태다.

간혹 버크셔 해서웨이를 일반적인 투자회사로 알고 있는 경우를 접한다. 하지만 버크셔 해서웨이는 기업집단의 지주사다. 100개가 넘는 기업을 자회사로 거느린, 우리나라 말로 하면 거대 '그룹'의 본사와도 같다. 워런 버핏이 1965년 직물회사 버크셔 해서웨이를 인수하며 역사가 시작되었고, 1967년 보험사 내셔널 인뎀니티를 인수한 이래 가이코^{GEICO}, BNSF 철도, 듀라셀, 질레트 등을 인수하며 몸집을 불려 나갔다. 그 과정에서 외부의 자본을 가져다 쓴 이력은 없다. 워런 버핏은 원래 펀드를 운용하는 펀드매니저로 투자를 시작했는데, 1969년도에 자신의 투자회사 버핏 파트너십^{Buffet Partnership Ltd.}를 청산한 이후에는 한 번도 펀드로 자본을 조달한 일이 없다.

"나는 부자에게 돈 달라며 청구서를 보내는 것이 싫어요. 나의 존엄성이 손상되는 느낌이에요. 무엇보다 독립적이라는 느낌이 들지 않아서 싫습니다."

말년에 "왜 펀드를 운용하지 않느냐?"는 질문에 찰리 멍거가 했던 대답이다. 여하튼 두 사람은 동업을 시작한 이후 어떠한 펀드도 만들지 않았다.

대신 그들은 보험사를 활용하기 시작했다. 어느 보험사나 고객으로부터 받은 예치금의 일정 부분을 '책임 준비금'이라는 명목으로 보유하고 있어야 한다. 그 외의 돈은 비교적 자유롭게 운용할 수 있는데 버크셔 해서웨이는 이런 '부유 자금Free Float'을 활용하여 투자했다. 그렇게 펀드 대신 현금을 확보할 방도를 찾아낸 것이다. 더욱이 이런 부유 자금은 이자를 낼 필요도 없고, 세금도 거의 없다. 그래서인지 버크셔 해서웨이는 보험사에 진심이다. 현재, 가이코(자동차 보험), 버크셔 해서웨이 재보험 그룹(글로벌 재보험), 버크셔 해서웨이 프라이머리 그룹(상업용 보험), 내셔널 인뎀니티(손해 보험), 제너럴 리(생명 보험과 손해 보험 회사들의 재보험 취급) 이렇게 총 다섯 개의 보험사를 가지고 있다.

2023년 기준으로 버크셔 해서웨이 기업 집단의 매출은 3,644억 달러, 영업이익이 373억 달러에 순이익이 962억 달러에 이른다. 현금 보유는 무려 1,474억 달러다. 매출과 영업이익은 모두 미국 상장기업 TOP 10 안에 들어간다. 이렇게 매출과 영업이익 둘 다 TOP 10에 드는 기업은 애플, 아마존, 알파벳, 버크셔 해서웨이뿐이다. 단순히 실적만 뛰어난 기업이 아니다. 현재 34만 명이 버크셔 해서웨이의 이름 아래서 일하고 있으니 규모 면에서도 거대하다.

워런 버핏과 찰리 멍거가 버크셔 해서웨이의 이름 아래서 동업을 시작한 시기가 1978년이다. 이들의 동업 이후 지금까지 이어진 그들의 사업방침을 한 문장으로 요약하면 "훌륭한 기업을 모음으로써 더 좋은 기업이 된다." 일 것이다. 대중은 그 둘을 '투자자'라는 이름으로 부르지만 깊이 들여다보면 그들은 사업가이고 경영자다.

워런 버핏과 찰리 멍거가 자신의 투자 철학을 직접적으로 밝히는 자리는 버크셔 해서웨이의 주주총회 말고는 없다. 많은 이들이 둘의 투자 비결을 직접 들으려고 버크셔 해서웨이 주총장으로 달려간다. 작년만 해도 4만 명의 주주가 네브래스카의 오마하로 향했다. 하지만 주총으로는 부족했던 것인지 많은 사람이 그 둘이 작성한 주주 서한이나 인터뷰 등을 정리해 공유한다. 그들의 생각을 짐작하려는 책도 많다. 하지만 그들의 투자 철학을 정리한 책 대부분이 안타깝게도 그들의 철학이 아니라 투자에 초점을 맞추고 있다. 심지어 복잡한 투자이론을 갖다 붙이기도 해, 그들의 투자 원칙이 뭔가 더 복잡하게 '꾸며지는' 일이 벌어지기도 한다.

하지만 실상 그들은 오랜 시간 동안 자기들의 투자 원칙이 절대 복잡하지 않으며, 누구나 다 할 수 있는 '평범한 일'이라고 반복해서 이야기해 왔다. 어떻게 보면 당사자는 '간단하다'라고 이야기하는데, 받아들이는 이들이 '그렇게 간단할 리 없어!'라며 뭔가 더 복잡하게 만드는 것 같은 느낌이다. 이들이 이야기하는 투자 원칙은 의외로 간단하다. '가치를 발견한다.', '쉽게 따라 할 수 있는지 파악한다.', '사업을 오래 가꿀 수 있는 능력 있고 정직한 리더가 있는지 확인한다.' 이 세 가지 정도다. 이해하기 어려운 복잡한 기교는 없다. 대신, 따라 하기가 어려울 뿐이다.

가치. 이들이 말하는 가치는 무엇인가. 워런 버핏과 찰리 멍거는 가치란 '미래에 기대할 수 있는 현금흐름의 합계'라고 이야기한 적이 있다. 1992년 버크셔 해서웨이 주주총회에서 처음 언급한 현금흐름에 관한 이야기는 이후 가치를 설명하는 키워드로 줄곧 등장했다. 그 정도로 현금흐름을 기업가치 평가의 핵심이자 근간으로 보고 있다는 이야기다. 설령 어떤 회사가 그들의 서비스나 제품, 기술로 엄청난 주목을 받더라도 먼 미래까지 이어지는 현금흐름을 기대할 수 없다면, 그 기업의 가치는 물음표로 남는다.

그들은 현금흐름이 보장되지 않는 기업에 투자한 사례가 없다. 재무적 내실이 부족한 기업은 그들의 투자 대상에서 늘 배제되었다. 수익성 좋은 사업을 가지고 있고 동시에 낮은 부채비율을 충족해야만 했다. 부채가 과하면 수익률이 높아도 업황이 좋지 않을 때 부침을 겪을 가능성이 높다며 경계했다. 이런 재무건전성 위에서 비로소 현금흐름이 확보될 수 있다고 봤다. 이렇게 자유 현금흐름*이 충분한 사업은 시장이 어렵더라도 버틸 수 있는 '확실한' 체력의 근간이 된다.

그래서 그런지 그들은 새롭게 등장하는 기술 기업에 대한 평가가 인색한 편이었다. 미래에 유망한 기술이어도 현금흐름이 안정적이지 못하면 가치가 충분치 않다고 평가했다. 그들이 투자한 일부 기술 기업도 초기가 아닌, 현금이 회사 안에 충분히 쌓일 때를 기다려 투자했다. 이토록 관점이 보

---

* 자유 현금흐름(Free Cash Flow, FCF) : 기업이 영업활동을 통해 벌어들인 현금에서 영업비용, 세금, 설비투자 등 필수 지출을 제외하고 남은 현금이다.

수적이니 그들이 왜 암호화폐를 "무가치하다"라고 이야기했는지도 이해가 된다. 그들의 기준으로 보았을 때 암호화폐의 현금흐름은 0이다. 지금껏 등장한 암호화폐를 떠올려 보자. 그들이 제시하는 백서White Paper에 맞게 서비스나 제품이 개발되어 돈을 벌어들이는 사례가 있던가? 간혹 현금흐름이 있다고 주장하는 가상화폐도 있지만, 그들도 재무 기록은 공개하지 않는다. 이런 상황이다 보니 워런 버핏은 암호화폐의 가치를 "없다"라고 이야기하는 것이다. 누군가는 버핏의 이러한 평가에 "만일 당신이 이야기한 대로 가치가 0이라면, 어째서 그 많은 사람이 계속 암호화폐를 사고파는가?"라고 도전적인 질문을 던지기도 했는데, 이에 버핏은 "인류 역사에서 도박이 사라지지 않는 이유와 같습니다"라고 답했다. 짧지만 명쾌하다.

그들이 이야기하는 가치는 현금흐름만으로 구성되는 것은 아니다. 그들은 브랜드 파워도 아주 중요하게 여겼다. 훌륭한 브랜드가 갖는 힘을 믿었다. 우리의 삶을 지배하는 브랜드를 가진 기업이 곧 위대한 기업이라고 여겼다. 면도기의 대명사 질레트, 음료의 대명사 코카콜라, 고급 초콜릿의 대명사 시즈 캔디, 대형마트의 대명사 코스트코 등 미국인들, 나아가 세계인의 삶을 지배하다시피 하는 브랜드를 흠모했다. 그리고 열심히 그런 기업을 사 모았다. 아주 강력한 브랜드 파워는 영속적 사업을 약속한다. 그 자체로 튼튼한 진입장벽이 되기 때문이다.

  워런 버핏과 찰리 멍거는 이런 진입장벽을 '해자垓子'에 빗대곤 했다. 그들이 말하는 진입장벽은 기술적 진입장벽과는 거리가 멀다. 이미 대중의 생활과 인식 속에 너무 깊숙이 자리 잡아 다른 것들로 대체될 가능성이 거의 없는 제품을 가리켜 '깊은 해자를 판 사업'이라고 지칭했다. 그들은 브랜드 충성도, 네트워크 효과, 규모의 경제 등이 진입장벽을 만든다고 했지만, 반면 기술 격차는 좋은 해자가 되기 어렵다는 이야기를 종종 했다. 기술 격차의 의미를 폄훼했다기보다는, 기술로 우위가 결정되는 시장은 변화가 빨라서, 그런 시장에서는 영원한 지배자가 나오기 어렵기 때문이라고 했다. 기술 우위는 그들의 보수적 투자 조건을 충족시키지 않는다는 의견을 밝힌 것이다. 그래서 늘 기술 기업에 대한 평가가 박했는지도 모른다. 찰리 멍거는 2022년 인터뷰에서도 "만일 당신이 단 한 개의 회사에 투자해야 한다면 어디에 투자하겠습니까?"라는 질문을 받았을 때 1초도 망설이지 않고 이렇게 대답했다.

"코카콜라. 코카콜라가 얼마나 많은 나라에서 얼마나 많이 팔리는지를 보십시오. 만일 단 하나의 기업을 고르라면, 20년 전이고 지금이고 코카콜라라고 대답할 겁니다."

당시 애플, 엔비디아, 테슬라가 미친 듯 가격이 오를 때였음에도 불구하고 그는 망설임 없이 '코카콜라'를 외쳤다.

마지막으로 두 사람이 강조했던 투자 원칙은 '리더'다. 그들이 리더를 중요하게 보는 이유는 그들이 투자하려는 기업이 장기적으로 성장할 수 있는지를 보기 위해서다. 워런 버핏은 신뢰할 수 있는 성품과 올바른 도덕 기준을 지닌 사람이라야 위대한 기업의 리더로서 역할을 할 수 있다고 이야기했다. 한술 더 떠 찰리 멍거는 '선함'을 이야기했다. "선하지 않은 사람 중에 위대한 사람은 없다"라면서 바른 가치관을 가진 리더의 중요성을 강조했다. 높은 기준도 기준이지만 그들은 사람을 파악하는 데 많은 시간을 할애한다고 밝힌 것도 눈여겨볼 부분이다. 회사와 서비스를 이해하는 것은 자료로 가능하지만, 사람을 이해하는 것은 그보다 더 큰 노력이 든다면서 이런 이야기를 했다.

"여러분은 투자할 때 그 기업을 이끄는 사람이 어떤 사람인지를 파악하려고 얼마나 노력하나요? 우리는 기업을 만나기 전에 대표의 평판을 알아보는 것은 물론이고, 대표와 관련된 책, 기사 등을 꼼꼼히 살피고 갑니다. 다른 투자자와 달리 우리는 사람을 파악하는데 많은 시간을 쓰는 편이죠."

신뢰와 덕망이라는 것이 말하기는 쉽지, 그런 점을 충족하는 사람의 수가 얼마나 되겠는가. 리더와 관련된 그들의 기준도 복잡하지는 않지만 따라 하기는 참 어렵다는 생각이 든다. 그렇다고 그들이 사람됨만을 강조한 것은 아니다. 리더에게 필요한 '기본적' 요건이라면서 장기적 안목과 현실성, 자기 객관성, 독립적이며 자율적인 사고 능력을 이야기하기도 했다. 그런 게 기본 요건이라니, 참 눈이 높으시다.

이처럼 그들의 투자 원칙은 '숫자'와는 거리가 있었다. 대중은 그들이 숫자를 어떻게 다루는지 궁금해하지만, 둘은 오래전에 숫자의 우선순위를 낮췄다며 잘 언급하지 않았다. 숫자를 보지 않는다는 게 아니다. 과거 모든 것을 숫자로 이해하려 했던 사고방식을 버렸다는 이야기다. 실제로 워런 버핏은 과거 담배꽁초 투자Cigar butt investing 전략으로 유명했다. 지금으로 말하면 중소형주 퀀트 투자 정도 되겠다. 가치와 가격 사이의 괴리를 먹고 빠지는 전략이다. 1960년대까지는 기업의 모든 것을 숫자로 파악하려 했다고 한다. 하지만 찰리 멍거와 만난 후, 숫자 너머의 위대함을 봐야 한다는 것을 깨닫고는 숫자 이외의 것을 파악하기 시작했다고 한다. (찰리 멍거는 그때를 회상하며 "버핏을 설득하기가 참 어려웠다"라고 이야기하기도 했다)

버핏과 멍거 모두 "더는 숫자에 매몰되는 투자는 하지 않는다"라고 누차 밝혔지만, 시중의 책은 여전히 '버핏의 가치평가법' 같은 제목을 달고 나온다. 책의 내용은 대부분 지표 및 숫자와 관련된 것들이다. 한때 나도 열심히 그런 책을 사 모으고 공부도 했던 것도 같다. 하지만 그들의 이야기를 접하면 접할수록, 정작 그들의 실제 글과 이야기 속에 숫자가 등장하지 않는 것을 보고는, 더는 그런 책을 보지 않는다.

찰리 멍거의 책 《가난한 찰리의 연감》을 보자. 책 안에는 숫자와 관련된 내용이 거의 없다. 두꺼운 책이 문화, 철학, 문학, 역사 등의 내용으로 가득 차 있다. 그의 이야기는 한결같다. 좋은 인생을 지향하고 진지한 태도로 세상을 공부한다. 그렇게 세상을 잘 이해할 수 있게 되면 자연스레 투자로써 삶을 꾸려나갈 수 있다는 거다.

이런 원칙을 벤처투자에 적용할 수 있을지 생각해 본 적이 있다. 여태껏 그들이 밝힌 비결이라는 것들이 '실전기'라기보다는 '기본기'에 가까운 것들이고, 게다가 투자하는 시장도 다른데 과연 벤처캐피탈도 이들의 철학을 가져다 쓸 수 있을 것인지 말이다.

알토스 벤처스 Altos Ventures의 한킴 대표(한국명 김한준)는 뛰어난 안목으로 명성이 높다. 내가 벤처캐피탈 업계에 발 들이기 전에, 당시 몸담던 기업이 알토스 벤처스의 출자자라는 것을 명분 삼아 출장 목적으로 방문했던 적이 있었다. 투자 조직을 만들기 전에 조언을 청하는 자리였는데, 그다지 특별한 것이 없는 만남이었다. 투자를 잘 알지도 못하는 이들이 무작정 찾아갔으니, 그의 이야기를 듣는다고 무슨 감흥이 있었겠는가. 당시 나의 감상은 부끄럽게도 '한킴 대표라는 사람은 옆집 아저씨처럼 평범하네….' 정도였다. 나는 당시 알토스가 얼마나 대단한 회사인지도 몰랐으니…. 그러다 벤처캐피탈 업계에 발 들이고 나서는 예전에 찾아갔던 '그 알토스'가 비범치 않은 회사임을 알게 되었다. 간혹 그의 강연이 있다는 이야기를 들으면 여건이 되는 한 참석하려 했다.

여담이지만, 여러 강연을 통틀어 그가 했던 이야기 중에 가장 인상적이었던 내용은 "당신은 왜 웨스트포인트에 입학했습니까?"라는 질문에 대한 답이었다.

"거대한 조직 속에서 철저히 혼자가 되고 싶은 마음. 당시에는 그런 마음이 있었던 것 같아요. 왜 그랬는지는 모르겠지만."

당시의 심정을 짧게 이야기했는데, 그게 뭔지 알 것 같은 답이었다. 평소 다소 어눌한 말투여서 달변은 아닐 것으로 생각했는데, 잘 만든 문장 하나로 간결히 뜻을 전하는 걸 보고 놀랐던 기억이 난다. 그래서 더 인상적이었는지도 모르겠다.

각설하고, 그는 강연 때 종종 "존경하는 투자자는 누구인가?"라든지 "모델이 되는 투자사는 어디인가?"라는 질문을 받는데, 늘 조심스럽게 이런 답을 하곤 했다.

"뭐, 아무래도 버크셔 해서웨이일 것 같아요. 그들의 방향성을 눈여겨

봅니다."

이어 버크셔 해서웨이의 어떤 점을 눈여겨보느냐는 질문이 들어갔다. 이에 딱히 시원한 대답을 하지는 않았다. 그저 동료와 투자 관련 논의를 할 때면, 버크셔 해서웨이의 방식을 많이 참고한다는 식으로만 이야기했다. 내가 알토스 벤처스의 투자를 평가할 위치는 아니지만, 버크셔 해서웨이의 투자 철학에 비해 알토스 벤처스는 상당히 공격적인 투자를 하는 곳이라는 느낌이어서, 그의 대답이 의외라는 생각이 들었다.

버핏이 담배꽁초 투자를 하면서 겪었던 가장 큰 고통은 '확장성'이었다. 그가 벌어들이는 돈이 늘어나면 늘어날수록 작은 회사에 투자하는 것이 점점 더 어려워졌기 때문이다. 그런 고충 끝에 큰 회사에 투자하는 전략에 안착했으니 버크셔 해서웨이의 투자 원칙을 벤처투자에 접목해 생각하기는 다소 무리가 있을 것으로 생각했다. 하지만 그들의 방식을 떠나 '관점'만 생각하면, 어느 방식의 투자를 하든지 간에 유용할 것이라는 생각에 이르렀다. 지금 돌이켜보면 그때 한킴 대표의 답변이 조금 이해되는 것 같기도 하다. 그들이 바라보는 관점을 세세히 서술할 수는 없어도, 그 관점을 빌려 투자 기업을 보면 보이지 않던 것들이 보인다는, 뭐 그런 이야기가 아니었을까?

버크셔 해서웨이의 두 창업자, 그중에서도 찰리 멍거와 관련된 책을 보고 또 보다 보면 결국 투자도 기술이 아닌 지혜라는 생각으로 모인다. 다양한 분야에 걸친 방대한 지적 탐구, 욕심을 접고 옳은 방향의 투자를 오랫동안 이어가는 끈기, 시나리오가 아닌 확률로써 투자를 대하는 안목. 이러한 것들을 갖추고 나면 초기 스타트업 투자가 되었든, PRE-IPO* 투자가 되었든, 혹은 상장주 투자가 되었든 간에 좋은 성과를 얻을 수 있을 것이다. 여기서 좋은 성과란 몇 년간의 성공적 투자를 이야기하는 것이 아니다. 30~40년간 즐겁게 투자하고 얻을 수 있는 만족스러운 삶이라는 결과를 이야기하는 것이리라.

우리는 왜 투자하는 걸까? 누군가는 돈을 벌기 위해서라고 주저하지 않고 이야기할지도 모르겠다. 그런 사람에게는 버크셔 해서웨이의 투자 방식은 맞지 않을지도 모른다. 만일 의미 있는 일을 하면서 행복한 삶의 역사를 써나가기 위한 투자라면, 버핏과 멍거의 생각 속에서 큰 힌트를 얻을 수 있을 것이다.

---

* 상장 직전 투자

투자는 라이프 스타일

이벤트가 아니라 상태가 결정한다

○

벌써 4~5년 전의 일이다. 회사 워크숍으로 회사의 모든 직원이 같은 숙소에 묵은 적이 있는데, 그럴 때면 으레 술자리가 벌어지지 않던가. 투자팀과 관리팀이 섞여 옹기종기 숙소 바닥에 둘러앉아 캔맥주를 나누어 마시던 중이었다. 여러 이야기가 오가던 중에, 왼쪽에 앉아있던 관리팀 직원이 나에게 평소에 스트레스를 어떻게 다루는지를 물어봤다. 직원 가운데 그나마 스트레스로부터 초연한 편인 것 같다면서.

"아닌데. 나 스트레스 많이 받는데. 나라고 화나고 슬픈 일이 왜 없겠어? 안타깝고 아쉬워도 그냥 그러려니 하는 거지."

"그러니까 '그러려니' 하려면 어떻게 해야 하는데요?"

내가 말하려고 하는데 오른쪽에 앉은 투자팀 막내 직원이 '나도 좀 들읍시다'라는 표정으로 내 얼굴에 시선을 고정한다. "진짜 솔직한 생각을 들고 싶은 거야?"라고 물었더니, 둘 다 고개를 끄덕였다.

"난 그럴 때 목성의 대적반을 봐."

두 사람 모두 '이게 무슨 소리야.'라는 표정이 되었다.

"주노Juno라는 목성 탐사선이 있어. 2011년에 지구를 출발해서 5년을 날아가 목성에 도착했어. 9,000km 높이의 목성 궤도에서 목성을 세심히 관측했지. 목성 크기를 생각해 보면, 그 정도 높이의 궤도면 아주 찰싹 붙어서 관찰한 거야. 자기장, 방사선, 중력, 대기 등을 기록했어. 그러다가 2017년에 여러 장의 사진을 보내와."

여기까지 이야기하고 스마트폰을 들어 사진 한 장을 보여줬다.

"여기 한번 봐봐. 저 대적반의 크기가 13,000km가 넘어. 지구가 들어가고도 남는 크기지. 인류가 저렇게 가까이서 대적반을 찍은 적이 없었어. 그냥 붉은, 큰 소용돌이로만 알고 있었는데 저 안에는 메탄, 암모니아, 수증기가 저렇게 작고 많은 소용돌이를 만들면서 돌고 있었던 거야. 그 소용돌이가 모여 큰 대적반을 만들고···. 그 크기가 지구보다 크다는 게 참 놀랍지 않아? 저런 걸 보고 있노라면, 내가 사는 게 다 무언가 싶기도 해. 화가 나다가도, 짜증이 나다가도 사무실 PC 화면에 저걸 띄워놓고 멍하니 보고 있노라면 마음이 좀 진정되는 느낌이야. 그냥 내가 티끌만도 못한 존재라는 사실을 깨달으면 마음이 좀 위로가 되지."

투자팀 막내 직원이 기가 찬다는 표정으로 나를 보면서 "그건 좀 아닌 것 같네요"라고 이야기했다. 조금 질린다는 표정이었던 것 같기도 하고···. 고개를 절레절레 흔들더니 뒤돌아 다른 이들이랑 이야기를 이어갔다. 그래

JUNO가 찍은 목성의 대적반

도 관리팀 직원은 뭔가 생각에 잠겨 알 것도 같다는 표정을 지었다.

몇 해 지나 이런 이야기를 했던 사실을 잊을 때쯤, 그 관리팀 직원이 회사를 떠나게 되었다. 그녀는 회사에 작별의 편지를 돌렸다. 나에게도 편지를 주었는데, 그 편지 안에는 "그때 대적반 이야기 참 흥미로웠습니다"라고 쓰여 있었다. 그제야 '아, 맞다. 그때 그런 얘기를 했었지'라며 기억이 돌아왔다. 그러고는 이내 '요즘 나는 어떻게 살고 있는가?'라는 생각에 잠겼다. 대적반이니 허블 딥필드(Hubble Ultra Deep Field, HUDF)니 장황하게 이야기하며 "우주적 관점으로 나의 문제를 바라보면 화날 것도 없다"라고 이야기했지만, 정작 나는 일상의 답답함과 부조리함으로 평온을 잃는 중이었다. 평소 좋은 멘탈이 좋은 투자자를 만든다고 이야기했지만 정작 나는 그러하지 못했다.

투자를 처음 접했을 때는 투자의 원리 따위는 궁금하지도 않았다. 대학교 졸업을 앞두고 처음 주식으로 투자를 접했던 때로 기억나는데, 그때는 투자가 아니라 그냥 주식이 궁금했던 거였다. (사실 투자라는 단어보다 투기가 더 적절해 보인다) 투자고 뭐고 간에 주식이라는 것이 어떻게 돈을 만들어낼 수 있는지를 알아내고 싶을 뿐이었다.

'이 종목을 사서 몇 배가 불어나면 그걸로 뭘 해야지!'

지금 생각하노라면 저절로 혀를 차게 만드는 멘탈이었지만, 이는 아주 자연스러운 단계였던 것 같다. 그 당시 나에게 투자(주식)라는 것은 답답한 현실에 극적 전환을 가져다줄 수 있을 복권 같은 느낌이었으니까. 그런 자세로 투자에 나섰기에, 아니 투기에 골몰했기에 수익 한번 제대로 내지 못했다. 당연하게도.

주식 책을 사본 건 몇 년이 지나서였다. 문득 한동안 관심을 끊고 살았던 주식을 다시 해봐야겠다는 생각이 들었다. 다른 사람은 주식으로 돈도 벌고 부자가 된다는데 나라고 못 할쏘냐! 이번엔 제대로 공부 좀 해보자. 벤 그레이엄, 워런 버핏, 찰리 멍거, 조지 소로스, 알렉산더 엘더, 피터 린치, 세스 클라만 등. 집에 꽂히는 투자서가 늘면 늘수록 과거 헛되이 날려버린 돈과 시간이 아까워 죽을 것 같았다. 이런 책을 왜 서른 중반이 되어서야 읽었는지. 과거 어리석었던 나에게 누군가 다가와 투자라는 것이 그런 게 아니라는 이야기를 해줬다면 좋았을 텐데, 속이 상했다. 수박 겉핥기만 하다가 시간을 흘려보낸 시간이 개탄스러웠다. 여하튼 투자를 더 알게 되면 알게 될수록, 그러다 투자를 직업으로 삼으면서 투자의 기술보다는 그것을 대하는 멘탈과 마음 자세가 더 중요하다는 생각이 들었다. 하루하루 평정심을 가지며 살아가는 것, 파도에 흔들리지 않고 긴 관점으로 투자를 보는 눈. 그런 관점에서 그 당시 대적반 이야기를 했던 게 아니었을까.

성공한 투자자의 많은 수가 평정심, 그러니까 멘탈 관리의 중요성에 관해서 이야기했다. 꼭 투자의 명인까지 가지 않더라도 성공적인 투자자로 살아가는 주위 사람을 보면, 차분한 마음과 흔들리지 않는 감정이 공통점 아니던가. 이들이 감정이 없다는 것이 아니고 시장을 평정의 눈으로 바라본다는 의미다. 성격은 제각각인데, 불안이 밖으로 잘 드러나는 성격은 아닌 듯하다. 자기 일을 떠벌이지도 않는 것 같고…. 그러니 주위에선 그들이 얻은 성공과 충만한 삶을 제대로 평가하지 못한다. 아니 알아채지도 못한다. 아쉬운 일이지만, 하루하루 조용히, 마음을 가다듬고 글과 시장을 읽는데 몰두하는데 어떻게 주위의 눈에 띄겠는가.

반면 화려한 기술과 영민함으로 시장을 지배하는 사람은 눈에 쉽게 띈다. 그런 이들은 무척 빛난다. 개중에는 스스로 주목받는 것을 즐기기도 해서 그들의 성과와 삶이 여러 사람의 마음을 요동치게 만들기도 한다. 나 역시도 사람인지라 가끔 그런 사람을 만나면 부럽고 흥분되는 것은 어쩔 수 없다. 그런 화려한 사람을 만나면 잔상이 며칠을 간다. 한번은 수십 대의 차와 여의도 빌딩의 한 개 층을 혼자 쓰다시피 하는 사람을 만난 적이 있다. 궁금했다. 이런 삶을 산다는 건 어떤 건지….

다행인 것은 나 스스로 내가 그렇게 되지 못할 것이라고 잘 알고 있다는 것이다. 어릴 때부터 무엇 하나 특출난 것이 없어 자신을 안타까워하며 살아서인지, 나에게는 '단념'이라는 단어가 참 쉽다. 자기 연민에 빠져 짧지 않은 시간 자신을 해치며 얻은 슬픈 노하우다. 그러나 요즘은 그게 오히려 얼마나 다행스러운 일이었는지 깨닫는다. 하찮지만 잘 사는 방법을 조금씩 깨닫기 시작했으니 말이다.

여하튼 이처럼 빛나는 별을 바라보는 것은 확실히 가슴 뛰는 일이다. 하지만 가슴이 뛰는 것과 별개로, 그 길이 내가 목표로 해야 할 길이 아님은 인지해야 한다. 현실적이지 못하다. 피터 린치, 빌 에크먼, 레이 달리오와 같은 이들, 그러니까 '나는 내가 위대한 걸 알아!'라는 기운을 뿜는 사람의 말은 보는 이들의 가슴을 뛰게 만들지만 그들의 '투자술'을 따라 하는 것은 불가능에 가깝다. 그들의 투자는 좋은 본보기가 아니다. 오히려 섣불리 따라

하다가 낭패를 보게 만드는 위험한 예다.

자신의 영민함과 자원을 화려하게 휘두르는 사람의 이야기는 들을 때는 좋지만 정작 가져다 쓰기에는 너무 난해하다. (그래도 그들의 이야기를 아는 것이 모르는 것보다야 낫긴 하겠지마는…) 반면 평범하기 이를 데 없는, 자신의 무기라고는 평정심과 시간뿐이었다고 이야기하는 사람의 이야기가 우리에게 좋은 본보기이지 않을까?

투자에 기술, 정보, 지식이 필요하지 않다는 이야기는 아니다. 기업을 분석하는 일 자체가 이런 기술과 정보, 지식을 요하기 때문에 반드시 갖추어야 한다. 이런 건 독도법讀圖法 같은 거다. 장기적으로 어떤 '방향성'을 정립하려고 한다면, 적어도 내가 가는 방향이 '그 방향'인지는 알아야 하지 않겠는가. 길을 잃었을 때 다시 길로 돌아가기 위해서라도 정보와 지식은 필요하다.

이왕 길에 비유한 김에 좀 더 이야기를 풀어보자. 우리가 더 높은 곳으로 가는 길을 찾는 중이라고 가정해 보자. 엄홍길이나 박영석의 업적을 흠모하며 히말라야로 가는 길을 찾아 나설지도 모르겠지만, 그들의 경험이 나에게 얼마나 도움이 될지는 의문이다. 오히려 이제 막 길을 나서려고 하는 사람에게 필요한 것은 오랜 시간 길을 가는 데 필요한 태도 및 마음가짐과 관련된 이야기가 아닐까. 길을 찾고, 내가 찾은 길을 가는 즐거움을 알려주는 것 말이다.

하지만 안타깝게도 이런 걸 이야기하는 사람은 거의 없다. 이런 이야기는 대중이 흥미로워하지도 않는다. 초보자에게 길을 가는 법을 알려주겠다면서 에베레스트의 장엄함을 이야기한다. 그걸 정복한 이들의 여정을 이야기한다든지, 빠르게 알프스에 갈 수 있는 법을 알려준다. 그런 게 더 잘 팔리기 때문이다. "이것만 하면 너도 엄홍길!"과 같은 이야기가 대중의 뇌리에 '콕' 박히기 때문인 듯하다. 인간의 욕망을 생각해 보면 그게 더 자연스러운 것 같기도 하지만….

하지만 우리는 어떤 마음으로 길을 나서야 하는지를 알려주는 이야기에 귀 기울여야 한다. 걷는 걸 좋아하는 사람은 목적지를 생각하는 사람보다 더 멀리 걸을 수 있다. 우리가 더 높은 곳, 더 먼 곳에 닿기 위해서는 걷기의 즐거움부터 배워야 하는 것이다. 이는 아주 단순한 진리다. 그런데 걷는 걸 알려주겠다면서 목적지 이야기만 하니 답답한 노릇이다.

삶의 방식, 삶을 바라보는 태도를 강조한 투자자의 이야기에 귀 기울여 보자. 그중에서도 바우포스트 그룹 세스 클라만 회장의 생각을 조금 더 자세히 소개하고 싶다. 그의 책 《안전 마진》은 투자자라면 누구나 읽어보아야 하는 책이다. 조금 범위를 좁혀 가치투자자라면 반드시 읽어야 하는 책이라고 해두자.

이 책을 처음 읽었을 때, 명성에 비해 책의 내용이 너무 평이해서 놀랐던 기억이 난다. '아니 이게 전설의 명저가 맞나?'라는 생각이 들었다. 1991년도 책이니 이미 내용이 많이 알려져서일 수도 있다. 내용을 요약하면 대략 이렇다. 주식을 살 때 기업의 내재가치와 주식의 현재 가격 사이의 폭 Margin이 크면 클수록 손실을 볼 확률은 낮아진다. (지극히 당연한 이야기가 아닌가?) 내재가치는 현금흐름으로 결정된다. 현금흐름에 집중해야지 시장의 분위기나 주위의 소식에 부화뇌동하지 말아야 한다. 심리적 요소를 철저히 통제해야 한다. 자신이 만들어 낸 심리적 편향이나 설레발을 경계해야 한다. 설령 안전 마진이 충분히 확보된 기업을 발견했더라도 풀 베팅하지 마라. 리스크를 관리하는 게 우선이다. 심지어 높은 수익보다 낮은 리스크가 더 중요하다. 수익성이 좋아 보여도 리스크가 크다면 다가서지 마라.

기업가치 평가 부분도 평이했다. 세스 클라만은 책에서 '현재 가치법(미래의 현금흐름을 할인하여 평가)', '청산 가치법(기업을 매각할 때의 가치를 기준으로 평가)', '시장 가치법(유사 기업과의 비교를 통해 평가)' 정도를 이야기했다. 다른 투자서에서도 다루는 일반적인 가치평가 방법이다. 다만 조금 다른 점이라면, 현재 가치법에 적용하는 할인율이 통상적인 10% 내외보다 12% 정도로 높아 보수적이라는 점이었다. 책을 두 번 정도 읽고 나서 내가 얻은 결론은 이건 투자서이기도 하지만 심리 안내서에 더 가깝다는 것이었다. 특히 투자자가 자신의 삶을 어떤 태도로 대해야 하는지가 책 곳곳에 숨어있는데, 실제로 그가 이야기하고 싶었던 것은 이런 '태도'와 관련된 것이 아니었을까 싶은 정도였다.

그는 겸손해야 한다고 이야기한다. 자신의 한계를 인식하고 자신이 모르는 것은 과감하게 모른다고 인정해야 한다. 자기를 과대평가하면 리스크가 작아보이는 착시가 일어난다. 늘 조심스러운 마음으로 시장을 봐야 한다. 좋은 기회는 쉽게 오지 않는다. 그래서 기다릴 가치가 있다고 생각한 것을 기꺼이 기다리는 자세가 필요하다. 인내심은 겸손과 더불어 투자의 가장 중요한 요소다. 하나 더 꼽자면 불필요한 소비를 줄이고 비용을 엄격히 관리하는 자세다. 이는 투자를 오랫동안 지속할 수 있게 해준다.

　세스 클래만뿐이랴, 《돈의 심리학》으로 통찰을 가져다준 모건 하우절, 《블랙 스완》으로 알려진 나심 니콜라스 탈렙 등도 비슷한 이야기를 했다. 그들은 투자 기술을 이야기하거나 미래를 예측하지 않는다. 대신 지속가능한 삶의 구조를 구축해야 함을 설파한다. 삶의 구조란, 흔히 하는 이야기로 '라이프 스타일'이 아닐까? 이들의 이야기는 본질에 가까워 보이지만 받아들이는 게 쉽지는 않다. 앞서 이야기한 것처럼 사람은 길을 걷는 태도나 방식에 귀 기울이기보다는 높은 곳을 향하는 유명인의 모험담에 더 끌리기 마련이기 때문이리라.

　여하튼 진지한 삶의 태도를 강조한 많은 투자자가 하는 이야기를 요약하면, 투자는 결국 라이프 스타일이다. 겸손하게 확률적으로 사고하는 능력을 갖추고 끊임없이 공부하라. 대중의 이야기에 휩쓸리지 않고 독립적으로 사고해야 한다. 확신이 들기 전까지는 기다릴 수 있어야 한다. 소비를 지양하고 비용을 관리해라. 긴 안목으로 투자하라. 마지막으로 그런 태도가 갖춰졌다면 지금 당장 시작하라.

　간혹 "종잣돈을 모으기 전까지는 투자하지 마라"라고 하는 이들도 있다. 이런 사람은 투자에서 손실은 불가피하다는 강한 전제를 두고 있는 것 같다. 하지만 만일 확률상 안전한 투자를 고수한다면, 종잣돈을 모으는 일과 투자는 다른 일이 아니다. 적금에 매달 50만 원씩 넣는 것은 종잣돈을 모으는 일이고, 안정적인 회사의 주식 50만 원어치를 사는 일은 모험이란 이야기인가? 올바른 투자 관점을 가지고 있다면 그 둘은 비슷하게 봐도 될 것이다. 투자의 시기는 이르면 이를수록 좋다.

일찍 투자를 시작하고 오랫동안 지속하는 것은 생각보다 훨씬 중요한 일이다. 르네상스 테크놀로지를 설립하여 성공적인 퀀트 트레이딩으로 '시장을 풀어낸 수학자'라는 별명을 가진 짐 사이먼스는 30년 동안 연평균 66%가 넘는 수익률을 기록했다. 그야말로 경이적이다. 매년 발표되는 헤지펀드 대표 연봉 순위를 보면, 그는 늘 3위안에 있었다. 재작년에는 대략 2조 원 정도의 연봉을 받은 것으로 알려진다. 하지만 그가 투자한 기간은 46년 정도인데, 75년 이상을 투자한 워런 버핏과 자산을 비교하면 대략 1/3 수준이다. 워런 버핏의 평균 수익률이 20%에 조금 못 미친다는 점을 생각해 보면, 그만큼 복리가 무섭다는 생각이 든다. (안타깝게도 짐 사이먼스는 2024년 세상을 떠났다) 이런 걸 보면 하루라도 일찍 투자를 시작하고 건강을 챙기며 오래오래 투자하는 것이 어쩌면 성공적 투자를 위한 가장 중요 요소일 수도 있겠다는 생각이 든다.

여담으로 짐 사이먼스를 다룬 책《시장을 풀어낸 수학자》도 추천한다. 그들이 시장을 어떻게 정복했는지를 다룬 책인데 매우 흥미롭다. 놀라움의 연속이다. 책을 다 읽고 나면 이런 쪽의 투자는 건드리지도 말아야겠다고 생각하게 된다.

좋은 라이프 스타일을 유지하려면 삶의 의미를 찾는 공부와 독립적 사고가 필요하다. 사람은 본디 불안 속에 산다고 하지 않던가. 장 폴 사르트르는 인간이 태생적으로 수많은 선택 앞에 놓인 존재이기에 불안할 수밖에 없다고 이야기했다.

　타인에 의해 강제로 세상에 던져진 인간은 살면서 수많은 선택에 맞닥뜨릴 수밖에 없다. 인간은 결국 무엇인가를 선택할 수밖에 없는데, 이 선택이 우리에게 괴로움을 가지고 온다. 왜냐하면 인간은 선택하면서도 이 선택이 혹시 잘못된 것은 아닐지, 혹은 자신의 선택보다 더 나은 선택이 있을지 모른다고 걱정하기 때문이다. 이 걱정이 곧 '불안'이며 우리는 세상을 사는 한 이에서 벗어날 수 없다.

　그뿐이랴 타인의 선택과 나의 선택을 비교하며 끊임없이 자기를 의심하게 된다. 사르트르는 이런 불안을 해소하기 위해 자신의 자유와 선택을 인정하고 책임을 받아들이라고 한다. 뭔가 복잡한 이야기 같지만, 간단히 이야기하면 어떠한 선택을 하든지 그 선택에는 나름의 의미가 있다는 이야기다. 스스로 그 선택을 책임지는 한 그 어떤 선택도 괜찮다는 이야기다.

　그렇다고 독불장군이나 자기확신에 빠진 투자자가 되라는 이야기는 아니다. 적어도 정보와 소음은 구분할 수 있고, 그중 소음은 무시할 수 있는 확신을 가지고 있어야 한다. 우리는 소음 속에 산다. 우리를 혹하게 하는 수많은 소문 중에 실제 정보로써 가치가 있는 것은 얼마나 될까.

　네이트 실버는 그의 저서 《신호와 소음》에서 우리의 삶은 불확실성을 동반할 수밖에 없음을 직시해야 한다고 운을 뗀다. 그리고 수많은 소음 속에서 '정보'를 찾아낼 수 있어야 유의미한 예측이 가능하다고 이야기한다. 이는 학습과 실행, 실패로부터 얻는 피드백으로 다시 관점을 가다듬는 과정을 반복하면서 가능하다. 네이트 실버는 이를 '확률적 사고'라고 이야기했다. 언뜻 그게 무슨 확률적 사고냐는 생각이 들겠지만, 베이지안 모델 Bayesian Model 을 떠올려 보면 그의 이야기가 이해된다. 베이즈 확률론에서는 이전의 경험과 현재의 증거를 통해 미래의 확률을 산출하는 방식을 주로 이용하는데, 그는 베이즈 확률론을 현실에 적용하는 가장 실용적인 사례를 제시하지 않나 싶다.

투자라는 직업의 속성상 불가피하게 미래를 예측해야 하는 시점을 마주한다. 그리고 이러한 특성 때문에 투자가 힘든 것 같다. 보통 예측은 틀리기 마련이니까. 그래서 세상이 아주 난해한 복잡계의 특성을 보인다는 것, 그리고 어떤 사건은 확률로써 존재할 뿐이라는 사실을 알고 이에 '대비'하는 것이 투자인 것 같다. 사실 확률적 사고로 미래에 대응하는 채비를 갖춘다고 해서 결과가 다 좋은 것은 아니다. 앞서 언급한 투자의 대가라는 이들도 많은 실패를 거듭했다고 하니 말이다. 투자하는 한, 어쩌면 우리는 계속 틀리고 실수할 수밖에 없을지도 모른다. 다만, 이 과정을 어떤 마음으로 반복하는지가 차이를 만들어 내는 게 아닐까. 실패에 좌절하고 평정을 잃지 말자는 이야기다.

좀 틀리면 어떤가. 삶이라는 게 틀리기 마련이고 계획은 엇나가는 게 정상 아닌가. 문제는 거기서 어떻게 회복하느냐일 것이다. 어떤 실패가 있더라도 툭툭 털고 일어나는 자세가 우리의 라이프 스타일의 마지막 단추를 채워주지 않을까?

내가 존경해 마지않는 건축가 안도 다다오가 이야기한 '스스로 자신을 용서

하는 방법'을 공유하고 싶다. 안도 다다오는 어려운 가정 형편으로 고등학교를 겨우 졸업하고 복싱 선수와 트럭 운전사 등을 거치다 아무런 경력 없이 건축 설계 일에 뛰어든다. 그의 나이 24살 때의 일이다. 혼자 무작정 집을 떠나 일본과 유럽 등을 돌아다니며 건축물을 탐방했다. 일본으로 돌아와 일거리를 따려고 했지만, 의뢰는 들어오지 않았다. 28살에 '안도 다다오 건축 사무소'를 설립해 버리고 마는데, 설립하고도 일은 한동안 들어오지 않았다고 한다. 주위의 멸시와 무시 속에서 번번이 일을 잡지 못하다가 30대 중반에서야 첫 단독 작업 '스미요시 주택'을 완성한다. 1976년 그가 35살 때의 일이다.

이후 20년간 왕성한 활동을 했고, 1994년에는 건축계의 노벨상이라 불리는 프리츠커상을 수상했다. 현재 그의 나이 83세. 얼마 전 오사카에 위치한 그의 건축 사무소를 찾아갔을 때(구경 갔을 때라는 표현이 더 적절하겠다) 그의 차가 사무실 앞에 세워져 있는 것을 봤다. 아직도 왕성한 활동을 한다고 하던데, 놀라웠다. 그는 두 번의 암 진단을 받고 다섯 개의 장기를 떼어낸 이력이 있다. 83세의 나이에도 현역으로 활동을 하며 '꿈이 있는 한 나는 청춘'이라고 이야기한다. 《나, 건축가 안도 다다오》라는 책과 여러 인터뷰에서 그는 자기가 역경을 이겨내는 비결을 소개한 적이 있는데, 그중에서도 2016년도 다큐멘터리 〈안도 다다오〉에서 그가 했던 말은 나에게 지금까지도 큰 위로가 되고 있다.

"뭐. 실패한다고 해서 죽진 않으니까. 인생 한 번인데 안 되면 (자신에게) 사과하지 뭐. 껄껄껄."

찾아가 찍었던 안도 다다오의 첫 작품 '스미요시 주택'

아주 짧은 이야기였지만, 그의 말에서 그가 얼마나 자기 자신과 친한지를 알 수 있었다. 자신을 엄격하게 다루면서도 동시에 관용적일 수 있다는 점이 인상적이었다. 이는 그의 실존적 삶의 역사를 가장 잘 응축한 말이 아닐까.

결국 우리가 따라야 하는 것은 성공한 이들의 능력이나 비결 같은 것이 아닐지도 모른다. 그들이 보여주는 삶의 방식이 더 본질이다. 그들이 어떻게 업적을 이루고 부자가 되었는지를 보지 말고 그들이 어떻게 삶을 충만히 가꾸었는지, 또 어떻게 자유를 얻게 되었는지를 유심히 살펴보자. 그들의 성공과 비결을 외면하고 삶에 다가설 때 그들의 성공과 비결에 가까워지는 역설이 가능할지도 모를 일이다.

괜찮아

투자자는 감시가 아닌 응원을 하는 사람

○

벤처캐피탈에 근무했을 때, 이전 회사에서 함께 근무했던 동료가 연락을 해왔다. 전화를 받자마자 친구는 격렬한 분노를 쏟아냈다. 자기가 투자 유치 과정에서 겪었던 일을 이야기하면서. 무슨 일로 그렇게 화가 났냐고 물었더니 잠시 숨을 고르고는 그날 있었던 일을 이야기하기 시작했다. 디자이너로 일했던 친구는 디자인 테크 스타트업을 준비 중이었다. 사업을 구체화하고 어느 정도 개발이 이루어진 시점에 투자를 알아봤다. 동료는 주변 지인에게 투자자를 수소문했고, 그러던 중 초기 투자를 전문으로 하는 액셀러레이터를 소개받았다. 그곳의 대표는 성공적인 창업과 엑시트 경험으로 나름 유명세를 타던 사람이었다.

"아니 내가 왜 그런 취급을 받아야 하냐고. 마음에 들지 않으면 투자 안 하면 되는 거잖아. 왜 그런 식으로 모욕을 주느냐 말이야."

투자자를 만난 자리에서 그는 한 시간 반이나 인격 모독을 견뎌야 했다며 분개했다. 투자사 대표는 그를 마주하고 몇 마디 말을 나누고는 대뜸 "나에 대해서 얼마나 알아보고 왔나요?"라는 질문을 했다. 잘 모른다고 대답하자 사업 설명도 듣지 않은 채 자기가 얼마나 대단한 사람인지를 설명하더란다. 한참 장광설을 늘어놓더니, 막상 사업 소개를 시작하려 하자 투자사 대표는 일 분이 멀다 하고 끼어들었다. 그렇게 사업을 하면 투자는커녕 생존도 어려울 거라면서 면박을 줬다. 그러다 갑자기 학교는 어디 나왔는지, 직장은 어디를 다녔는지, 집은 잘사는지 등을 물어보더니 다시 자기 자랑 시간으로 돌아갔다. 자기가 얼마나 통찰이 있는지, 자기가 투자한 회사가 얼마나 대단한지를 늘어놓더란다. 지인은 그 한 시간 반을 '감정의 배설로 점철된' 시간이었다고 회상했다. 무엇보다 어처구니가 없는 것은 그렇게 해 놓고 마지막에는 선심 쓰듯이 밸류를 절반으로 깎으면 투자해 주겠다고 이야기를 한 것이었다. 지인은 이렇게 이야기했다. "평생 잊기 힘든 기억으로 남을 것 같고, 그 인간을 다시는 마주하고 싶지 않다"라고.

심사역을 평가하는 누구머니*에 들어가 보면 무례하고 거만한 심사역에 대한 원성을 어렵지 않게 찾아볼 수 있다. 예전에 모 대학의 창업경진대회에서 만났던 어느 투자사 대표는 발표하는 학생 창업자를 윽박질렀다. 회사의 사업 아이템이 마음에 들지 않으면 좋은 점수를 주지 않으면 그만일진대, 다른 심사위원과 관객 앞에서 발표하는 학생을 면박 주기에 여념이 없었다.

---

* 벤처캐피탈리뷰 사이트 누구머니 : https://nugu.money

평도 대부분 "아니 그것도 모르면서 어떻게 스타트업을 하겠다는 거예요?"라는 식이었다. 말끝마다 "그거 내가 해봐서 아는데…"라는 사족을 붙여 가면서 말이다.

이는 비단 초기 기업을 검토할 때나 창업경진대회에서만 일어나는 일이 아니다. 업계에서 제법 이름이 알려진 투자사 대표는 회사의 아이템에 따라 스타트업을 대하는 온도 차가 극명했다. 회사가 가진 아이템이 좋을 때는 세상 친절하다가도 어딘가 마음에 들지 않으면 가지고 온 제품을 던지거나 회사가 주장하는 밸류가 이치에 맞느냐고 무안을 줬다. 어떤 유통업체의 IR 도중에는 그들이 판매하는 상품이 맛없다며 트집을 잡기도 했다. 그들은 초기 회사도 아니고 이미 제품을 성공적으로 개발했거나 사업을 제법 잘 영위하던 회사였다. 사업을 배워야 할 회사가 아니고 앞으로의 빠른 성장을 위해 조력을 구하던 회사였다. 회사가 마음에 들지 않으면 투자하지 않으면 될 일이다. 왜 그렇게 모욕을 주는 것일까.

이런 사람은 진심으로 스타트업을 걱정해서 그렇게 이야기하는 걸까? 그건 아닐 거다. 아무리 좋게 생각해도 스타트업을 그렇게 취급하는 건 누구에게도 이익일 수 없다. 그럼에도 업계에서 이런 모습을 어렵지 않게 찾아볼 수 있다는 것이 문제다. 이런 이들이 업계 곳곳에 포진해 있다. 어쩌면 이건 업계의 공통 코드에 가까운 것은 아닐까? 가끔은 그런 느낌이 들기도 한다.

샤덴프로이데Schadenfreude는 비교로부터 오는 감정이다. 남의 불행을 보고 기뻐하는 것을 샤덴프로이데라고 한다. 독일어로 Schaden은 '손해'를 뜻하고 Freude는 '기쁨'을 뜻하니 말 그대로 불행을 기뻐하는 감정이다.

이러한 감정은 보편적이다. '당신도 그런 감정이 있어!'라고 하면 불쾌해 할 수도 있겠지만, 인류가 진화로부터 얻은 보편적인 심리 코드다. 사회적 비교가 점점 강도를 더해가는 요즘 세상에 이런 감정은 '들키면 안 되지만 누구나 마음 한구석에 지닌' 그런 공공연한 감정이다.

다시 이야기하지만, 이는 부끄러워할 감정이 아니다. 이런 감정이 우리를 지금 이곳까지 데리고 왔으니 말이다. 그런 이야기가 있다. "곰으로부터 살아남기 위해서는 곰보다 빨리 뛸 필요가 없다. 그저 당신 옆의 사람보다 빨리 달리기만 하면 된다." 이 이야기는 사회적 비교가 생존에 어떻게 이바지하는지를 적절히 축약한 예다. 문명화된 사회에서는 더 이상 생존을 걱정하지 않아도 괜찮지만, 사회적 비교의 본성은 우리 안에 남았다. 내가 옆 사람보다 앞서고 있는지, 혹은 뒤처지고 있지는 않은지, 우리의 생존 본능은 무의식 중에 그런 비교를 독려하는 중이다. 비교는 본능에 가깝다. 우리의 삶에 내재한 불안을 가라앉히기 위해서라도 어느 정도의 비교는 불가피한 측면이 있다. 비교 우위는 우리에게 잠시나마 안심을 가져다준다.

사회적 비교는 잔인하다. 욕망의 크기가 클수록, 그리고 관계의 밀도가 높을수록 비교의 강도는 강해진다. 그래서 관계가 촘촘하고 경쟁이 치열한 도시는 비교를 부추긴다. 도시에서는 자신을 뽐내고 타인을 폄훼하는 것이 일상화된다.

비교는 전방위적이다. 공부, 취업, 승진뿐만 아니라 심지어 사랑과 우정까지도 비교 우위를 떠나 생각하는 것이 어려워졌다. 하지만 아이로니컬하게도 불안을 해소하고자 사회적 비교를 반복할수록 불안은 더 커진다. 불안을 해결하기 위해서는 남과 비교하기보다 욕망을 줄이고 관계의 밀도를 낮추어야 한다. 하지만 그게 어디 말처럼 쉬운가. '나는 이미 안전하니 쓸데없이 남과 나를 비교하지 않아도 괜찮아'라는 마음은 '깨달음'에 가까운 감정이다. 자기 이해를 통한 자아 형성*을 겪어야 비로소 얻을 수 있다.

집단의 관점에서 경쟁과 비교는 효율성을 제고하는 수단처럼 여겨진다. 그래서 우리의 학교, 회사, 사회는 경쟁을 독려하기도 한다. 하지만 이는 개인에게는 매우 해롭다. 미국의 심리학자 레온 페스팅거는 이와 관련한 가장 적절한 통찰을 제시한다. 페스팅거는 사람은 자기 능력, 성취, 가치를 증명하기 위해 자신을 타인과 비교한다는 '사회적 비교 이론'을 주장했다. 여기서 페스팅거는 사회적 비교가 자신감을 강화하거나 개선의 의지를 고취하는 등의 긍정적 측면을 가진다고 했지만, 동시에 부정적 감정을 동반할 수밖에 없다고 이야기한다.

　나보다 높은 곳을 바라보는 '상향 비교'는 동기부여라는 긍정적 감정을 불러오지만, 열등감이라는 독을 지닌다. 반대로 '하향 비교'는 자신보다 어려운 처지에 놓인 사람으로부터 자기만족과 안정감을 얻지만, 우월감과 교만이라는 부작용을 가지고 온다. 부작용을 배제한 비교라는 것은 존재하지 않는다. 우리는 쉽게 '비교'라는 수단을 선택하지만 정작 이런 피할 수 없는 해악에 대해서는 깊이 생각하지 못한다.

---

* 자아 형성은 나의 바람직한 모습과 그렇지 않은 모습 모두 나임을 자각하는 과정이다. 자기의 좋은 점과 나쁜 점을 그대로 마주했을 때 자기 이해가 시작된다.

소모적 비교로부터 나를 보호하는 방법은 무엇인가. 앞서 이야기한 대로 비교를 줄이기 위해서는 나를 이해하는 과정이 필요하다. 내가 비교 없이도 안전하다는 확신을 획득하는 과정 말이다. 하지만 이 과정은 의외로 많은 자원이 필요하다. 많은 시간을 들여 고민해야 하는 문제다. 그래서 효율이나 생산성과는 거리가 멀다.

효율성을 추구하는 집단은 개인이 자기 이해의 영역에 들어가기보다는 경쟁의 영역에 남아있기를 바란다. 직원이 만일 나답게 사는 것이 무엇인지를 고민하려 한다면, 이를 반기는 회사가 있을까? '그건 네가 알아서 하고 일단은 일에 집중해!' 이렇게 대응하는 곳이 대부분일 것이다. 심지어 그런 고민은 생산성을 낮춰 회사나 동료에게 피해를 준다고 이야기하기도 한다. 회사를 경영하는 자들, 팀을 이끄는 자들, 회사에 투자한 자들 모두 회사의 모든 이들이 경쟁의 영역에서 최선을 다하기를 고대한다.

비교로부터 얻은 우위와 안심은 금세 사라지고 만다. 누군가보다 낫다는 안심은 또 다른 누군가와의 비교로 희석되기 때문이다. 그래서 사람은 지속적 우위를 확보하려는 상황을 만들려고 한다. 지속해서 다른 이들을 통제하거나 영향력을 미치는 방식으로 말이다. 반복된 간섭과 참견으로 정서적 우위를 '구조화'시키려는 것이다. 페스팅거는 힘 있는 이들이 타인의 도전을 억제하여 심리적 안정을 추구하는 것을 두고 권위주의라고 칭했다. 권위주의 속에는 '권위'가 존재하지 않는다. 그저 누군가를 통제하거나 비난하는 행동을 반복하는 '속이 텅 빈 권력자를 위한' 구조에 불과하다. 그것이 실제 우위를 증명하지 못하지만 '우위를 차지한 것 같은 느낌'은 줄 수 있기에 권력자는 권위주의 뒤에 숨는다.

권력자가 비교에 취약할수록 권위주의적 행동을 남발하는 경향이 있다. 자기 영향력을 확인하기 위해서다. 거꾸로 말하면, 이는 자기의 영향력을 믿지 못해서다. '내가 진짜 영향력이 있어?'라는 질문은 확신의 부재로부터 기인한다. 권위주의의 실체는 힘의 과시가 아니다. 오히려 약점과 불안을 숨기려는 방어적 행동의 총체다.

정도를 달리하지만, 불행히도 권위주의는 우리 주변 어디에나 존재한다. 극단의 효율을 추구하고 구성원 개개인의 욕망이 자극되는 사회에서는 더 쉽게 권위주의가 등장한다. 질 들뢰즈와 펠릭스 가타리가 함께 쓴 책 《안티 오이디푸스》에는 '미시 파시즘$^{Micron\text{-}fascism}$'이라는 단어가 등장한다. 그들은 파시즘이 비단 국가나 거대 권력 구조에서만 탄생하는 것이 아니고 개인의 일상생활, 가정이나 직장 같은 작은 단위에서도 존재할 수 있음을 이야기했다. 개인 간에도 지극히 권위주의적이고 파시즘적인 관계가 등장할 수 있다는 것이다.

어떤 사람이 다른 사람을 함부로 대하는 걸 가지고 파시즘까지 운운하는 것이 '오버' 아니냐고 이야기할 수도 있다. 하지만 다른 사람을 감정 해소의 도구로 사용하는 것을 두고 어찌 예민하지 않을 수 있는가. 간혹 그들에게 왜 그런 식으로 사람을 대하느냐 물어보면, 그들 또한 스타트업을 걱정하는 마음에 그렇게 폭언과 무시를 쏟아낼 수밖에 없었다고 이야기한다. 그리고 좋은 본보기를 제시하려고 자기 자랑을 했다고 이야기한다. 그 속마음이 어떤지 확인할 길은 없지만, 아무리 좋게 둘러대도 그것은 그저 폭력에 불과하다.

이는 투자 후 주주로서 해야 할 역할과 태도 관점에서도 볼 수 있다. 간혹 자신이 투자한 스타트업을 다그치는 심사역이 있다. 그들은 투자한 회사의 긍정적 성장을 위해 불가피하게 강한 언어로 이야기할 수밖에 없다고 한다. 그리고 그런 다그침이 효과를 본다고 믿고 있다. 이 이야기에 부분적으로는 동의한다. 하지만 그런 강력한 조언이 필요한 경우는 제한적이다. 가령 경영에 있어 즉각적인 문제를 초래할 수 있는 실수에 대해서는 즉각적이고 단호하게 이야기해야 한다. 하지만 대부분은 훈계해야 할 내용이라기보다는 함께 토의해서 풀어나가야 할 문제다.

나는 가끔 기업의 사후관리, 그러니까 투자 후에 기업이 잘 성장하는지를 지켜보는 과정이 육아의 과정과 굉장히 비슷하다고 생각한다. 육아의 방식이 사람마다의 관점이나 가치관에 따라 다르다는 의미로 그 이야기를 하기도 하고, '진짜 정답'이 무엇인지 참 알기 어렵다는 점에서도 그 둘이 비슷하다고 생각한다. 그리고 무엇보다 육아와 사후관리의 목적이 비슷하다는 점에서, 그러니까 우리가 가져야 할 궁극적 지향이 그들의 '건강한 성장'이라는 점에서 비슷하다고 생각한다. 그러한 지향을 위해서 심사역은 꾸중과 질타보다 응원과 지지를 더 우선해야 할 것이다. 하지만 많은 투자자가 선견지명이랍시고 시장의 미래와 기업의 앞날을 예견하며 '그런 방식으로는 안 돼!'라고 이야기하는데, 그게 얼마나 효과가 있을지 모르겠다.

여담으로 '선견지명'은 믿을 것이 못 된다는 이야기도 하고 싶다. 복잡계에서 살아가는 우리가 미래를 예측한다는 것이 얼마나 무모한 일인가. 만일 성숙한 심사역이라면 누구보다도 이 사실을 잘 알고 있을 것이다.

몇 해 전 아는 심사역 중 하나는 "테슬라의 자율주행은 절대 성공하지 못할 것"이라고 확언했다. 당시, 테슬라는 이미 자율주행을 차량에 탑재해 미국에서 팔기 시작하던 시기였다. 그 심사역은 곧 주체할 수 없는 사고의 증가와 안전에 대한 우려로 미국에서도 자율주행 기능을 뺄 수밖에 없을 것이라 예상했다. 그리고 한국에는 수출조차 힘들 것이라고 덧붙였다. 심지어 "손을 장에 지진다"라고도 했으니 꽤 확신이 있었던 모양이다. 그가 관련 분야를 전공하고 유관 경력을 가지고 있었기 때문에 많은 이들이 그의 말을 귀담아들었다. 요즘도 그런 이야기를 하고 다니는지는 모르겠다. 시장의 향방과 관련된 장담 수준의 전망은 누가 했든지 간에 틀리기 십상이다. 사실 이런 예측은 운의 영역이다. 설령 맞췄다 하더라도 그저 운이 좋았을 뿐 선견지명은 아니다.

나는 심사역이 개입할 수 있는 선이 있다고 생각한다. 어느 회사를 검토하고 그 회사가 우량하게 성장할 것으로 예상해 투자했다면, 정말 심각한 실수가 아니라면 경영 상황에 빈번히 개입하는 것은 바람직하지 않다. 마치 아이가 좋은 어른이 되기를 바란다며 아이의 삶 작은 부분까지 개입한다면, 그 아이의 성장 가능성을 낮추는 결과를 가져오는 것과 비슷하다. 좋은 어른이 되기 위해서는 어린 시절 실수와 성공이 반복하고 좌절과 환희가 교차하는 시간을 보내야 한다. 아이의 좌절을 막는답시고 아이의 삶에 관여하는 것은 결국 아이에게 다른 형태의 좌절을 가져다줄 뿐이다.

많은 육아서가 설령 아이의 행동이 마음에 들지 않아도 곁에서 따뜻한 마음으로 지켜보고 응원하라고 한다. 그게 가장 좋은 길이라는 걸 누가 모르겠는가. 실천하기가 어려워서 그렇지…. 기업을 대하는 것도 크게 다르지 않은 듯하다. 애초에 믿고 투자했으면, '내가 당신을 계속 믿고 있다'라는 것만 보여주면 되지 않을까. 지지의 마음으로 지켜보다가 만일 나에게 도움과 조언을 요청했을 때 최선을 다해서 이바지하면 되지 않을까?

누군가는 한자리에서 꾸준히 응원하는 사람이 필요하지 않을까 싶은 마음에 나는 되도록 말을 아끼는 편이었다. 답답하고 화가 나는 때가 왜 없겠느냐마는 그냥 옆에 서서 지켜보려 노력했다. 같이 투자한 누군가는 나를 보고 "저 양반 저거 혼자서 착한 척은 다 하네"라며 불만을 터뜨리기도 했다. 그럴 때면 늘 같은 대답을 했던 것 같다. "다들 이렇게 저돌적인데 한 사람 정도는 조용히 응원할 필요도 있지 않을까요?"라고 말이다.

만일 지금 우리 사회에서 가장 부족한, 꼭 필요한 하나의 단어가 있다면 나는 '괜찮아'를 꼽을 것 같다. 최적 효율의 프레임에 빠져 출구가 없는 경쟁 상황에 놓인 우리에게 가장 필요한 말은 '괜찮다'라는 격려가 아닐까. 더 나은 커리어를 꿈꾸는 후배, 더 높은 목표로 정진하는 동료, 지금의 위치를 불안해하는 선배, 사업의 부침 속에 생기를 잃어가는 창업자, 투자 이후 걱정에 마음 졸이는 투자자, 이들과 이야기할 때면 나는 꼭 해주고 싶은 이야기가 있다.

"괜찮아. 지금까지 잘해왔잖아."

이런 내 생각이 너무 나이브하다며 도저히 동의할 수 없다는 이야기를 들은 적도 있다. 비록 길지 않은 투자 경력이지만 경험으로 나는 확신한다. "괜찮다"라는 위로의 말이 그 어떤 말보다 강한 동기를 제공한다고…. 그 어떤 말보다 창업자를 각성시킨다고 말이다.

언뜻 괜찮다는 말이 생산성과 효율성의 반대편 그 어딘가에 있다는 느낌이 들지만, 조금만 길게 보면 이런 말과 태도가 기업을 지치지 않고 성장하게 하는 데 가장 효과적이라는 생각을 한다.

어떤 일을 가장 잘 해내고 싶은 사람은 당사자다. 기업의 성공을 가장 바라는 것은 누구보다도 그 기업을 세운 창업자일 것이다. 그 사람 곁의 동료나 가족, 투자자가 아니고 당사자가 가장 간절하다. 만일 실패나 실수가 있다면 가장 아프고 괴로워할 사람도 창업자다. 지금, 이 순간에도 중압감과 스트레스를 이겨내며 성공을 목표로 싸우고 있을 것이다. 만일 그 사람의 진심을 믿고 투자했다면, 그들이 손을 내밀어 도움을 청하기 전까지는 조용히 응원과 지지의 뜻을 전하면 어떨까? 가장 절실한 사람에게 괜찮다며 이야기해 보는 건 어떨까?

끊어갑시다

불안을 극복하는 방법

○

집이 짓고 싶었다. 왜 그랬는지는 모르겠다. 건축에 흥미가 있었던 것도 아니고 딱히 주택에 로망이 있던 것도 아니었다. 결혼하고 첫 집을 회사 앞 전세로 시작해서 기혼자 기숙사와 직원 아파트를 거쳐 이 동네 저 동네 월세로 전전하는 것에 지쳤던 것일까. 그냥 어느 날 갑자기 집을 지어봐야겠다는 생각이 들었다. 나에게 맞는 공간, 아내가 원하는 공간, 그리고 아이가 즐거워할 공간을 만들어 보고 싶었다.

책부터 사 모았다. 그래도 한국의 단독주택의 비율이 전체 주거의 20% 정도는 되어서인지 집 짓기와 관련된 책이 제법 많았다. 건축 디자인과 설계 책도 들여다보았다. 그래도 꿈은 크게 가지라고⋯. 혹시 몰라 건축가도 머리에 넣어 두었다. 르코르뷔지에, 프랭크 로이드 라이트, 노먼 포스터, 안도 다다오 등을 보면서 로망을 키워나갔다. 특히 안도 다다오는 한때 너무 심취한 나머지 그의 건물을 보러 한국도 모자라 해외로 나간 적도 있었다. 한참 그렇게 로망이 부풀어 올랐을 때 소개에 소개를 거쳐 만난 설계사무소 소장님께 "노출 콘크리트!"를 외쳤다가 코웃음만 받은 기억이 난다.

투자사로 옮기기 전에 근무했던 인터넷 포털 회사, 그 회사는 2010년에 직접 사옥을 지었다. 지금은 바로 옆에 더 큰 건물을 지어 두 개의 빌딩이 나란히 서 있다. 그러다 보니 회사에는 사옥을 설계하고 짓고 관리하는 역할을 하는 부서가 있었다. 사옥팀에 가구를 전공하고 실내 디자인을 했던 직원과 친했다. 신사업 셋업을 하다 보면 으레 공간을 디자인하고 구축하는 일이 필요하기 마련인데, 그때마다 함께 일하며 가까워졌다.

"제가 이번에 집을 지어보려고 해요. 근데 아무것도 몰라요. 혹시 설계를 도와줄 사람이 있을까요?"

"앗. 안 그래도 회사에 집을 짓고 사는 형님이 계시는데요, 형수님이 건축사셔서 설계를 직접 했다고 들었어요. 위치가 용인이고 집이 정말 괜찮던데. 한번 소개해 드릴까요?"

그렇게 우리 집을 설계해 줄 사람을 찾았다.

설계는 대략 6개월 정도가 걸렸다. 빔프로젝터가 설치되어 있고 음악 감상과 게임이 가능한 아빠 방. 디귿 모양으로 꺾어지는 거대한 싱크대가 있는, 아내의 요구사항이 반영된 주방 겸 거실 공간. 세 개의 천창이 나란히 있어 잠들기 전에 별과 달을 볼 수 있는 두 아이의 방. 이런 요구사항을 설계에 차근차근 반영하다 보니 반년의 시간이 금세 지나가고 말았다. 설계가 진행되고 시공이 이루어지는 일 년여의 시간 동안 나의 아이덴티티에는

'건축'이라는 카테고리가 새롭게 생겨났다. 시간이 되는대로 흥미로운 건축을 보러 다녔고, 최근 세계적으로 이름을 알리기 시작하는 여러 한국의 건축가도 알게 되었다.

조민석 소장은 그 당시 나를 가장 심취하게 했던 건축가다. 건축 사무소 매스스터디스 MASS STUDIES의 대표인 조민석 소장은 뇌과학자 정재승 교수의 집을 설계하기도 했고, 카카오의 제주 사옥 '스페이스 닷 원', 강남역에 있는 '부띠크 모나코', 여의도 'S트레뉴 타워' 등 명작이라 불릴만한 건물을 설계했다. 2014년 베니스 비엔날레 건축전에서 황금 사자상을, 2024년에는 서펜타인 파빌리온 Serpentine Pavilion에 참여하기도 했다. (서펜타인 파빌리온에 참여한 이들이 몇 년 뒤 프리츠커상을 받는 경우가 많아 '프리츠커의 전초전'이라고 불리기도 한다) 한동안 그의 건축에 심취해서 그가 설계한 건물을 보러 다녔나.

그러다 최근 그의 인터뷰를 봤는데, 굉장히 흥미로운 내용이 있었다. 2024년 서펜타인 파빌리온 행사에서 조민석 소장은 미래 세대의 건축가에게 해주고 싶은 이야기가 있느냐는 질문을 받았고 이렇게 대답했다.

"나는 두 가지를 잘하라고 이야기하고 싶습니다. 하나는 자신을 스스로 격려하는 거예요. 당신이 특별하다는 생각을 가져요. 세상이 당신의 능력을 원한다고 생각하십시오. 당신이 어떤 능력을 갖췄든지 간에 세상은 그 능력이 필요할 겁니다. 그 능력을 영원히 간직하세요. 당신에게 필요한 또 다른 생각은 '그렇게 특별하지는 않다'라는 거예요. (웃음) 그 생각은 당신이 고립되는 것을 막아줄 겁니다. 그런 생각을 하고 있어야만 당신의 생각이 확장할 수 있는 토대를 만들 수 있습니다."

언뜻 듣기에는 모순적인 이야기다. 자신을 특별하다고 생각하는 동시에 그렇게 특별한 것은 아니라는 생각을 하라니…. 그런데 그가 2008년에 했던 비슷한 인터뷰를 보면 2024년도의 인터뷰가 조금 이해가 되기도 한다. 2008년에도 그는 미래의 건축가에게 조언해달라는 부탁을 받았는데, 거기서 조민석 소장은 이렇게 대답한다.

"자신을 믿어야죠. 결국은 해낼 수 있다고 자신을 스스로 북돋는 수밖에요. 저도 방황합니다. 자신을 의심하고요. 지금 내가 하는 방향이 맞는 것인지 알 수가 없으니 답답하기도 합니다. 하지만 결국 그런 방황과 의심, 좌절이 결국은 좋은 선택으로 나를 이끌 거라는 것을 확신해요."

결국 그의 말은 자기 확신으로 불안을 이겨야 하지만, 자기 확신에 빠져 자신을 고립시키는 일은 없어야 한다는 이야기일 것이다.

벤처캐피탈의 투자도 많은 불안을 동반한다. 그 불안은 중압감으로부터 기인한다기보다는 결과를 예측할 수 없는 일종의 '공허'에서 오는 불안일 것 같다. 한번 투자하면 결과를 얻기까지 몇 년은 기본으로 기다려야 한다. 대부분 투자가 3~4년은 기다려야 결과를 받을 수 있으니 투자하면서도 불안하다. 중간에 경과를 살피긴 하지만, 기간이 긴 만큼 변수를 통제하기가 쉽지 않다. 그래서 많은 투자자가 투자와 회수의 간격이 짧은 것을 선호하는지도 모르겠다.

이런 상황에서 우리는 어떻게 불안을 다룰 수 있을까? 앞서 실존주의 철학자의 '불안을 다루는 방법'을 이야기한 바 있지만, 어디 그게 말처럼 쉬운가. 말하자면 멘탈을 다잡고 '나의 선택은 의미가 있어'를 의식에 내재화하라는 것인데, 그런 사람이 어디 그리 많겠는가. 실존주의 철학을 체득하지 못한 사람은 전부 다 불안에 녹아버리라는 것인가. 과거 실존주의 철학이 등장하기 전에도 사람은 불안 속에서 살았고, 그 불안을 잘 다루면서 살았지 않은가. 우리는 역사를 통해 개인, 혹은 집단이 불안을 다루는 방법을 터득해 왔다. 인지하지 못해서 그렇지…. 물론 과거에는 종교와 무속의 영역이 절대적이었겠지만 그렇지 않은 영역에서도 우리는 불안을 다루어왔다.

대표적인 방법이 축제다. 불안을 이야기하다가 갑자기 무슨 뚱딴지같은 소리냐 싶겠지만, 인류의 삶에서 축제는 단순한 즐거움 이상의 의미가 있다. 명절을 사전에서 찾아보자. 명절은 "오랜 풍속에 따라서 온 나라 사람이 즐겁게 보내도록 계절에 따라 택하여 정해진 날. 정월의 설날과 대보름, 이월의 한식, 사월의 초파일, 오월의 단오, 유월의 유두, 칠월의 백중, 팔월의 추석, 십일월의 동지 따위"라고 되어있다. 절기마다 돌아오는 축제를 '명절'이라고 부르는 것이다. 농경시대, 절기마다 체크 포인트를 만들어 일의 진척과 성과를 서로 나누며 확인하라는 의미에서 만들어 둔 것이 명절이다. 이런 명절이 없었다면 농경시대 일의 시작과 맺음은 모호했으리라.

 단순히 절기만 있어도 농사를 짓는 데는 큰 문제가 없겠지만 인류는 명절을 만들어 모두 함께 일의 시작과 끝을 축제로 장식했다. 축제를 즐기며 일에 사회적, 개인적 의미를 부여했다. 그렇게 의미가 생기면서 개인과 집단의 불안을 낮춘다. 여기서 중요한 건 '의미'다. 매년 반복하는 일일지언정 사람은 서로 덕담을 주고받으면서 서로가 얼마나 애썼고 그것이 얼마나 의미 있었는지를 확인한다. 설령 스스로가 일의 '의미'를 찾아내지 못하더라도 명절과 같은 분절을 통해 '의미'가 만들어질 수 있다는 이야기다.

이런 것이 농경사회의 전유물만은 아니다. 사람은 본능적으로 의미를 만들기 위해 '분절'을 만들어 왔다. 축제는 현대의 삶에도 존재하지 않은가. 학생은 철마다 개학과 종업을 통해 공부의 분절을 나눈다. 규칙적으로 중간고사와 기말고사를 치르고, 조금 더 큰 단위로 보면 입학과 졸업도 있다. 대학생은 개강파티며 종강파티를 통해 더 큰 축제의 판을 벌이지 않던가. (요즘 대학생도 개강파티와 종강파티를 하는지는 모르겠다) 이것도 다 의미를 부여하는 행위다. 운동선수는 철마다 돌아오는 대회와 몇 년에 한 번씩 돌아오는 큰 대회를 준비하며 시간을 보낸다. 시즌의 시작과 끝을 전지훈련으로 채우며 마음을 다잡기도 한다. 학자는 고정적으로 개최하는 연례학회를 통해 축제를 벌이고 공무원 역시도 연례행사를 통해 시간을 나눈다.

이런 분절은 지난 시즌 내가 한 것들을 총평하고 다가올 시즌을 준비하는 계기가 된다. 부분의 반복을 통해 긴 시간의 지루함과 불확실성을 버티는 것이다. 그뿐만 아니다. 부분의 반복을 통해 전체를 이해하는 토대가 마련되기도 한다. 말하자면 매년 반복되는 축제와 분절에서 의미를 축적하다 보면 인생의 흐름과 존재의 의미까지 도달할 수 있다는 이야기다. 만일 이런 분절이 없다면 어떻게 될까? 비약이 심해 보일 수도 있겠지만 부분의 의미를 되새길 새 없이 삶이 불안 속에서 부유할 수도 있다.

마틴 하이데거는 이를 두고 '해석학적 순환'이라고 했다. 이미 지나온 시간의 분절에서 찾은 의미가 다가올 시간의 의미가 된다는 뜻이다. 이러한 의미의 순환을 반복하다 보면 더 큰 이해에 도달할 수 있다. 어려운 책도 통째로 이해하는 것보다 챕터로 나누어 반복해서 읽다 보면 이해가 되는 것처럼 말이다. 그는 선이해/선입견이라는 관점을 이야기했는데, 부분에서 얻은 선이해(선입견)가 순환하며 변화, 축적되면 더 큰 맥락으로 연결된다. 이 과정에서 앞에서 이해한 것들(선이해)이 다음을 이해하는 데 도움을 주기도 하지만, 새롭게 익힌 개념이 기존의 이해를 수정하게 만들기도 한다.

해석학적 순환이 전체를 이해하는 데 유용하지만 주의해야 할 점도 있다. 작은 조각을 잘못 이해하면 다음을 이해하는 데 어려움을 느끼게 되고 간혹 오해를 만들기도 한다. 특정 조각에 빠져들어 고립되는 것도 문제다. 특정 부분의 의미를 지나치게 확장하거나 부분에 머물면 논점이 고립되고 만다. 모든 이해는 맥락적이다. 그래서 고립된 부분만으로는 전체를 이해할 수 없다. 앞서 이야기한 조민석 소장의 이야기랑 상당히 비슷한 느낌이 들지 않는가?

우리의 삶은 충분한 분절로 나뉘어 있는가? 불행히도 많은 직장인이 쉬지 않는다. 딱히 나의 일을 되돌아볼 계기도 없다. 회사가 끊어주면 어떨까. 직장생활을 처음 시작하던 2000년대만 하더라도 회사 안에 행사가 많았다. 회식도 달에 한 번씩 있었고 내가 속했던 사업장은 사업장 전 직원, 수천 명이 참여하는 축제를 열기도 했다. GWP^{Great Work Place} 행사라고 해서 회식 이외의 활동을 독려하기도 했다. 그 외에도 연례행사라고 불릴만한 것들이 제법 많았다. 점차 작은 회사로 이직을 거듭해서인지, 아니면 시대의 변화인지는 모르겠지만 체감상 회식과 행사의 수는 점차 줄어드는 느낌이다.

벤처캐피탈의 심사역은 프리랜서 같은 느낌으로 일을 한다. 월급이 고정적으로 나오니 프리랜서라 부르기 무리가 있겠지만 업무의 독립성이나 회사와 직원의 연결이 느슨하다는 측면에서 업계의 많은 이들이 자신을 '프리랜서' 같다고 이야기한다. 이렇게 회사와 느슨한 연결 관계를 맺다 보니 이들을 한데 모아 정기적인 행사를 한다는 것이 쉬운 일은 아닐 거다.

보통 벤처캐피탈은 분기 또는 반기에 한 번 포트폴리오 관련 회의를 진행하는데, 이 자리에서 투자한 기업의 현황을 공유한다. 축제보다는 '숙제하는 날'의 느낌이다. 투자 기업의 현황을 빠르게 훑으며 넘어가도 시간이 제법 걸린다. 규모가 있는 벤처캐피탈이라면 아침 이른 시간에 회의를 시작해서 저녁쯤에 마친다. 다른 사람의 발표를 하루 종일 듣는 데 여간 곤욕이 아니다. 빨리 이 시간이 끝나기를 고대하며 하루를 버틴다.

간혹 정기적으로 워크숍을 진행하는 벤처캐피탈이 있기도 하다. 심사역이 자신의 투자 콘셉트나 투자 철학을 공유하게끔 한다. 누구는 진지한 자기의 생각을 밝히기도 하고, 다른 누구는 가볍게 투자와 관련된 현황을 발표하기도 한다. 별거 아닌 것처럼 보이는 이런 자리는 사실 심사역에게는 지치지 않고 일할 수 있는 굉장히 유익한 자리다. 본인이 지난 반기, 혹은 일 년간 검토하고 투자했던 기업을 돌아보고 왜 이들에게 투자했는지를 돌아본다. 의미가 크건 작건 간에 심사역이 그걸 설명하는 것만으로도 투자에 의미가 부여된다. 그렇게 만들어진 의미가 다음 반기 혹은 다음 일 년 투자하는데 좋은 동력이 된다. 그렇게 억지로 만든 게 무슨 의미냐는 비판이 있을 수 있다. 하지만 이는 지나온 시간의 가치를 평가하는 자리가 아니다. 그 시간의 의미가 크든 작든 간에 '의미'를 부여하는 행위 자체가 중요한 것이다.

우리나라 사람은 '충조평판'을 잘 참지 못한다고 한다. 충고, 조언, 평가, 판단 말이다. 동료의 의미 부여에, 설령 충조평판을 하고 싶어 입술이 달싹거려도 참아야 한다. 분절은 축제여야만 한다. 기껏 내가 했던 일을 공유했더니만 '뭐 그따위냐!'라는 식의 비판이 이어진다면 그게 어떤 의미로 남겠는가. 그건 없으니만 못하다. 그건 분절이 아니라 단절이다. 새로운 불안과 불신이 만들어질 뿐이다.

더 많은 회사가 '명절'을 만들었으면 한다. 경영자는 '그럴 시간에 일이나 더'라고 생각할지도 모른다. 설령 회사가 분절을 만들어 주지 않더라도 우리 손 놓고 있지는 말자. 회사가 해주지 않으면 스스로 만들어야 한다. 정기적인 모임을 만들어 보는 거다. 고맙게도 나에게는 벤처캐피탈 십사역 시절 마음 터놓고 교류할 수 있는 서너 개의 모임이 있었다. 이들과 정기적으로 만났다. 업계 지인으로 구성된 이들 모임은 짧게는 한 달에 한 번, 길게는 분기에 한 번 만나 그동안 어떻게 살아왔는지부터 투자한 업체가 어떻게 성장하고 있는지, 어떤 어려움을 겪는지를 나눴다. 최근 관심 있게 보는 책도 공유하고 강연 자료도 주고받았다. 즐겁게 시간을 보내고 집에 오는 길에는 스스로가 충전된 느낌이었다.

별수 없다. 자꾸 시간을 나누고 의미를 부여해서 스스로 격려하는 수밖에…. 강물이 흘러가듯 일거리에 밀려 떠내려가는 직장인이 되지는 말자.

많은 회사와 조직이 마디를 만들었으면 하는 바람이다. 직원이 스스로 불안을 다루고 의미를 확인하는 것은 결국 회사에도 큰 득이다. 회사가 나서서 직원의 유희를 장려하라는 것에 어색해 말자. 언뜻 이상하게 느껴지기도 하지만 《노는 만큼 성공한다》라는 책도 있지 않은가.

매일 사는 대로, 하루하루 흘러가는 대로 살지 말자. 가끔은 끊고 의미를 음미하자.

2부
창업자들에게

시장도 언어가 있습니까?

사업을 하면서 꼭 알아야 할 시장의 법칙에 대해서

○

1896년 미국의 내셔널 카본 컴퍼니는 상업적으로 성공한 최초의 배터리 '에버레디Eveready'를 선보인다. 인류 역사 최초로 휴대용 전원 시장이 열린 것이다. 1800년대 이탈리아 과학자 알레산드로 볼타가 볼타전지Volta Pile를 개발한 지 200년 가까이 지난 시점이었다. 휴대 전원이 등장하자 시장의 반응은 뜨거웠다. 회사 이름도 제품을 따라 에버레디 배터리 컴퍼니로 바꾼다. 에버레디는 70년동안 시장을 지배한다. 1960년대까지 난공불락의 시장 지배력을 보였다. 많은 배터리 업체가 등장했지만, 에버레디의 시장점유율을 비슷하게라도 따라잡은 기업은 없었다. 간혹 에버레디보다 더 나은 배터리 성능을 보인 건전지가 등장하기도 했지만, 에버레디의 브랜드 아성을 무너뜨릴 수는 없었다.

점입가경, 1959년 에버레디는 기존 망간전지보다 훨씬 뛰어난 성능의 알카라인 배터리를 세계 최초로 시장에 선보인다. 특히 수명 면에서 기존의 망간전지보다 월등했다. 수명이 다할수록 전압이 급격하게 떨어지는

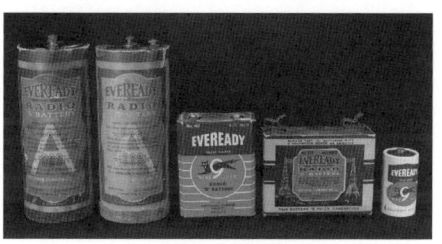

1920년대 에버레디 건전지

단점도 보완했다. 이제 에버레디는 더욱 공고한 시장 지배력을 확보하는 듯 보였다. 적어도 '듀라셀'의 알카라인 배터리가 등장하기 전까지는⋯.

1916년 필립 로저 말로리는 배터리회사 P.R.말로리를 설립했다. 1920년대 초, 화학자 사뮤엘 루벤이 합류하면서 P.R.말로리는 고성능 수은전지의 생산을 시작한다. 아주 뛰어난 성능으로 정평이 난 그들의 수은전지는 주로 군용으로 쓰였다. 전쟁 특수를 제대로 누린 P.R.말로리는 새로운 시장에 뛰어든다. 그들은 고성능 배터리로 건전지 시장을 공략한다는 목표를 세운다.

1965년 Durable Cell의 약자인 '듀라셀Duracell'을 브랜드로 내세운 P.R.말로리는 휴대용 전원 시장에서 주목받기 시작한다. 회사의 이름도 듀라셀로 바꾼다. 망간전지의 패러다임이 끝나감을 인지하고 듀라셀은 패러다임 전환기를 대비한다. 이들의 알카라인 배터리 기술개발은 에버레디에 비해 2~3년 정도 늦었지만, 마케팅을 통해 이를 극복하고자 한다.

듀라셀의 인지도 확보 전략은 이러했다. "알카라인 배터리는 곧 듀라셀"이라는 메시지를 시장에 던졌다. 지속적으로⋯. 검은색과 구리색의 배터리 디자인도 이때 나왔는데, 1971년에 등장한 디자인은 듀라셀의 브랜드 아이덴티티가 되었다. 이러한 브랜드 이미지를 앞세워 기존 망간전지를 대

체할 대안은 '듀라셀의 알카라인 배터리'라는 공식을 만들어 나갔다. 듀라셀에 앞서 알카라인 배터리를 출시했던 에버레디도 알카라인 배터리 라인업을 홍보했지만, 기존의 망간전지와 같은 브랜드명인 '에버레디'로 시장을 공략했다. 대중의 뇌리에 알카라인은 듀라셀이라는 인식이 생기자, 에버레디의 시장점유율은 점차 낮아지기 시작한다. 에버레디의 알카라인 배터리는 분명 듀라셀보다 앞서 시장에 등장했지만, 같은 이름의 망간전지에 더 익숙했던 소비자는 혼란스러웠다.

패러다임 전환기에 에버레디의 이런 전략은 오판이었을까. 야금야금 시장점유율이 떨어졌다. 하락은 25년이나 계속되었다. 1991년에 이르자 에버레디의 점유율은 듀라셀을 밑돌기 시작했다. 에버레디가 상황을 지켜만 본 것은 아니었다. 이미 1980년에 브랜드 전략을 수정하였다. 에버레디는 기존 패러다임의 상표인 '에버레디'를 버리고 '에너자이저 Energizer'로 알카라인 배터리 브랜드를 새롭게 선보였다. 회사로서는 큰 결정을 내린 것이다. 하지만 너무 늦은 것이었을까. 알카라인 배터리 패러다임의 시장 판도는 이미 듀라셀로 넘어간 뒤였다. 물론, 한국처럼 알카라인 배터리 시장에서 에너자이저가 브랜드 선점에 성공한 시장도 존재한다.

예를 들어, 한국 배터리 시장은 에너자이저가 수성 중이다. 듀라셀과 에너자이저는 1996년 같은 해에 한국 시장에 진출했지만, 공격적인 브랜드 홍보 전략을 가졌던 에너자이저는 '백만 돌이'라는 마스코트를 앞세워 한국 시장을 공략했다. 이 전략이 듀라셀보다 효과적이었던 것일까. 지금까지도 에너자이저가 한국 휴대 전원 시장의 50%를 차지하고 있다.

90년대 중반 이후 에너자이저는 어떻게든 듀라셀을 이겨보자는 생각으로 대규모의 브랜드 캠페인을 추진한다. 전략은 어마어마한 비용을 투입하여 듀라셀을 따라 하는 것이었다.

듀라셀은 1973년에 이미 '듀라셀 버니'를 선보였다. 오래가는 배터리를 상징하는 마스코트로 분홍색 토끼를 사용한 것이다. 그렇게 듀라셀이 점유율을 높이고 결국

듀라셀의 버니와 에너자이저의 버니

에너자이저를 넘어서자, 에너자이저는 비슷한 모양의 '에너자이저 버니'를 선보인다. 1989년이었다. 16년이나 늦은 시기에 "비슷한 소재로 브랜드 마케팅을 한다니, 창피하다!"라는 이야기도 있었지만, 이 캠페인은 나름 효과를 거두었다. 이게 온전히 토끼의 덕이라고 보기는 어렵지만, 90년대 두 회사의 격차가 좁혀지는 데 일조했다는 평이 많다.

지금은 두 회사가 비슷한 점유율을 유지하고 있다. 세계 점유율 1등은 여전히 듀라셀이지만, 두 회사의 격차는 많이 줄어들었다. 2020년 조사에서 듀라셀과 에너자이저는 각각 30%와 23%의 시장점유율을 보였고 2022년 조사에서는 29%와 25%의 시장점유율을 보였다.*

우리는 앞의 사례를 통해 새로운 패러다임을 시장에 소개하는 첫 회사가

---

* 미국 시장의 경우 두 회사의 격차는 제법 크다. 2024년 기준 미국 배터리 시장에서 듀라셀은 39.9%, 에너자이저는 26.4%의 점유율을 보이고 있다.

된다는 것이 얼마나 중요한지를 알 수 있다. "우리가 새로운 제품을 들고나 왔어요!"라는 메시지가 그 어떤 메시지보다도 강력한 힘을 가진다는 의미다. 시장에서 '아! 그 제품은 그 브랜드지!'라는 인식이 형성되면 웬만해서는 그것을 바꿀 수 없게 된다.

이러한 사례는 업종과 업태를 가리지 않고 찾아볼 수 있다.

하인즈Heinz: 1876년 최초의 토마토케첩*을 선보였던 하인즈는 지금까지도 압도적 시장 지배 사업자다.

질레트Gillette: 1901년 설립된 질레트는 안전면도기, 카트리지 면도기 시장을 열었다. 1926년 쉬크Schick가 등장하여 대등한 품질로 100년 넘게 질레트를 추격했지만, 단 한 번도 질레트는 1위 자리를 내준 적이 없다. 무려 100년이 넘는 시간 동안!

대일밴드: 밴드에이드 시장의 대명사인 대일밴드는 아직도 54%의 시장을 점유하고 있다. 1975년 우리나라에서 최초의 의료용 밴드로 출시된 대일밴드는 존슨 앤 존슨, 3M 등의 다국적 기업의 공세에도 굳건히 한국 시장 1위를 지키는 중이다.

캐논Canon: 수동 SLR 카메라 시장의 맹주였던 니콘은 자동 초점 카메라가 등장하는 시점에도 별다른 브랜드 전략이 없었다. 그 사이 캐논은 자동 초점 카메라 브랜드 EOS를 런칭하여 시장 공략에 나섰고 지금까지도 전문가 카메라 시장 1위를 지키고 있다.

---

* 생선, 토마토, 버섯, 허브 등을 넣어 만든 중국의 가즙(茄汁)을 보고 만들었다는 설이 유력하다.

SK텔레콤: 무선통신 시장에 가장 먼저 진출하여 T라는 브랜드를 구축한 SK텔레콤은 경쟁사와 비슷한 통화 품질을 갖고 있음에도 가장 높은 시장점유율을 유지하고 있다.

GM: 아무리 미국 내에서 자국 자동차 브랜드에 대한 비판 여론이 높다고 해도 GM은 미국 자동차 시장의 1위를 놓치지 않고 있다. 단일 시장에서 브랜드 효과는 강력하다. 국내 시장의 현대자동차처럼….

소니, 애플: 워크맨 패러다임이 지배하던 휴대용 음향기기 시장에서 워크맨을 발명한 소니의 지배력은 절대적이었다. 하지만 MP3가 등장하고 나서는 애플의 아이팟을 중심으로 시장이 재편되었다. 아이리버가 턱밑까지 따라간 적이 있었으나 역부족이었다.

이렇게 시장의 운명이 결정된 이후에는 웬만해서는 이를 바꿀 수 없다. 이를 뒤집으려면 새로운 판을 들고나와야 한다. 새로운 패러다임의 제품을 선보여야만 하는 것이다. '어떠한 경우에도!'라고 말할 수는 없지만 이런 시장의 규칙은 대부분 시장에서 유효하다. 이러한 '시장의 언어'를 잘 정리한 책이 있다. 알 리스와 잭 트라웃이 1993년에 출간한 《마케팅 불변의 법칙》은 제품이 시장에 진입할 때 어떠한 언어로 접근해야 하는지를 다룬다. 책은 '시장의 언어', 즉 시장을 설득하고 시장이 변하게끔 하는 전략을 망라했다. 이 책 이외에도 시장진입 전략과 관련된 무수한 책이 있겠지만, 이 책만큼 핵심만 추려서 사례와 함께, 쉽게 다룬 책은 매우 드물다.

이 책에서 다루는 '시장의 언어' 중에서 가장 강력한 메시지는 아마도 시장의 1등 기업이 어떻게 탄생하는지를 설명하는 부분일 거다. 앞서 설명한 '알카라인 배터리 시장'의 예에서 알 수 있듯이, 알 리스와 잭 트라웃은 시장에서 가장 먼저 새로운 패러다임으로 '인식'되는 제품이 그 시장을 지배할 가능성이 매우 높다고 강조한다. 여기서 중요한 건 단순히 최초로 '등장'한 제품이 아니고 대중이 '그 제품의 대명사는 이거지!'라고 인식하는 최초의 브랜드가 되어야 한다는 이야기다. 그렇게 대중의 뇌리에 각인되면 큰 이변이 없는 한 이는 잘 지워지지 않는다.

물론 아주 간혹 이러한 각인 효과를 넘어서는 마케팅이 등장하기도 한다. 안드로이드가 대표적인 예인데, 출시 초기 '안드로이드 마켓(지금은 구글 플레이 스토어)'에서 거둬들인 이익 일부를 통신사에게 분배하는 전략으로 아이폰이 선점한 스마트폰 시장을 뒤집으려 했다. 애플은 앱스토어 매출의 30%를 떼갔지만, 안드로이드는 30%의 절반, 그러니까 15%를 통신사에게 줬다. 통신사는 마켓 매출의 15%가 자기한테 들어오는 만큼 안드로이드폰을 더 팔아야 했다. 이 전략은 통신사가 전략적으로 안드로이드폰을 고객에게 판매하게끔 하는 효과를 거두었다. 오롯이 이 전략의 결과라고 보기는 어렵지만, 애플이 아이폰으로 2007년 1월 스마트폰 시대를 열었음에도 2010년에 안드로이드에게 시장점유율을 1위를 내주게 된다. 현재도 안드로이드는 70%의 점유율을 가지고 있다.

스타트업 대표 중에는 투자자와 만나 "현재 빠르게 성장하는 시장에서 점유율 일부만 가져와도 큰 성과를 거둘 수 있다"라고 이야기하는 이들이 있다. 하지만 시장의 언어에 따르면 아무리 큰 시장이더라도 비슷한 패러다임과 작은 개선으로 시장의 파이를 가져가기는 어렵다. 아니, 거의 불가능에 가깝다. 간혹 가능할 수도 있지만, 투자자로서는 이런 사업에 투자하는 것은 위험한 도전이 될 가능성이 높다.

스타트업은 판을 흔드는 아이템을 앞세워 시장을 공략해야 한다. 새로운 패러다임에 도전해야 한다. 피터 틸은 시장을 독점할 만한 아이템이 아니면 창업하지 말라는 이야기를 하기도 했다. 그만큼 시장의 벽은 두껍고 견고하다. 선발주자와 같은 조건, 같은 시장에서 싸우면 필패다. 새로운 패러다임이 아니라면 시장은 설득되지 않는다. "새로운 패러다임이 아니면 도전하지 마라!"라는 이야기가 막막하고 거창해 보여도, 가장 안전한 길을 안내해 주는 말일 수도 있다.

투자, 어떤 사람을 만나야 합니까?

어떤 투자자가 좋을까요?

○

"그걸 심사역님이 어떻게 알아요? 그게 그렇게 될 거라는 걸 어떻게 확신하십니까?"

2021년 2월이었다. 날씨가 매우 추워 건물 안에서도 스산함이 느껴지던 날이었다. 쌀쌀한 온도에도 권오현 대표의 관자놀이에는 땀이 송골송골 맺혔다. 숨은 거칠었다. 화가 난 것은 아닐까? 당혹스럽긴 했지만 나도 할 말은 해야겠다.

"제가 근거 없이 그런 말씀을 드리는 게 아닙니다."

요즘은 게임 대부분이 네트워크 기반으로 동작한다. 대부분이 온라인 게임이라는 이야기다. 다른 플레이어와 겨루기도 하고 채팅을 통해 이야기도 나눈다. 게임사에서는 실시간으로 순위를 제공하기도 하고 이벤트가 열리면 알림을 줘 이용자의 참여를 유도해야 한다. 이러한 일들을 모아서 한꺼번에 처리하기 위해 서버가 필요하다. 게임 플레이어가 바라보는 화면 뒤에는 이러한 게임 서버의 열일이 있다. 이런 서버를 '게임 백엔드 서버Back End Server'라고 부른다.

 일반적으로 '게임 개발'이라고 하면 멋진 캐릭터를 디자인하고 전투 시스템을 만드는 개발자를 떠올린다. 이들을 대부분 프런트엔드Front End 개발자 또는 클라이언트 개발자라 불린다. 이런 프런트엔드 못지않게 백엔드 서버를 효율적으로 개발하는 역량 또한 매우 중요하다. 이는 좋은 게임을 만들기 위한 필수 요소다. 그런데 백엔드 개발자의 수는 적고, 그러다보니 좋은 백엔드 개발자는 몸값이 높다. 백엔드 개발자를 구하지 못해 서버 개발에 어려움을 겪는 회사가 많다. 특히 개발 예산이 적은 중소 게임사는 더 많은 어려움을 겪는다.

권오현 대표는 이러한 상황을 보고 '쉽게 가져다 쓸 수 있는 게임 서버'를 만들어 공급하기로 결심한다. 그러면 게임사가 직접 서버를 개발하지 않아도 개발된 서버를 갖다 쓰면 된다. 이 사업 아이템으로 권 대표는 2017년 AFI를 설립한다. Agile Flexible Innovation의 약자다. (좋은 의미의 단어는 다 갖다 모은 느낌이다) 여하튼 AFI는 그렇게 시작되었다. 한동안 혼자 1인 개발사로 회사를 운영하던 권 대표는 이용자가 점차 늘자, 회사의 규모를 키운다. 직원도 뽑고 투자도 받았다. 세계적으로 비슷한 일을 하는 큰 회사가 있었지만 국내 시장에서는 권 대표의 AFI가 독보적이었다. 한국에서 구글에 '게임 서버'라고 검색하면, 가장 위에 노출되는 것이 AFI의 '뒤끝'이다. 우리나라에서 출시된 인디게임의 많은 수가 '뒤끝'을 이용하여 서비스를 제공했다.

2021년 2월 우리의 첫 미팅 당시 뒤끝의 서비스 가입자의 수는 2,700이었다. 1인 게임사부터 제법 규모가 큰, 인디게임을 막 벗어난 회사까지도 뒤끝을 사용하고 있었다. 조금 과장하면 '중소 개발사는 꽉 잡은' 상황이었다. 권 대표는 지금 상황을 이어 나가면 언젠가는 수익이 개선되겠다고 생각하고 있었다. (당시 AFI는 적자 상태였다)

나는 그 생각에 동의하기 어려웠다. 나는 권 대표에게, 만일 이렇게 인디게임 시장의 강자로 만족하기만 해서는 사업의 미래를 장담할 수 없을 거라고 이야기했다. 그래서 나는 투자 검토도 진행하기 어렵다고 이야기했다. 그 말에 권 대표는 화가 난 것이다. 아니, 화가 났던 것 같다.

나는 설명을 이어갔다.

"인디게임 대부분이 우리 회사의 제품을 사용한다는 점, 그건 정말 고무적인 일임은 맞습니다. 하지만 게임 시장이라는 게 롱테일Long Tail을 잡는다고 높은 수익이 보장되지는 않을 것 같아요. 지금 상황을 개선하기 위해서는 롱테일보다는 숏헤드Short Head의 대형 게임사를 더 적극적으로 공략해야…."

내 설명에 더 들을 것도 없다는 표정이 되고 만 권 대표. 고개를 작게 흔들었다. 그게 왜 중요하냐는 표정이었다. 당시 나는 게임 투자 경력도 짧았다. 더욱이 2017년부터 5년간 산전수전을 다 겪으며 회사를 이끌었던 권 대표에게는 나의 말이 근거 없는 이야기로 들렸을 수도 있을 것이다. 그 마음이 이해가 됐다.

"심사역님의 개인 의견이 아니라, 좀 더 근거가 될 만한 이야기를 들어보고 싶습니다."

화를 누르며 이야기하는 게 보인다. 이제는 조금 무섭기까지 하다. 하지만 설명을 이어가 본다.

"혹시 블록버스터 법칙이라고 아시나요? 롱테일이 아니라 숏헤드가 모든 이익을 독점한다는 이론입니다. 와튼스쿨의 교수 애니타 엘버스가 동명의 책을 내기도 했어요. 그 책을 보면…."

지금은 하버드 경영대학원의 교수가 된 애니타 앨버스는 멱법칙을 따르는 문화예술계, 스포츠계의 시장 특성을 분석해 《블록버스터 법칙》이라는 책을 낸 적이 있다. 이 책에서 그녀는 어떤 시장은 극단으로 갈수록 이익이 기하급수적으로 증가하는 경향이 있다고 설명한다. 마치 멱함수처럼 말이다. 실제로 미술, 음악, 스포츠, 영화 등의 시장에서는 가장 영향력 있는 제품이나 인물이 시장의 이익 대부분을 차지한다.

애니타 앨버스는 이러한 시장에서 롱테일 전략을 쓰거나 숏헤드와 롱테일을 두루 아우르는 포트폴리오 전략을 구사하는 것은 위험하다고 경고한다. 언뜻 시장을 두루 공략하여 안전할 것 같지만, 그건 오히려 리스크만 키우는 꼴이 된다고 했다.

이 책은 2006년 두 영화사가 구사했던 다른 전략을 예로 들었다. 워너 브라더스는 2006년 예산 대부분을 한 영화에 투자하였다. 반면 같은 해 폭스는 블록버스터와 A급, B급으로 등급을 나누어 예산을 고루 분배하는 포트폴리오 전략을 구축했다. 다음 해 2007년 촬영과 편집이 이루어지고, 2008년 영화가 개봉했을 때 결과는 극명히 갈렸다.

폭스는 2008년 14개의 영화를 배급했음에도 수익이 워너 브라더스의 영화 한 개에도 미치지 못했다. 워너 브라더스는 예산 대부분을 한 영화에 넣는 바람에 배급 영화의 수가 10개밖에 되지 않았음에도 이익은 폭스를 크게 앞질렀다. 이익 대부분이 한 영화에서 나왔다. 2006년 워너 브라더스의 모든 것을 쏟아 넣은 영화 〈다크 나이트〉는 10억 달러 이상의 매출을 올리며 전 세계 박스 오피스를 휩쓸었다. 그해 영화 시장에서 워너 브라더스에 대적할 만한 영화사는 그나마 월트디즈니 한 곳뿐이었다. 월트디즈니는 이후 워너 브라더스보다 더한 블록버스터 전략을 구사하기 시작했다. 그 전략의 정점에는 '마블 시네마틱 유니버스'의 시리즈가 있었다. 폭스는 몇 해 더 포트폴리오 전략을 구사하다 사세가 기울었고, 결국 2019년 월트디즈니에 인수되고 만다.

게임 시장 역시 블록버스터 법칙을 따르는 시장이다. 대작 게임의 흥행 확률이 훨씬 높다. 그만큼 시장 수익의 대부분을 대작 게임이 가져간다. 그래서 게임사는 적극적으로 투자를 유치해 될 수 있으면 큰 게임을 만든다. 많은 자본이 투입되면 위험성이 증가한다고 생각할 수 있지만, 오히려 그편이 더 안전한 선택이다. 반면 전 세계적으로 사랑받는 게임이 인디게임에서 등장할 확률은 아주 낮다.

권오현 대표는 멱함수 X축 상의 넓은 영역을 공략해 왔지만, 그래프의 넓이로 보면 낮게 깔린 (밝은 회색) 부분을 공략했기에 그 넓이가 얼마 되지 않는 상황이었다. 그래서 이 부분에 집중하는 전략을 유지한다면, 가입자나 가입 기업의 수가 유의미하게 증가하더라도 수익률은 제자리를 크게 벗어나지 못하는 상황이 우려되는 상황이었다.

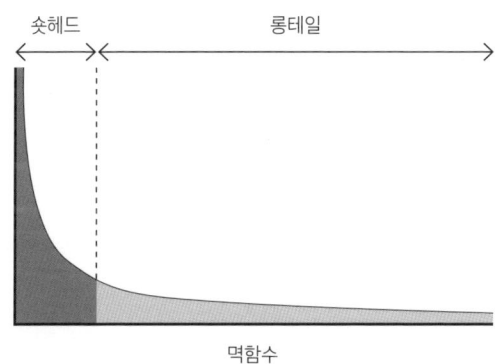

"방금 이야기했던 책 제목 좀 다시 알려주십시오. 그리고 오늘 이야기 중에 언급했던 책 모두 알려주십시오."

거친 숨을 가다듬으며 물었다. 나는 참고할 만한 책들의 목록을 읊었다. 책의 제목을 다 적더니 권 대표는 눈을 감았다. 그러더니 노트를 덮고는 큰 숨을 '후우' 내쉬었다.

"가보겠습니다. 오늘 시간 감사합니다."

한 시간 반을 쉬지 않고 이야기를 주고받았더니, 겨울 날씨가 무색하게도 몸 곳곳에 땀이 스몄다. 회의가 끝난 후에도 열감이 남았다. 보통 이런 식의 대화가 오가면 투자 검토는 사실상 '종료'다. 투자도 결국 사람끼리 하는 일이라 첫 대면에 호감보다 의구심과 견제가 오가면 투자가 어려워지기 마련이다. 나는 다시 권오현 대표를 만날 일이 없을 것으로 생각했다.

그렇게 기억 너머로 사라질 것 같았던 AFI는 다시 소환되었다. 한 달 뒤 걸려 온 권 대표의 전화로 말이다.

"우리가 지난번에 나눴던 대화. 고민 많이 해봤습니다. 좀 더 자세한 이야기를 듣고 싶습니다."

첫 미팅이 있던 그날. 권 대표는 사무실로 돌아가 생각에 잠겼다고 했다. 내가 이야기한 내용을 복기하면서, 진짜 그 이야기가 맞을지를 생각해봤다고 했다. 그런 권 대표의 이야기를 듣는데 많이 놀랐다. 스타트업 대표는 대체로 자신의 사업 가설과 맞지 않는 외부 의견을 잘 받아들이려 하지 않는다. 그것이 나쁘다는 뜻이 아니다. 풍파 속에서 자기의 회사를 이끌기 위해서는 그런 강단 정도는 있어야 한다. 심사역도 그런 상황을 알고 있으니, 보통 첫 미팅에서 크게 의견이 어긋나면 다시 보기가 어려운 것이다. 그런데 권 대표는 내 의견을 복기했고 다시 만나고 싶다고 연락을 해왔다.

두 번째 미팅은 첫 만남 이후 석 달이 지나서였다. 추위가 한창일 때 만나고 봄이 완연한 5월에서야 다시 보게 된 것이다. 두 번째 미팅도 첫 미팅과 크게 다르지 않았다. 서로가 생각하는 시장에 대한 가설이 다름을 재확인하는 자리였다. 상대방의 가설이 가진 빈틈을 찾기 위해서 공격을 주고받았다. 어느 공격은 상대의 논리에 명중해서 먹히기도 했지만, 어떤 공격은 두꺼운 벽에 막혀 힘없이 바닥에 떨어지기도 했다.

당시 미팅은 AFI의 사무실 한 귀퉁이에 있는 회의 테이블에서 이루어졌다. 당시만 해도 AFI는 작은 회사여서 별도의 회의실이 없었다. (지금은 여러 개의 회의실을 거느리고 있다) 화이트보드로 가린 회의 테이블에서 권 대표와 나는 때로는 언성이 높이며 말 화살을 주고받았다. 돌이켜 생각해 보면 투자자라는 사람이 찾아와서 그런 이야기를 전 직원이 듣는 앞에서 떠들어댔던 것이 바람직한 일은 아니었다.

두 번째 회의에서도 서로의 견해차는 있었다. 하지만 첫 만남과는 달리 이견 사이에 어떠한 접점이 있을지를 고민하는 분위기가 만들어졌다. 아울러 사업 가설뿐만 아니라 회사의 운영, 경영, 인사 관리 등의 이슈로 주제가 확장되기도 했다. 물론 그 부분에서도 의견 차이가 있어 서로가 조직을 바라보는 서로의 시각 차이만 확인하는 수준에 머물렀지만….

이후 또 한동안 연락을 주고받지 않았다. 다른 회사를 검토하고 만나는 과정에서 AFI는 다시금 나의 의식에서 멀어져 갔다. 정말로 이제는 다시 볼 일이 있을까 싶은 느낌의 회사가 되었다. 두 번째 미팅이 있고 나서 일 년이 다 지나서 연락이 다시 왔다. 무려 일 년이 지나서 말이다. 권 대표의 목소리는 매우 정중했다.

"심사역님이 이야기대로 해봤습니다. 그 결과를 보여드리고 싶습니다. 그리고 다시 한번 정식으로 투자 검토를 요청합니다."

그런 대표는 처음이었다. 심사역과 대표가 한 번도 아니고 두 번이나 이견을 확인했음에도 다시 만남을 요청하다니! 게다가 투자 검토를 재차 요청한다고 이야기하는 것은 더욱 이상한 일이었다. 그래도 내심 반가워서 다시 보기로 약속을 잡았다.

다시 만난 권 대표는 사업 가설을 수정한 다음 바뀐 사업 지표를 설명했다.

사업의 방향성을 바꾸고 나서 지표가 개선되었다는 설명이었다. 처음 몇 달은 권 대표 나름대로 고민의 시간을 가지고 회사의 현재 상황에 적절히 가설을 수정하고 대입하는 시간이 필요했다고 한다. 이후 서비스 개발 전략과 영업 전략을 수정하고 이에 맞게 인력을 채용했다고 했다. 지표는 분명 좋아졌다. 하지만 그 성장이 내가 이야기한 가설을 적용해서인지 단순히 사업이 성장해서인지 구분하기는 어려웠다. 어쩌면 사업이 성장할 때가 되어서 자연스레 지표가 좋아진 것일 수도 있었다.

그 결과가 나의 조언 덕이라 말하기도 어렵다. 아니 내 이야기 덕은 아니라고 보는 게 맞다. 시장의 언어라고 불리는 것들을 조금 이야기했지만, 결국 그걸 이해하고 적용하는 과정에서 해답을 찾아낸 건 권오현 대표다.

정답을 찾는 사람은 사업을 하는 사람이다. 이는 투자 전에도, 투자 이후에도 마찬가지다. 투자 후 회사의 일원이 된 투자자도 대표보다 더 나은 해답을 찾기는 어렵다. 그저 조언을 통해 대표가 더 나은 답을 찾을 수 있게끔 도울 뿐이다.

간혹 어떤 심사역은 내 말만 들으면 된다는 식의 가이드를 해주기도 한다. 간혹 정도가 심하면 '예언자 콤플렉스'에 빠진 건 아닐지 싶은 사람도 있다. 사실 어느 누가 미래를 알겠는가, 삶을 던져 사업을 하는 사람에게 "이렇게만 하면 될 것"이라는 확정적 조언을 던지는 것이 간혹 오만하게 느껴지기도 한다.

이런 이야기를 할 때면 블라디미르 비쇼츠키의 '야생마'라는 노래가 생각난다. 몇 해 전 드라마 〈미생〉에 나왔던 러시아 곡이다. 비쇼츠키는 인생을 야생마에 빗댄다. 말 위의 사내는 자기가 말을 이끌고 있다고 생각하지만, 사실 말은 자기가 달리고 싶은 방향으로 달릴 뿐이다. 그는 말의 속도를 줄일 수도, 빨리 달리게 할 수도 없다. 심지어 마부는 제멋대로 달리는 말 위에서 "생을 마칠 시간도, 노래를 마칠 시간도 없다"라고 절망에 울부짖는다. 그런데도 고삐를 잡고 채찍을 가한다. 말을 자기 뜻대로 이끌 수 있을지도 모른다는 기대를 하면서…. 사업도 야생마 같은 것은 아닐까? 대표가 말의 등 위에서 이리저리 고삐를 쥐고 비틀지만, 말은 뜻대로 달리지 않는다. 투자자는 그 모습을 보고 이래라저래라 고래고래 소리를 지르지만, 그 말이 얼마나 도움이 될지는 모를 일이다.

여하튼 기분 좋은 만남이었다. 나는 권 대표가 달리 보였다. 외부의 의견을 검증하고 유용하다 싶은 것을 적극적으로 사업에 적용한 것도 그렇지만 사업 가설을 수정하면서 일 년의 시간 동안 결과를 기다리고 추적했다는 점이 놀라웠다. 좋은 사업가의 면모를 발견할 수 있었다. 첫 만남, 두 번째 만남에서 지나가듯 언급한 책도 전부 읽고 자기 나름의 관점으로 체득한 상태였다. 단순히 나의 이야기를 흘려듣지 않은 것이 기쁘기도 했지만, 생각지도 못하게 성장한 모습으로 나타난 것이 놀라움을 넘어 존경스럽기까지 했다. 정말이지 존경스러웠다.

"심사역님이 이야기해 준 내용을 실천에 옮겼습니다. 그리고 이렇게 결과의 변화도 있었고요. 이제 정식으로 투자 검토를 요청합니다. 밸류도 심사역님이 원하는 방향으로 맞춰보겠습니다."

마다할 이유가 있을까. 나를 필요하다고 하고 나의 조언에 열려있는 대표라면 환영이다. 더욱이 회사가 긍정적인 방향으로 막 성장하려고 한다. 곁다리로 이야기했던 해외사업과 관련된 내용도 구체적으로 갖췄다. 나도 긍정적으로 대답했다. 본격적으로 검토에 돌입하겠다고 답했다.

AFI의 검토가 시작되고 나서 바로 투자 프로세스에 돌입하지는 못했다. 당시 우리 회사의 투자 프로세스는 'IR→예비 투심위*→본 투심위→공지→계약→투자금 집행'의 순서였다. 그런데 IR$^{Investor\ Relations}$라는 '회사 소개'를 진행하는 데도 어려움이 있었다. 회사 내에서 반대 여론이 있었기 때문이었다. "사람은 잘 바뀌지 않는다. 애초에 부정적으로 검토를 했었는데 지금 와서 긍정적으로 검토한다는 것이 이상하다"라든지 "심사역의 개입으로 실적이 개선된다면, 그 회사는 좋지 못한 회사다. 애초에 잘 될 회사를 찾아 투자하는 것이 좋다"는 등의 이야기도 있었다. 설득이 필요했다. 심사역의 도움 없이도 잘 될만한 회사를 찾는 것이 좋다는 논리를 넘는 무언가가 필요했다.

애초에 좋은 기업에 투자하는 것도 필요하다. 실제로 지금까지 투자했던 기업 중 최고의 성과를 보였던 기업은 나의 조언을 딱히 필요로 하지 않았던 곳이 많았다. 오히려 내가 대표의 혜안에 탄복하고 배우는 경우가 더 많았다. 노력 대비 성과를 따진다면 이런 대표를 찾아 투자하는 것이 맞다.

심사역은 동업자다. 투자하고 주주로서 회사에 의무와 책임을 함께 진다. 훌륭한 회수 실적뿐만이 아니라 경영의 조력자로서 해야 할 역할도 중

---

* 투심위 : 투자심사위원회

요하다. 그런 역할을 통해 의미를 찾는 것도 심사역의 보람 아닐까?

동업이라는 관점에 대해 조금 더 이야기해 보자. 투자는 곧 동업이기에 둘 사이의 케미스트리가 너무도 중요하다. 투자자와 대표의 조합은 다양하다. 앞서 이야기한 것처럼 뛰어나고 현명한 대표 덕에, 혹은 대표의 좋은 운 덕에 편히 성과를 낼 수도 있을 것이다. 반대로 독불장군식으로 의견을 관철하려는 대표의 스타일로 인해 심사역이 아무런 역할을 하지 못하는 예도 있다. 심한 경우 서로를 속이기도 한다. 심사역의 무리한 부탁으로 분란이 일어나는 일도 있다.

창업자-투자자 사이의 좋은 캐미스트리는 창업자-투자자의 시너지를 만드는 기본 요소다. 강한 유대와 존중을 근간으로 아이디어가 자유롭게 오갈 때 훌륭한 팀워크라 할 수 있다. 그렇게 만들어진 시너지가 경영에 이바지하고, 아울러 두 사람도 성장한다. 이런 관계가 됐을 때, 투자가 수익률을 떠나 두 사람의 인생에 '의미'로 남지 않을까? 만일 수십 년이 지나 두 사람이 과거를 돌아본다면, 그 시절 수익률이 떠오르겠는가, 아니면 그 시절의 즐거움과 의미가 남겠는가.

물론 AFI 투자 논리로 '캐미스트리'만을 이야기하지는 않았다. 대표의 열정과 성장 가능성을 중점적으로 부각했다. (실제로 그는 1년 반의 시간 동안 큰 성장을 이루지 않았던가!) 게임 시장이 성장하면서 백앤드 서버의 수요가 증가할 것이고, 오랜 시간 그 시장에서 경험을 쌓은 권오현 대표가 잘 해낼 것이라고 강조했다.

케미스트리가 충만한 관계를 만들기 위해서, 아니 이럴만한 사람을 찾기 위해서는 어떻게 해야 할까. 스타트업의 투자 유치 전략과 관련된 강의를 하거나 멘토링을 하다 보면 "좋은 투자자는 어떻게 찾습니까?"라는 질문을 받곤 한다. 거의 빠지지 않고 매번 그런 질문을 받는데, 그럴 때 나는 '동전 던지기 비유'를 이야기한다.

"좋은 투자자를 찾는 것은 동전 던지기와 비슷해요. 만일 동전의 앞면이 연속해서 10번 나오게끔 하려면, 동전을 어떻게 던져야 합니까?"

이러한 질문을 던지면 대부분 쉽게 답을 낸다.

"많이 던져야겠죠?"

맞다. 앞면이 많이 나오게끔 하는 방법은 하나다. 다른 방법이 있을지 모르겠지만, 적어도 나는 동전의 앞면이 연속해서 10번이 나올 때까지 던지는 방법 말고는 떠오르지 않는다.

"대표님, 동전을 많이 던지세요. 그 수밖에는 없습니다. 많은 투자 심사역을 만나 이야기를 나눌 수밖에는 없습니다. 나와 맞는 투자자는 다른 누군가가 찾아줄 수 없습니다. 스스로 직접 만나서 이야기 나눠보고 그 사람이 나와 잘 맞는지를 확인할 수밖에는 없어요."

혹자는 널리 알려진 명성 있는 벤처캐피탈을 찾아가거나 운용자산이 많은 큰 벤처캐피탈을 찾아가라고 이야기한다. 하지만 벤처캐피탈 업계의 안을 들여다보면 독창적인 투자전략을 가지고 있거나 차별화된 인재상을 가지고 심사역을 선발하는 벤처캐피탈은 거의 존재하지 않는다는 것을 알 수 있다. 조금 과장해서 말하면 한국의 벤처캐피탈은 거의 다 비슷한 구조다.

그러다 보니 어느 벤처캐피탈이 좋다더라, 어느 벤처캐피탈에 가면 좋은 심사역이 많다는 식의 이야기는 맞지 않을 확률이 높다. (물론 아주 극소수의 벤처캐피탈은 독자적 투자 철학과 인재상으로 오랜 시간 동안 자기만의 색깔을 만들었다)

같은 벤처캐피탈에 소속된 심사역이라고 할지라도 누군가는 매우 현명하고, 다른 누군가는 미숙하기도 하며, 누군가는 우매하다. 천차만별이다. 심사역은 배움에 열려있어서 많은 정보와 자료를 접하며 본인만의 관점을 구축해야 하는데, 이러한 일은 회사가 강제할 수 있는 것이 아니기 때문이다. 그래서 심사역의 퀄리티는 회사의 명성과 상관관계가 높지 않다. 그래서 좋은 심사역을 찾기 위해서는 벤처캐피탈의 명성을 좇기보다는 최대한 많이 심사역을 만나서 이야기를 나눠봐야 한다. 조급하게 투자받으려 하기보다는 긴 시간 동안 많은 심사역을 만나기를 추천한다.

'누구머니'라는 사이트를 활용하기를 권한다. 이곳에 있는 벤처캐피탈 평점은 중요치 않다. 그 안에 있는 내용을 보자. 어떤 심사역을 경계해야 하는지, 어떤 심사역이 훌륭한 안목을 갖췄는지를 알 수 있다. 앞서 좋은 투자자를 만나는 것이 동전 던지기 같다고 했지만, 그곳의 후기를 참고한다면 동전 던지는 횟수를 조금은 줄일 수 있지 않을까 싶다.

어디 투자뿐이겠는가. 사람이 세상을 살아가는 일 모두가 사람과 사람 사이에서 빚어지는 일 아니겠는가. '저 사람이 나에게 돈을 줄 수 있는 사람인가?'라는 관점보다는 저 사람이 내 곁에 있을 만한, '좋은 사람'인가라는 관점에서 바라봐야 할 것 같다.

나는 결국 2022년 8월 AFI의 투자를 집행했다. 처음 만나고 1년 반 만에 일이다. 이후 AFI는 꾸준히 성장하고 있다. 투자 당시 권 대표의 포부에는 미치지 못하는 부분도 있지만, 관계에서 오는 확신이 있었다. 요즘도 우리는 종종 만나서 긴 이야기를 나눈다. 사업 이야기뿐 아니라, 사람을 뽑아서 쓰는 것에 관한 이야기, 해외 진출과 관련된 의논, 다른 회사의 성장 사례 분석 등의 다양한 이야기를 주고받는다. 더불어 서로의 삶에 관한 이야기, 흥미와 관련된 이야기, 취미와 취향에 관련된 이야기를 나눈다. 그리고 가끔, 일 년 반 동안 싸운 예전 기억을 꺼내며 즐거워한다. 좋은 추억이다.

AFI의 상장과 성공을 기원한다. 더불어 권 대표와 AFI의 직원들의 삶이 아름다울 수 있기를 마음 다해 염원한다.

뾰족하게, 뾰족하게

차별화 전략이라는 것은 무엇인가?

○

기업형 벤처캐피탈에 있었을 때 일이다. 상사의 표정이 어두웠다.

"무슨 일 있으세요?"

뭔가 고민하듯 허공을 응시하더니,

"그 회사 있지, 반도체 개발한다던 그 회사."

"아 네. 그 장발에…."

회사 대표의 머리가 장발이었다.

"그 회사가 투자금을 생각보다 빨리 써버린 모양이야. 런웨이가 얼마 남지 않은 것 같아."

런웨이^{Runway}. 말 그대로 활주로를 뜻한다. 회사가 이륙 전에 달릴 수 있는 활주로가 얼마나 남았는지를 이야기한다. 런웨이가 얼마 남지 않았다는 이야기는 회사가 가지고 있는 현금이 많지 않다는 의미다. 스타트업은 투자를 유치할 때 투자자에게 "우리가 이 정도 투자를 받으면 얼마 동안은 회사를 운영할 수 있을 것 같아요"라고 계획을 공유해 준다. 물론 이 계획은 대부분 맞지 않는다.

업계에는 "목표를 달성하는 데 필요한 시간과 비용은 각각 두 배로 생각하면 무리가 없다"라는 말이 있을 정도다. 만일 어떤 회사가 투자금을 유치하면서 "신제품이 출시되는데 필요한 시간은 1년, 비용은 20억 정도로 예상됩니다"라고 이야기했다면, 시간은 2년, 비용은 40억을 생각하면 된다는 이야기다. 뭐 꼭 그렇게 된다기보다는 그렇게 생각해야 마음이 편하다는 의미인 것 같다. 아마 창업자가 가지고 있는 의욕과 열정으로 인해 발생하는 긍정적 편향을 고려하자는 이야기일 거다.

그래서 어떨 때는 투자자가 투자금과 사업계획을 좀 더 보수적으로 수정해달라고 스타트업 측에 직접적으로 요청하기도 한다. 이러한 보수적 전략은 창업자로서는 지분 희석이라든지 기분 등의 이유로 받아들이려 하지 않는데, 그래도 장기적 관점에서 안정적 경영을 위해서는 필요한 부분이다.

보통 투자는 한 번에 끝나지 않는다. 사업이 성장하면서 여러 차례 투자를 받아야 하는 경우가 많은데, 그 과정에서 창업자나 주주가 가장 피해야 할 상황은 '런웨이가 끊어지는 상황'이다. 보통 시드, 시리즈 A, 시리즈 B 식으로 차례차례 투자받으면서 회사는 마일스톤을 설정한다. 즉, 단계별로 투자를 진행할 때 달성해야 할 큰 목표를 '마일스톤'으로 정하는 거다. 신규 라운드에 참여하는 투자자는 스타트업이 이전 라운드에서 설정한 마일스톤을 적절히 달성했는지를 확인한다. 특히 같은 투자자가 여러 라운드에 걸쳐 반복적으로 투자할 수 있도록 유도하기 위해서는 스타트업이 적절한 마일스톤을 설정하고 이를 달성하는 모습을 매 라운드 보여줘야만 한다.

하지만 만일 사업 목표를 달성하기 전에 운영자금이 떨어지는 상황이 되면 어떨까? 투자를 유치하는 이유가 '돈이 다 떨어져서'라면 이를 반길 투자자는 없다. 목표를 설정하고 성공적으로 달성한 다음, 새로운 목표를 위해 신규 자금을 유치한다는 것이 훨씬 더 '명분'으로써 적절하다. 만일 이러한 계획이나 명분 없이 순전히 자금 문제로 투자를 유치한다면, 투자자는 미심쩍은 기분부터 느낄 것이다. 그래서 투자금은 생각보다 넉넉히, 사업계획도 여유를 가지고 짜는 것이 필요하다는 것이다.

내가 투자했던 회사 중에는 사업계획서에서 제시한 사업 목표와 투자금 운용 목표를 맞춘 회사가 한 군데밖에 없다. 그 회사가 능력이 탁월했다거나, 계획이 철두철미했던 것은 아니라 생각한다. 운이 좋았던 것 같다. 사실 사업에 본격적으로 돌입하기 전에 구상한 계획이 맞아떨어진다는 것 자체가 난센스다. 아무튼 다시 이야기하지만, 투자금은 충분한 버퍼를 두고 받아야 한다.

상사가 이야기했던 회사는 지출이 많았다. 여러 제반 사항을 고려해도 당시의 투자금 소진은 너무 빠른 느낌이었다. 원래 계획대로라면 여유자금이 충분해야 하는 시점이었는데도 말이다. 나는 물었다.

"아니 대체 어디에다가 돈을 다 썼답니까?"

"사람을 엄청나게 뽑는 것 같아. 자기 레이더에 걸리면, 업계 최고라 불리는 사람한테 파격적인 조건으로 입사를 제안하는가 보더라고. 마치 〈대부〉의 말론 브랜도 같은 느낌. 알지?"

주걱턱을 하더니 엄지와 집게로 턱을 매만지더니만 허스키한 소리로 말한다.

"내가 거절할 수 없는 제안을 하지."

자세한 이야기를 들어보니 그야말로 거절하기 어려운 제안이었다. '아, 그래서 거기에 모인 사람의 면면이 심상치 않았구나!'라는 생각이 들었다. 우리는 우스갯소리로 〈오션스 일레븐〉의 조지 클루니가 떠오른다고 했다. 그래도 오션스 일레븐은 금고를 털어서 큰 몫이라도 챙겼는데, 그 회사는 투자금 말고는 자본을 조달할 방도가 없었으니 문제였다. 걱정스러운 마음에 동반 투자했던 다른 투자사의 후배에게도 전화해 물어봤다. 지금, 이 상황을 어떻게 보느냐고 말이다.

"걱정이야 되죠. 하지만 목표를 달성하는 데 필요한 조치라 생각합니다. 어떻게든 또 투자금을 모아 봐야죠."

투자판에서 잔뼈가 굵은 친구여서인지 생각 외로 덤덤했다.

벌써 7년 전의 일이다. 그 회사는 좋은 인력을 구하는 데 전력을 다하더니만, 지금은 업계에서 가장 우수한 엔지니어를 확보했다. "그 회사는 인력만으로도 투자 가치가 있다"라는 이야기가 나오기도 했다. 이제는 100명이 넘는 직원과 함께하며 시장에서 주목받는 기업이 되었다. 그들의 무모하고, 어찌 보면 위험해 보이기까지 했던 그 전략은 바람직했던 것일까?

회사의 자원을 어디에 배분하느냐를 결정하기는 무척 어렵다. 비단 회사뿐일까. 누구나 자기가 가진 자원과 역량을 어디에 어떻게 배분할지를 고민하며 산다. 살면서 목표한 바를 이루기 위해 우리는 우리가 가진 역량을 최대치로 활용하려고 한다.

회사에서는 회사가 가진 전체 자원을 적절히 배치하고 그로부터 얻은 산출물(결과)을 내재화(다시 자원화)하는 과정이 반복된다. 우리는 그 과정을 '투자'라고 부른다. (투자사의 투자가 아니라, 회사가 미래의 계획을 달성하기 위해 현재 보유한 자원을 배분하는 것을 말한다)

앞서 예로 들었던 반도체 기술 스타트업의 경우 기술적인 차별성을 갖추지 못하면 시장에서 도태할 것이 명약관화했다. 엔비디아, 삼성 등이 두 눈 시퍼렇게 뜨고 버티는 시장에서 두각을 나타내려면 '뾰족한' 전략이 필요했다. 전략적 차별점 없이는 생존도 장담하기 어려운 상황이었다. 차별화를 위해 특정 분야에 전략적으로 '올인'해야만 했다. 결국 그 답을 '인재'에서 찾았고, 가진 자원의 대부분을 인재에 쏟아부었다.

앞서 설명한 대로 그들은 국내외의 최고 인재를 모으기 시작했다.

"당신이 최고라고 들었습니다. 저와 함께 일해보시는 것이 어떻겠습니까? 저희와 함께 만들어 봅시다. 미래."

이런 이야기를 했으리라. 아무튼 대표는 짧은 시간에 사람을 다 모았고 이내 목표를 향해 달리기 시작했다. 기술 스펙트럼이 하나씩 갖춰지기 시작했다.

우리나라는 소프트웨어 역량이 강한 나라가 아니다. 애플리케이션은 잘 만드는 편일지 몰라도, 독자적으로 만든 운영체제나 개발 플랫폼은 없다고 봐도 무방하다. 운영체제를 비롯한 시스템 소프트웨어는 좋은 것을 가져다 쓰는 것이 일반적이다. 인력도 대부분 애플리케이션 개발 쪽에 몰려있다. 그런데 그 스타트업은 빵빵한 인력을 바탕으로 컴파일러를 비롯한 개발 시스템, 기초 소프트웨어 등을 모두 자체적으로 개발했다. 반도체를 팔기 위해서는 그 반도체를 위한 소프트웨어 환경을 함께 제공해야 한다. 에코 시스템을 구축하기 위한 기반을 함께 제공하는 것이다. 그 회사는 국내에 몇 없는 해당 분야의 인재를 영입하는 데 성공했고, 쉽지 않았던 일을 성공적으로 해냈다. 국내에 이 정도의 하드웨어 스타트업이 존재했던가 싶다. 적어도 내 기억에는 없다. 지금 와서 생각해 보면 그들이 인재채용에 몰방한 것이 이해된다. 고개가 끄덕여진다. 거꾸로 '그 방법 말고는 다른 선택이 있었을까?'라는 생각이 들기도 한다.

문영미 교수는 관련 분야의 연구를 오랫동안 해왔다. 한국계 미국인인 그녀는 현재 하버드 경영대학원의 교수보 재직 중이다. 정치학과 커뮤니케이션학을 전공했던 점이 독특한데, 그녀의 통찰은 이런 이력에서 기인하는 것일 수도 있을 듯하다. 주요 연구 주제는 조직 행동과 인적역량 관리다. 세부적으로는 리더십과 의사결정, 조직문화 및 변화 관리와 관련하여 주로 연구해왔다. 그녀는 특히 전략적 선택에 따른 경쟁우위 달성과 관련해서 탁월한 안목을 보인다. 그녀의 저서 《디퍼런트》에 이런 내용이 잘 녹아있다.

책의 전반적인 내용은 경쟁 상황에서 유효한 전략을 어떻게 찾아내야 하는지를 설명한다. 차별화의 중요성, 혁신적 사고방식, 브랜드의 독창성 등과 같이 여느 경영학과 교수님이 할법한 이야기가 등장한다. 물론 그런 내용 하나하나도 전부 좋은 것들이다. 하지만 나를 가장 감화시켰던 것은 자원 배분이 곧 경쟁 전략으로 이어진다는 부분이었다.

우리는 어린 시절부터 포트폴리오 전략을 강요받다시피 했다. 우리나라 학생의 대다수는 입시라는 극단의 경쟁 레이스에 반강제로 던져진다. 이 레이스의 규칙은 이렇다. "특별히 중요한 과목 몇 가지가 있습니다. 이 과목에서

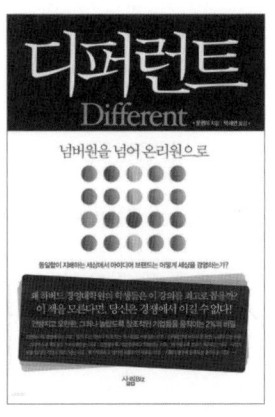

2011년에 나온 책이지만 여전히 강력한 통찰을 전한다.

는 탁월한 성적을 거두시기를 바랍니다. 비교적 덜 중요한 과목도 있는데, 그렇다고 이 과목도 포기하면 안 됩니다. 포기하는 과목의 수가 늘어날수록 여러분이 경쟁에서 이길 가능성은 작아집니다." 이런 규칙에서 경쟁을 이어간다. 무려 12년 가까운 시간 동안.

이 레이스의 규칙에는 치명적인 맹점이 하나 있다. '차별화Different'를 용인하기 어렵다는 것이다. 오로지 교과목 안에서만 평가가 이루어진다. 모든 교과에서 뛰어난 인재를 지향하게끔 하는 레이스 규칙은 다른 길을 선택하는 것을 '낙오'라고 인식하게끔 한다. 자신을 차별화하는 것은 '모든 과목에서 압도적으로 우월할 경우'에만 가능하다. 사회적 자원이 부족하기 때문일까, 효율이 너무나도 중요했던 우리는 공정함이라는 명분 아래 이런 시스템의 맹점을 용인하고 말았다. 그 결과 우리는 자신을 차별화시키는 방법을 배우지 못했다.

문영미 교수는 이러한 포트폴리오 전략으로는 절대 차별화에 성공할 수 없

다고 이야기한다. 그녀는 '몰방'만이 유효한 전략이라고 이야기한다. 자신이 가진 장점에 모든 자원과 역량을 집중하는 전략 말이다. 장점에 모든 리소스를 투입하여, 그 장점을 극단적으로 발전시키는 전략, 그것이 그녀가 이야기하는 차별화다. 이는 특히 제한적으로 자원을 쓸 수밖에 없는 스타트업에게는 꼭 필요한 조언이다. 선두 주자를 이길 수 있는, 어쩌면 거의 유일한 전략일지도 모른다.

하지만 현실에서 이런 전략을 실행하기가 쉽지 않다. 우리는 기술을 개발하거나 서비스를 만들 때 '그래도 이 기능 정도는 있어야지' 또는 '이 정도 구색은 갖춰야지' 등의 기준을 정해둔다. 핵심역량 이외에도 함께 갖추어야 할 것 같은 것들이 자꾸 눈에 들어온다. 우리는 이런 것들을 쉽게 버리지 못한다.

예를 들어 설명하면 이렇다. 만일 어느 회사의 분야별 역량을 다음과 같다고 생각해 보자.

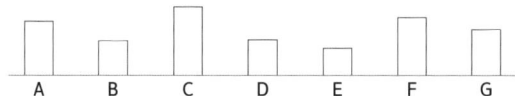

그리고 가지고 있는 리소스로 앞의 능력치를 보완한다고 해보자.

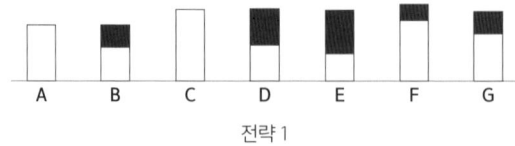

전략 1

[전략 1]은 부족한 부분을 채우는 전략이다. 스스로 평가하기에 가장

부족한 부분을 찾아서 이를 보완하는 것이다. 단점을 없애는 전략, 우리가 보통 취하는 전략이 이런 방식 아닐까? 부족한 부분 없이 모든 면에서 '갖춰진' 느낌의 회사를 선호하기 때문일 것이다.

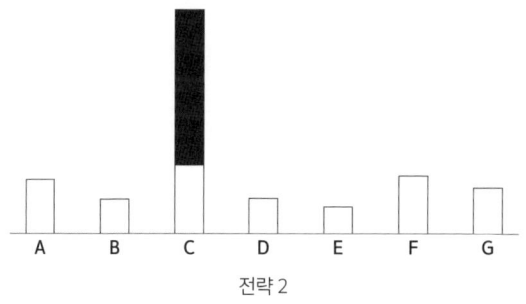

전략 2

[전략 2]는 내가 가진 장점을 최대치로 끌어올리는 데 모든 자원을 쏟아붓는 전략이다. 문영미 교수는 이런 전략을 통해서 '차별점'이 만들어진다고 설명했다. 이렇게 해서 시장의 유일한 존재가 되거나, 혹은 다른 회사와의 명확한 차별점Difference을 갖는 데 성공하면, 그것이 전략적 가치를 지니게 된다.

반면 [전략 1]처럼 회사의 자원을 부족한 부분을 채우는 데 사용하면 회사는 평균에 회귀할 수밖에 없다. 즉, 별다른 특징 없이 시장의 많은 경쟁자 속에 파묻히고 만다. "우리가 가장 잘해요"라는 마케팅도 명확한 장점이 있어야 소구력이 발생한다. 비슷한 경쟁자 사이에서 파묻힌 상태라면 그 어떠한 어필도 먹히지 않을 거다.

이런 차별화 전략이 더 필요한 이유는 시장에는 점수가 없기 때문이다. 시장은 시험지 채점하듯이 제품이나 회사를 점수로 평가하지 않는다. 설령 남보다 조금 더 잘한다고 하더라도 눈에 띄지 않는다. 더욱이 비교 우위는 관점과 상황에 따라 바뀌기 마련이다. 하지만, 만일 우리가 시장에 존재하는 유일한 플레이어라면 이야기가 달라진다. 누구든 쉽게 그 기업을 기억할 수 있고, 그 브랜드를 눈여겨볼 것이다. 그래서 'ONLY ONE'은 강력하다.

    고백하건대 나 역시도 투자한 기업의 단점을 보완하기를 바랐던 것 같다. 머릿속에는 차별화, 'ONLY ONE'의 단어가 맴돌아도 당장 눈앞에 단점이 보이면 참기가 어려웠다. 여느 투자자도 마찬가지일 거다. "투자 전에는 기업의 장점만이, 투자 이후에는 기업의 단점만 보인다"라는 이야기가 괜히 있는 것이 아니다. 투자한 회사가 잘되기를 바라는 간절한 마음 때문이었을 텐데, 그러면 오히려 장점을 '더, 더, 더!' 키우기를 주문했어야 했다.

    이러한 차별화 전략은 개인의 커리어 관점에서도 시사점이 있다. 극단의 경쟁 체제인 대한민국에서 자신의 장점을 파악하고 이를 극대화해야 한다고 말하기가 쉽지 않다. 무모한 도전이 될 수도 있으니 말이다. 하지만 용기가 있는 사람이라면, 이 무모함에 도전해 보라 이야기하고 싶다. 당장은 불안하겠지만, 자기만의 서사를 가지고 '독특한' 사람이 되었을 때는 분명 전략적 우위에 설 수 있을 것이다. 직장인이 커리어 패스를 정할 때, 혹은 이직할 때, 새롭게 업계에 적응할 때 문영미 교수의 조언을 떠올리면 어떨까?

    벤처캐피탈 업계에도 한 분야만 파는 심사역이 있다. 오랜 시간 특정 분야의 기업만 검토하거나, 특정 단계의 기업만 검토하는 식이다. 또 특정 능력에서 독보적인 심사역이 있기도 하다. 그런 이들과 이야기를 나눠보면 보통의 심사역이 갖춰야 할 능력을 두루 갖추어 그 위치에 오른 것이 아니다. 오히려 자기가 잘하는 것이나 좋아하는 것에 '천착'한 경우가 많다. 그렇게 그들의 색깔이 만들어지는 것이리라.

기업이든, 개인에게든 문영미 교수의 '디퍼런트'는 유효하다. 혹자는 이걸 두고 단순한 "선택과 집중 아니냐?"라고 반문할 수도 있겠다. 하지만 이건 마인드셋의 문제인 것 같다.

유학 시절 나는 모든 과목을 다 잘하려고 했다. 물론 그 안에 전략적으로 집중하는 '중점 과목'이 있었다. 그런데 미국 친구는 그걸 의아하게 생각했다. 박사과정 성적표를 어디다 쓰겠냐는 거다. 낙제만 안 하면 되지 잘하는 게 무슨 의미가 있냐는 이야기였다. 사실 맞는 이야기다. 박사과정 성적표가 무슨 쓸모가 있겠는가? 대다수 미국 학생은 필수 과목이라 불리는 것에는 아주 최소한의 성의 표시만 하고 본인의 흥미 분야에 올인한다. 시간 대부분을 한 분야에 몇 년씩 올인한 학생과 자신의 리소스를 적절히 배분한 학생, 시간이 흘러 이후 두 학생의 위치는 어떻게 될까?

내가 중요하다고 여기는 데에 물불 가리지 않고 모든 걸 다 쏟아붓는 게 당장은 위태하고 불안해 보이지만, 장기적으로는 생존의 길이 될 수도 있다.

퍼포먼스 최적 환경

다정함의 힘

○

사촌 동생은 컴퓨터 공학을 전공했다. 어릴 때부터 착실하기로는 둘째가라면 서러운 아이였다. 나름 착실하게 살아보겠다고 무던히 애를 썼던 나도 동생에 비하면 세상 날라리가 따로 없었다. 그는 대학과 대학원을 6년 만에 착실히 마치고는 마포에 있는 휴대전화 제조회사에 들어갔다. 지금은 없어진 회사는 한때 시장점유율 20%가 넘는 국내에서는 세 번째로 큰 휴대전화 제조회사였다. 조직문화가 무척 빡빡했다. 흔히 이야기하는 '직원을 갈아 넣는' 회사였다. 2000년대 중반의 일이니 그 회사 말고도 많은 회사가 그랬다. 삶보다 일이 우선되는 게 보통인 그런 시절이었다.

한번은 동생이 아팠다. 치질이었던가, 아무튼 그쪽 관련된 질환이었다. 수술하고도 한동안 의자에 앉을 수 없었다. 너무 아파서 병가를 쓰려고 했는데, 팀장은 프로젝트 마감 기한을 이야기하며 출근을 강요했다. 그래도 너무 아파 휴가를 써야겠다고 했더니 동생의 팀장은 결제를 못 해주겠다며 버텼다. 그래서 결국, 계속 출근하기로 했는데 문제는 출퇴근이었다. 아픈 몸을 이끌고 버스나 지하철을 탈 수 없었다. 운전도 힘들어서 하는 수 없이 매일 택시를 불렀다. 택시 뒷좌석에 엎드려 버티며 40분 거리의 회사에 도착했다. "어쩜 그렇게 무식하냐"라는 나의 타박에 "어쩔 수 없잖아요. 팀장이 그 난리를 치는 걸 어떡해요"라며 고개를 숙이던 동생. 결국 5~6년을 근무하더니 직장을 옮기고 말았다. 아니 나라를 옮겼다.

새로 옮긴 회사는 독일 회사였다. 계측장비 회사였는데, 원래 있던 회사에서 그 회사의 장비를 사용하면서 알게 됐다. 한국 지사의 직원이 성실했던 동생에게 이직을 권했다고 했다. 동생이 옮긴 아시아 태평양 본부는 싱가포르에 있었다. 이직 후 동생은 가족과 함께 싱가포르로 삶의 터전을 옮겼다. 그렇게 떨어져 지내다 보니 한두 해 연락이 뜸한 채로 지냈다.

그러다 어느 날, 뜻하지 않게 동생의 소식을 접했는데 첫아이가 태어났다는 소식이었다. 동생의 아내는 출산을 위해 미리 한국에 들어와 있었다. 그런데 예정일보다 훨씬 이른 시기에 태어난 아이가 아팠다. 그것도 많이. 병원에서는 원인을 잘 모르겠다고 했고, 어쩌면 그 주를 넘기기 어려울 것 같다며 마음의 준비를 하라고 했다. 갑작스러운 조산에 동생은 싱가포르에서 그 소식을 접해야만 했다.

어떻게든 상황을 수습해야만 했던 동생은 상사를 찾아갔다. 당시 상사는 독일인이었다. 동생은 한국에서의 기억을 떠올렸다. 예상치 못한 휴가 변경이나, 휴가기간 연장에 상사가 무척 예민하게 반응했던 것을 떠올렸다. 그래서 최대한 조심스럽게 이야기했다.

"아이가 태어났습니다. 그런데 매우 아프다고 해요. 이번 주를 넘기기가 어렵다는 이야기도 들었어요. 휴가를 예정보다 앞당겨서, 오래 써야 할 것 같습니다. 죄송합니다."

상사는 아주 어두운 표정으로 이야기를 듣고 있었다. 표정이 화가 난 것 같기도 했다. 그러더니 어디론가 연락을 취했다. 아주 심각한 표정으로. 그러더니만 동생을 데리고 급히 어디론가 가더란다. 그렇게 찾아간 곳은 아시아 태평양 본부 총괄의 방이었다. (자세한 직급은 정확히 기억나지 않는다. 아무튼 높은 직급의 상사였는데 편의상 '총괄'이라고 적겠다) 총괄은 동생을 앉혀놓고 강한 어조로 이야기를 시작했다.

"대체 당신이 회사에 다니는 이유가 뭡니까? 당신의 삶을 행복하게 하고 당신의 가족을 행복하게 하기 위한 것 아닌가요? 당신은 태어난 아이가 아프면 누구보다도 먼저 달려가야 합니다. 여기에 있으면 안 돼요. 아니, 그런 걸로 고민했다는 걸 이해할 수가 없군요. 지금 당장 한국으로 돌아가십시오. 휴가는 걱정하지 마시고 길게 쓰세요. 필요하면 한국에서 원격으로 근무하십시오. 6개월 동안은 당신이 돌아오지 않았으면 합니다."

대략 2013년 정도로 기억이 나는데, 그때는 재택근무나 원격근무가 활성화되기 전이었다. 그런데도 적지 않은 기간의 원격근무를 허용해 줬다. 허용해 줬다기보다 동생의 상사는 그 정도는 당연하다며 꼭 가족 곁에 있을 것을 당부했다. 가족, 그 무엇보다도 우선인 가족의 일에 다른 고민이 왜 필요하겠냐며 말이다. 그날 총괄은 이런 이야기를 끝으로 면담을 마무리했다고 했다.

"당신이 행복해야 회사에도 이득입니다. 당신이 행복해야 더 일을 잘할 수 있잖아요? 그 사실을 잊지 않았으면 좋겠습니다."

한국에 들어온 동생에게 이 이야기를 들었을 때, 약간의 속 쓰림이 일었다. 당시 나는 통신사의 연구소에서 근무하고 있었는데, 간혹 사장이나 회장 보고가 잡히면 직원을 집에 보내질 않았다. 부서 전원이 몇 주에 걸쳐 자정이 넘는 시간까지 야근해야 했다. 개인적인 일로 조금이라도 일찍 퇴근할라치면 우리 팀장은 눈이 뒤집혀서는 이런 식으로 이야기하곤 했다.

"야 인마. 누구는 일찍 퇴근 안 하고 싶어서 안 하냐? 너만 가족 있어? 나도 가족 있어!"

열외를 인정하지 못하는 문화야 그렇다 쳐도, "너만 힘드냐? 나도 힘들어"라든지, "네가 나보다 더 힘들겠냐?"라는 식의 피장파장 화법에 진력났다. 그러던 차에 동생의 이야기를 들으니 부럽기도 하면서 한편으로는 화도 났다.

다행히도 조카는 건강하게 잘 크고 있다. 동생은 아직도 그 회사에서 근무한다. 회사가 준 감동의 여운이 긴 듯하다. 아직도 그 회사는 직원의 삶을 최우선으로 한다. 비상장회사인 그 회사는 작년에도 수조 원에 달하는 매출을 올렸다. 그리고 계속 성장 중이다. 그는 앞으로도 한국에 돌아와서 직장을 구할 생각은 없어 보인다.

십 년도 더 된 일이지만, 동생에게 들은 이 일은 지금까지도 나에게 질문을 던진다.

'한국에는 그런 다정한 회사가 있는가? 한국에서는 회사가 직원을 다정하게 대하기란 어려운 것인가?'

한국의 노동생산성이 OECD 최하위 수준이라는 이야기는 이제 너무 유명한 이야기가 되어버렸다. 지금은 그리스, 칠레, 멕시코, 콜롬비아 정도의 나라를 제외하고는 OECD 국가 중에 한국보다 노동생산성이 나쁜 나라는 없다. 장시간 근로 문화, 의사결정 구조의 비효율성, 교육·훈련 미비, 과도한 회의와 문서 작업 등의 원인을 꼽지만 정작 그런 원인은 어떠한 배경에서 오는지에 대한 진지한 고찰은 없는 것 같다.

우리는 지금 '수치심 권하는 사회'에 살고 있다. 브레네 브라운은 20년 이상 수치심과 관련된 연구를 진행한 심리 전문가다. 현재 휴스턴대학교에서 교수로 재직 중인 그녀는 2019년 《수치심 권하는 사회》라는 책을 썼다. 이 책의 많은 부분이 와닿았는데, 그중 우리 사회가 수치심을 통제의 도구로 사용한다는 부분에 특히 더 공감이 갔다.

"네가 그걸 해내면 보상으로 이걸 주겠어."

"그것도 못 하면서 더 많은 걸 바라면 안 되는 것 아닌가?"

"더 잘할 수는 없어?"

"그렇게 해서 어떻게 하려고 그래?"

자본을 매개로 동작하는 사회는 이러한 협상과 거부, 타협과 거절이 교차한다. 책에서 그녀는 이토록 필연적이기까지 한 수치심이라는 것으로부터 과연 우리는 자유로울 수 있는 것인지, 수치심을 겪은 우리는 과연 상처에서 회복할 수 있는지를 다룬다. 다양한 사례를 통해 상처와 회피, 회복과

장애를 다룬다. 사례 하나하나를 접할 때마다 '사람 사는 곳은 다 비슷하구나'라는 생각이 들었다. 아니, 어쩌면 자본주의 사회라면 어떤 곳이든 수치심을 연료로 굴러가는 것은 아닌가 하는 생각마저 들었다.

그런데 과연 그 수치심이라는 것을 주고받는 것이 우리가 사는 이 시대의 필연일까? 자본주의가 어쩔 수 없이 생산해 내는 찌꺼기 같은 것인가? 누군가는 효율성을 추구하다 보면 어쩔 수 없다고 이야기하지만, 누군가는 그 통념에 반대한다. 아니, 반대해 왔다.

1978년 로버트 네렘 교수는 식습관과 심혈관 질환 사이의 연관성을 밝히기 위한 실험을 기획했다. 네렘 교수와 연구진은 몇 달에 걸쳐 토끼에 고지방의 사료를 먹였다. 그리고 토끼의 혈중 콜레스테롤, 심혈관 건강 상태를 점검했다. 긴 시간, 많은 수의 토끼를 대상으로 이루어진 제법 큰 규모의 실험이었다.

그런데 실험은 실패했다. 실험을 반복해도 식이와 콜레스테롤, 식이와 심혈관 질환 사이의 연관성을 찾을 수 없었다. 연관성을 보이는 토끼도 있었지만, 몇몇 토끼는 기름진 음식에도 유독 좋은 건강 상태를 유지했다. 이게 대체 어떻게 된 일인지…. 네렘 교수와 그의 팀은 혼란에 빠졌다. 결국 그들은 그 토끼가 '왜 건강한지' 이유를 찾아보기로 했다.

네렘 교수의 연구진 중에는 무리나 레스베끄라는 연구원이 있었다. 그녀는 기계적으로 사료를 주던 다른 연구원과는 달리 매번 사료를 급여할 때마다 토끼를 껴안고 말을 걸었으며 쓰다듬었다. 토끼를 다정하게 대했다. 그런데 놀라운 것은 그녀가 그렇게 관리한 토끼는 고지방 사료를 급여하든,

일반 사료를 급여하든지 간에 늘 건강한 상태를 유지했다는 점이다. 식사와 상관없이 평균적으로 다른 토끼보다 60% 정도 낮은 콜레스테롤 수치를 보였다.

연구진도 처음엔 '이게 맞나?' 싶어서 다른 변수를 통제하고 실험을 반복했다. 결과는 비슷했다. 결국 로버트 네렘 교수는 최초의 가설을 폐기했다. 대신 그는 토끼의 건강 차이가 '다정함'에서부터 비롯된다는 결론을 내린다. 이 연구는 〈사이언스〉에 등재되었다. 이는 네렘 교수의 토끼 효과 Rabbit's Effect로 널리 알려지게 된다.

이후에도 다정함과 관련된 연구는 심리학과 의학을 중심으로 이어졌다. 다정함이라는 것이 어느 정도로, 어느 범위까지 효과를 보이는지 알아보는 것이 주된 목적이었다. 다정함이 중병을 고칠 수는 없다. 만병통치약은 아니지 않은가. 하지만 아주 단순한 다정함으로도 생물은 호르몬의 변화를 일으키고 이에 따라 긍정적인 효과를 얻는다는 것이 밝혀졌다. 새끼 원숭이에게 가짜 어미 모형을 넣어줄 때 철사로 만든 모형 어미와 헝겊으로 만든 모형 어미가 새끼에게 다른 변화를 불러온다는 실험이 대표적이다. 다정함이 병든 동물을 고치지는 못해도 분명 신체적, 정신적 건강에 긍정적으로 작용함을 알았다. 그러다 실험은 다정함이 동물의 지능에 어떻게 영향을 미치는지까지 나아갔다.

1997년 캐나다 맥길대학교의 마이클 미니 교수는 생쥐의 지적 수행 능력을 어떻게 계발할 수 있는지를 연구했다. 다양한 조건의 생쥐를 미로에 넣고 그 미로를 얼마나 빨리 풀어내는지를 관찰하는 식이었다. 그리고 어떠한 요인으로부터 얼마나 많은 영향을 받는지를 관찰했다.

실험 초기 미니 교수는 쥐의 지적 수행 능력이 유전이나 외부 자극으로부터 큰 영향을 받을 것으로 생각했다. 하지만 생각보다 그런 요소가 과제 수행 결과와 큰 상관관계가 없었다. 대신 실험을 거듭하면서 우수한 생쥐가 유사한 성장 과정을 거쳤음을 알아챘다. 그 공통점은 그들이 다정한 어미 생쥐 밑에서 자랐다는 것이었다. 그들의 어미는 갓 태어난 새끼를 더 많이 핥고 품었고, 더 오랜 기간 돌봐줬다. 실험의 통제 변인을 다양하게 조정해 보았는데, 결과는 비슷했다. 다정함이 쥐의 지적 수행 능력과 밀접한 연관이 있었다.

비슷한 연구는 사람을 대상으로도 이루어졌다.

먼저 건강과 관련된 연구 사례를 보자. 관계와 건강 사이의 연관성과 관련된 연구가 진행되면서 1960년대 심장마비가 없는 마을로 의학계의 큰 관심을 받았던 펜실베이니아주의 로제토 마을이 다시 조명되었다. '로제토 효과Roseto Effect'로 유명한 로제토 마을은 과거 마을 전체가 하나의 큰 가족 같은 모습을 가지고 있었다. 이탈리아 이민자가 정착해 마을을 이룬 그곳의 가정 대부분은 3대가 함께 살았다. 마을 사람은 집 앞에 의자를 내놓고 앉아 길 가는 사람과 대화를 나누었고 이웃 간 교류도 활발했다. 마을 전체가 친밀했다. 갈등을 지양하고 관계를 중요하게 여겼다.

이들은 건강했다. 어느 정도로 건강했느냐면, 통계적 범주를 한참 벗어날 만큼 건강했다. 당시 의학계의 미스터리 같은 존재였다. 1960년대 미국은 심혈관 질환과 심장마비가 많아 이 원인을 찾는 연구가 진행되고 있었는데, 로제토 마을에는 다른 동네와는 달리 심장마비로 사망하는 사람이 없었다. 건강도 수명도 다른 곳보다 훨씬 길었음은 물론이다. 오랜 시간 로제토 마을을 연구했던 스튜어트 울프 박사는 이 마을 주민만이 가진 유전적, 인구학적 특성은 없고 오로지 관계지향적 특성에서만 차이가 있었다고 했다.

시간이 지나 로제토 마을에 자동차가 늘어나고 현대식 주택이 들어서면서 동네의 커뮤니티는 점차 느슨해지기 시작했다. 그러자 기존의 연구 결과를 입증이라도 하듯이 로제토 마을의 상황이 변하기 시작했다. 1971년 45세가 안 된 나이의 심장마비 사망자가 발생한 이후로 심혈관 질환의 유병률과 사망률은 계속 증가했다. 이제 로제토 마을은 외형적으로나 관계 측면에서나 미국의 평균적인 마을이 되고 말았다. 지금은 다른 곳과 비슷한 비율로 심혈관 질환자 및 심장병 환자가 발생한다.

직군과 직급이 건강에 어떤 영향을 미치는지를 분석한 연구도 있다. 1967년 런던의 화이트홀 지역에서 10년간 1만 7,530명을 대상으로 직장 유형과 직급, 직군 등이 건강에 어떤 영향을 미치는지를 파악하는 연구가 진행되었다. 연구는 동네의 이름을 따서 '화이트홀 실험'이라고 불리었다. 실험에 참여했던 마이클 마멋은 조사가 시작되기 전, 연구진끼리 "아마도 높은 직급의 사람이 스트레스와 근무 강도 때문에 심장마비를 비롯한 건강상의 문제를 더 많이 가지고 있을 것"이라는 이야기를 나누었다고 기록했다. 하지만 결과는 반대였다. 직급이 낮을수록, 전문직이 아닐수록, 일반직보다는 지원직에 있을수록 건강이 좋지 않았다. 심장마비나 관상동맥 질환만 한정해서 보면 3~6배 정도 높은 수치를 보였다. 과체중에 빠질 비율이나 습관적 흡연에 빠질 가능성도 더 높았다.

비슷한 실험은 미국에서도 이루어졌다. 영국의 실험과 같은 방식으로 '화이트홀 II'라는 실험이 1985년부터 미국의 공무원을 대상으로 진행되었다. 1991년 학술지 〈란셋The Lancet〉에 발표된 실험 결과에 따르면, 미국에서의 실험도 영국과 비슷한 결과를 보였다. 낮은 직급일수록, 전문직이 아닐수록, 지원부서에 있을수록 심장마비가 올 가능성은 더 높았다. 이들 실험을 통해 연구진은 '보다 많은 통제권'을 가진 사람이 더 건강하다는 결론에 도달했다. ('통제권' 대신 '자율권'이라는 단어가 더 어울리는 것도 같다)

애초에 화이트홀 연구는 심장 질환의 생리학적 위험 요인을 알아내기 위해 진행되었던 실험이었지만 관련된 결론은 도출하지 못했다. 대신 직장 안에서 '지시받는 처지'일수록 더 건강이 좋지 않았다는 우울한 결론만 얻게 되었다. 즉, 직장 안에서 건강과 관련된 가장 큰 요인은 '마음'이었던 것이다.

'자율권'이 주는 심리적 효과는 어느 정도일까. 조지타운대학교의 크리스틴 포래스와 에너지 프로젝트의 CEO 토니 슈워츠는 전 세계 2만 명을 대상으로 설문조사를 진행했다. (연구에 참여한 화이트칼라와 블루칼라 노동자 비율은 93:7로 설문은 대부분 화이트칼라 직군을 대상으로 이루어졌다) 이들은 연구를 통해 직장 내에서 존중받는 느낌을 받는 직원이 그렇지 않은 직원보다 더욱 높은 수준의 집중력과 몰입력을 보이고, 성과도 더 뛰어남을 알아냈다. 이때 스스로 존중받는 환경에 있다고 응답한 사람에게 언제 그런 느낌을 받느냐고 물어보면, 남에게 통제받지 않고 자기 스스로 업무를 주도할 때 존중받는 것 같은 느낌을 받는다고 대답했다. 두 사람은 2014년 연구를 발표하면서 직원에게 자율권을 부여하기만 해도 높은 성과로 이어짐에도 불구하고, 많은 수의 회사가 여전히 통제 중심의 인사정책을 고수하고 있다며 안타까워했다.

직원에 대한 존중이 얼마나 강력한 효과를 가져오는지를 산술적으로 밝히려 한 연구도 있다. 갤럽은 여론조사를 통해 리더의 유형에 따른 직원 행복도를 조사한 적이 있다. 설문에 응답한 직원은 '상사'보다 '파트너' 느낌을 주는 관리자와 함께했을 때 훨씬 더 행복하고 능률이 오른다고 답했다. "더 행복하다"라고 답한 이들에게 얼마나 행복한지를 수치로써 적게끔 했는데, 이는 연봉이 두 배로 뛰는 것과 맞먹는 수준이었다. 자기를 파트너로 대해주는 관리자와 함께 일했던 직원은 업무 능률이 높은 것은 물론이고 이직 비율도 현격히 낮았다. 회사로서는 얼마나 수지맞는 장사인가. 직원을 파트너로 대하기만 능률이 오르는 것은 물론이요, 연봉을 두 배로 준 효과를 거두는 것인데.

상대를 존중하고 다정하게 대해주는 것만으로 업무의 성과가 좋아지는 것은 어떠한 이유에서일까? 많은 연구에서 몰입을 이유로 꼽는다. 존중받고 안정적인 근무환경에 있는 직원이 몰입을 더 잘해서 생산성이 좋다는 것이다. 직관적으로 이해할 수 있는 말이지만 이를 굳이 이론으로 풀기 위해 다시 대니얼 카너먼의 책 《생각에 관한 생각》을 호출해 보자. 사람의 본능을 담당하는 '시스템 1'과 복잡한 일을 해내는 '시스템 2'. 누구든 두 시스템을 가지고 살아간다. 이들을 동시에 활성화하기는 어렵다. 만일 시스템 1이 활성화되면 시스템2는 저하되고, 반대로 시스템 2가 활성화되면 시스템 1의 활성도는 낮아진다. 상황에 맞춰 이 둘 사이의 균형을 적절히 맞춘다.

시스템 1은 외부의 위험을 인식하는 역할을 한다. 만약 눈앞에 돌연 호랑이가 나타난다고 해보자. 우리의 뇌는 시스템 1을 최고로 활성화할 것이다. 이때 시스템 2는 자연스레 마비되고 본능에 따라 시스템 1의 지시에 따르게 된다. 그래야 호랑이를 피할 수 있으니까. 이러한 시스템 동작 방식은 인류가 진화로부터 터득한 것이다.

비단 호랑이가 아니더라도 사회적 위험에도 우리는 똑같이 반응한다. 경쟁 관계에 있는 사람이 자신을 위협하거나 외부의 비난이 자신을 향하는 경우 이를 대응하는 것도 시스템 1의 역할이다. 경계의 요인이 많으면 많을수록 우리의 시스템 1은 활성 상태를 유지한다. 반면, 이러한 상황에서 복잡하고 계획적인 일을 수행하는 시스템 2는 자연스럽게 저하된다. 만일 계획적이거나 논리적인 일, 창의적 작업을 수행해야 하는 환경이라면 위협요소를 제거해야만 한다. 큰 노력으로 천천히 활성화되는 시스템 2의 특성을 고려하여 직원이 안정적인 상황에 있도록 해야 한다.

시스템 2를 충분히 활성화하면 마법이 벌어진다. '몰입'이라는 마법 말이다. 《몰입》이라는 책을 썼던 미하이 칙센트미하이는 몰입을 위한 환경적 조건을 두고 이렇게 이야기했다. "우리가 몰입Flow 상태로 진입하기 위해서는 특정 조건이 충족되어야 한다. 심리적 안정감, 자율성과 통제감, 스트레스나 불안의 감소가 그것인데, 이런 조건에서야 인간은 비로소 몰입의 문을 두드릴 수 있게 된다." 몰입도 일종의 도전 과제여서 실패나 실수에 대한 불안감이 낮아지고 자기 행동이나 의도를 주도적으로 조절할 수 있어야만 하는 것이다. 칙센트미하이의 말을 쉽게 요약하면, 스트레스 없이 차분하게 자신이 주도하는 '생각'에 온전히 빠져들 때, 비로소 몰입의 단계에 진입할 수 있다. 이는 대니얼 카너먼의 시스템 동작 방식과 일맥상통한다.

그러면 실제로 일터가 다정하면 성과가 오른다는 통계는 있을까?

구글은 2012년에 '아리스토텔레스 프로젝트Google Aristotle Project'를 시작했다. 프로젝트는 팀의 성과와 효율에 어떠한 것들이 영향을 미치는지 찾기 위해 진행되었다. 즉, '무엇이 성공적인 팀을 만드는가?'에 대한 답을 찾고자 했다. 구글은 자사의 수백 개 팀을 분석하고, 팀의 성과에 미치는 요소와 영향을 세분화했다. 결론부터 이야기하면 구글은 프로젝트를 통해 팀의 역량이 팀원 개인 역량의 합이나 그들의 배경과 큰 상관이 없음을 알아냈다. 비밀 레시피는 없었다. 팀의 성과는 팀원 사이의 좋은 관계와 팀이 가진 배려의 근무 환경이 있을 때 가능했다. 성과가 좋은 팀은 우수한 팀원을 많이 가지고 있는 팀이 아니라 팀원의 인간적인 요소와 감정적 요구를 이해하고 지원할 수 있는 팀이었다.

구글은 아리스토텔레스 프로젝트의 결과를 공유하면서 조직이 구축한 '심리적 안정감'이라는 요소가 조직의 성과와 가장 높은 연관성을 보인다고 강조했다. 이를 어떻게 향상할 수 있는지도 공유했는데, 직원 각자가 서로의 자율권을 존중하고 업무 결과를 비난하거나 비판하지 않아야 한다는 것이었다. 이럴 때 높은 수준의 신뢰가 형성되고 결과적으로 조직의 심리적 안정감이 달성된다고 했다. 만일 당신의 팀원이 실수나 실패를 두려워하지 않고 질문과 도전으로 문제를 해결해 나가기를 원한다면, 팀은 심리적 안정감을 제공해야 할 것이다.

사이먼 시넥은 이러한 연구를 바탕으로 '안전권Circle of Safety'이라는 개념을 만들었다. 그는 자기의 저서 《리더는 마지막에 먹는다》에서 리더가 구성원을 외부의 위협으로부터 보호하고 내부의 안전을 보장했을 때 조직이 최고의 퍼포먼스를 달성한다고 했다. 그는 그러한 환경을 안전권이라 명명했다. 리더는 이 공간을 지키기 위한 희생과 봉사에 주저하지 말아야 한다. 그냥 '노력해라' 정도가 아니라 '리더의 희생과 헌신'이 있어야 비로소 안전권을 만들 수 있다. 그때 비로소 조직에 신뢰와 보살핌의 싹이 트기 시작한다고 강조한다.

우리의 일터에도 이런 다정함이 존재하는가? 지난 20년간의 직장생활을 돌이켜 보았을 때 이런 다정함을 성공적으로 구현한 리더가, 적긴 하지만 몇 명 떠오르긴 한다. 말투만 다정한 사람을 이야기하는 게 아니다. 나긋한 말투로 자기의 잇속은 채우면서 책임은 실무자에게 전가하는 사람을 무수히도 많이 봤다. 단순히 말투만이 아니라 진심으로 직원 하나하나를 신경쓰고 그들의 요구에 귀 기울인 리더를 이야기하는 것이다. 그들은 의견을 경청하려 했고, 비판하기보다는 이해하려 하는 사람이었다. 우리는 그들을 '좋은 리더'라고 불렀고, 그들과 함께였을 때 그래도 회사생활이 할만했다. 좋은 성과를 바탕으로 조직이 성장했다. 고과 시즌이나 연초 경영계획 시즌에도 부서에 잡음이 없었다.

10년 전, 다니던 회사에 '좋은 상사'로 명성이 자자하던 사람이 있었다.

그는 직원을 비난하지 않았다. 회의가 많은 편은 아니었는데 간혹 회의가 진행되면, 그는 좀처럼 입을 열지 않았다. 직원의 이야기를 묵묵히 듣다가 회의 말미에 몇 마디씩 했는데, 그마저도 대부분이 질문이었다. 간혹 지시라고 해 봤자 "그럼, 그렇게 해보세요" 정도가 전부였다. 회의 중에는 절대 누군가를 비난하거나 자신의 의견을 강하게 개진하지도 않았다. 만일 그럴 필요가 있다고 느껴지면 따로 불러 조용히 이야기를 들었다.

한번 그와 일해본 이들은 그를 잊지 못했다. 'OO 사단'이라는 식으로 그와 일했던 이들이 OB 모임을 만들었다. 그를 구심점으로 많은 사람이 뭉쳤고 과거 함께 일했던 시간을 함께 추억했다. 그의 리더십 덕분이었는지 그는 아주 높은 자리까지 올라갔다. 그러다 퇴직하고 스타트업을 차렸다.

그가 스타트업을 만들었다는 소식을 듣고 나는 바로 그의 사무실로 찾아갔다. 투자하고 싶었다. 그래도 제법 이른 시기에 찾아갔다고 생각했는데, 시리즈 A 투자가 이미 마무리 단계이고 애초에 모으려던 돈보다 훨씬 더 많은 돈이 모여서 투자를 거절하는 상황이라는 설명만 들었다. 나를 비롯해 거절당한 몇몇 벤처캐피탈은 "시리즈 B가 되면 가장 먼저 연락을 주겠다"라는 약속을 받고 나서야 물러섰다. 알고 보니 그 리더와 함께했던 이들, 그 리더를 한 다리 건너 아는 이들까지 그의 창업 소식을 듣고 너도나도 투자하겠다고 나선 것이었다. 오랜 시간 그가 어떻게 조직을 이끌어 왔는지 잘 보아왔기 때문에, 그가 다정함으로 직원을 얼마나 잘 독려하는지 알기 때문이었으리라.

하지만 한 사람의 성격만으로는 다정함이 조직에 내재화되지는 않는다. 누군가 함께할 동료를 존중하고 신뢰하며, 자율을 부여한다고 하더라도 그것이 조직의 DNA로 남기는 어렵다. 리더가 바뀌면 문화도 쉽게 퇴색되지 않던가. 언제 그랬냐는 듯이 말이다.

그래서 사람에게 다정함을 기대하기보다는 '인사 시스템과 사회적 인식이 변화해야 하는 것 아닌가?'라는 생각도 가져본다. 개인의 성격에 기대지 말고 인사시스템이 더 다정해져야 한다는 이야기다.

하지만 우리가 살아온 모습을 보면 이 역시 쉬운 것 같지는 않다. 우리는 경쟁, 평가, 걱정, 의심 속에서 살아왔다. 그리고 지금도 그런 사회 속에서 살고 있다. 비단 십여 년의 학창 시절에 한정해서 이야기하는 것이 아니다. 한국의 기업은 수시로 '비상 경영'을 선포하고 직원을 불안하게 만든다. 큰일 났으니 더 분발하자는 이야기만 매년 반복한다. 지금껏 이어온 조직문화의 관성이 변화를 받아들일 수 있을지 모르겠다.

우리의 인식은 어떠한가. 우리는 성취를 평가하는 암묵적 잣대와 이를 비교하는 공고한 문화에 길들여진 것은 아닌가? 일상화된 경쟁과 평가 속에서 더 이상 서로를 믿지 못하는 상태가 된 것은 아닌지…. 카페에 두고 간 노트북을 훔쳐 가지 않는다며 사회적 신뢰자산이 공고하다고 이야기하지만, 사실 우리의 사회적 신뢰자산은 매우 빈곤한 편이다. 영국의 싱크탱크 레가툼Legatum은 2023년 번영지수 발표에서 한국의 사회적 신뢰자산은 조사 대상 167개국 중 107등으로 매우 낮다고 발표했다. 그나마 2019년 142위보다는 올라간 수치다. 우리는 치안 시스템을 사회적 신뢰자산으로 착각하고 있는 듯하다.

그래서 결국 이기심에 호소할 수밖에 없다고 생각한다. '이기심'은 우리를 변화시키는 가장 강력한 힘이라지 않는가. 함께 일하는 사람이 행복하고 의미 있는 삶을 꾸릴 수 있으면 충만해질 수 있다는 아름다운 당위에 호소하는 이야기는 뒤로 제쳐두자. 좋은 일터가 직원을 행복하게 만든다는 착한 호소도 하지 말자. 이런 건 다 부차적이다. '다정함은 곧 성과'라는 명제를 이야기해야 한다. 앞서 이야기한 구글의 실험에서 볼 수 있는 것처럼 다정함은 성과로 이어진다. 이는 다양한 방법으로 증명이 끝났다. 단발성 연구가 주장하는 비주류 이론이 아니다. '완성된 비법'이라는 말이다.

당신의 조직이 성공에 가까워지게 하려면 반드시 다정해져야 할 것이다.

이처럼 다양한 사례와 증명이 있음에도 왜 우리는 '다정함'을 받아들이고, 그로써 심리적 안정감을 보장하는 전략을 채택하지 않았던 걸까? 이러한 이론이 자세히 알려지지 않은 것도 이유겠지만, 그보다도 '목표 설정-수행-검증·평가-보상'이라는 인사 패러다임이 너무 강력하게 자리 잡고 있기 때문이 아닐지 싶다.

우리에게 가장 익숙한 방식을 벗어나기란 쉽지 않다. 정해진 진도가 있고 진도의 마지막을 향해 강의가 치열하게 이루어진다. 주어진 문제를 풀고 이를 채점하여 합산한다. 이후에 고득점자를 칭찬하고 그렇지 못한 사람에게는 수치심을 안겨주는 이런 방식. 이 방식이 우리의 삶 전체를 따라 이어지지 않았던가. 어쩌면 우리는 KPI$^{Key\ Performance\ Index}$가 가장 좋은 방식이어서가 아니라 가장 익숙한 방식이어서 효과가 있다고 믿는 것은 아닐까 싶다.

피터 드러커는 "KPI는 아주 정교하게 사용되었을 때만 효과를 거둘 수 있을 것"이라고 했다. 그는 사람마다 가진 특성과 배경이 달라서 각자의 상황과 성향을 파악해서 '세심하게' KPI를 설정해야 한다고 했다.

KPI를 설정하는 과정은 일괄적이고 일방적인 방식이면 안 되고, 마치 밀린 숙제하듯 이루어져서도 안 된다. 리더와 실무자가 서로 대화와 이해를 주고받으면서 KPI를 도출해야 하고, 그렇게 만들어진 KPI는 업무가 수행되는 과정에서 지속적인 피드백과 수정으로 보완되어야 한다. 그야말로 사려 깊은 관심 속에서 만들어져야 하는 것이 KPI인 것이다. 그렇지 않고 KPI가 대략의 숫자로만 이루어진다면(내가 겪었던 대부분의 KPI가 그랬던 것처럼) 만들지 않느니 못한 것이 되고 만다.

연초, 'KPI 시즌'에 억지로 숫자를 밀어 넣은 목표를 만들고는 "올해는 이만큼 할 거예요!"라고 다짐하는 과정이 절대로 도전적일 리가 없다. 그렇게 만드는 KPI 안에 과연 일의 의미나 장기 계획이 담길 수 있을까?

이제는 우리는 KFI^{Key Friendliness Index} 같은 것에 더 신경 써야 할지도 모른다. 그냥 '있으면 좋고' 식의 캠페인 말고, 구체적인 목표로써 리더에게 조직의 안전권을 구축하기 위해 어떠한 계획 세우고 노력해 나갈 것인지 요구해야 한다. 신뢰와 배려의 문화를 어떻게 구축할 것인지를 바래야 한다.

"좋은 회사라고 해서 좋은 직장은 아니야."

20년 전 회사생활을 시작할 때 많이 들었던 이야기다. 지금은 유효하지 않은 듯하다. 좋은 일터가 많아지는 추세다. 이제 심리적 안정이 높은 성과로 이어진다는 아이디어에 귀 기울이는 회사가 그때보다는 많이 늘어난 것 같다. 하지만 대부분 회사에서 '여전히 직장은 힘든 곳'이라는 등호가 유효하다. 이제는 통념을 뒤집을 때가 된 것 같다. 이제는 더 매력적이고, 감동이 있는 회사가 더 좋은 회사가 된다는 새로운 상식을 공유해야 할 시기가 도래했다. 큰 기업이 새로운 인사 패러다임을 추구하는 것은 쉽지 않다. 부디 새롭게 시작하는 스타트업부터라도 다정해지기를 기원해 본다.

욕망을 꿰뚫는 사람

기획자는 생각보다 훨씬 중요합니다

○

십여 년 전 창업을 했었다. 결론부터 이야기하면, 일 년 남짓 헛발질만 하다가 장렬히 산화했다. 창업은 생각보다 훨씬 더 어려웠다. 빚만 잔뜩 떠안고 회사를 닫았다. 지금과 달리 당시는 대표가 무조건 기술보증기금 대출의 연대보증인이 되어야 했다.

창업 초기에 모르는 게 너무 많아, 아니 아는 게 별로 없어서 이것저것 많이 들으러 다녔다. 퇴근 시간에 창업 교육을 하던 창업사관학교 같은 프로그램을 찾아냈다. 스타트업 소식을 다루는 온라인 미디어에서 운영하던 아카데미였다. 양재역 인근에서 퇴근 후 매일, 2주간 창업과 관련된 내용을 들었다. 법인 설립부터 사업계획, 회계, 세무, 인사, 마케팅 등 다양한 주제를 다루었다. 많은 도움이 되었는데 그중 가장 기억에 남는 강의는 '선배 창업자 특강'이었다. 강연자는 SK네트웍스에서 임원으로 근무하던 이동형 씨였다. 싸이월드를 창업했던 그 이동형 씨 말이다. (지금은 경남 창조경제혁신센터의 센터장을 맡고 있는 것으로 알고 있다)

그는 싸이월드를 어떻게 창업하게 되었는지, 프리챌과 얼마나 치열하게 경쟁했는지, 성장하면서 겪은 어려움은 어떤 것들이었는지를 두루 이야기해 주었다. 하나하나가 피가 되고 살이 되는 이야기였다. 이야기도 이야기지만 강사의 말주변이 워낙 좋았다. 재미에 홀려 두 시간 넘는 시간이 어떻게 흘러갔는지도 몰랐다. 그중 가장 와닿던 이야기는 기획자가 얼마나 중요한지를 이야기하는 부분이었다.

이동형 대표는 회사를 창업하고 막 잘 되기 시작했던 시점, 그러니까 이용자가 본격적으로 늘어 회사가 본격적인 상승 커브 위에 올라탄 시기를 가장 힘들었던 때라고 회고했다. 아직 돈은 벌리지 않는데 이용자는 증가하고, 이용자 요구사항은 점점 늘어 서비스를 수정하는 것만으로도 벅찼던 시기였다고 했다. 그 와중에 운영비는 기하급수적으로 증가해 남은 돈을 어디에 넣고 어디에서 돈을 아껴야 하는지를 두고 매일 고민했다고 한다. 상황이 이러니 얼른 수익을 발생시키는 방법을 찾아야 했는데 그 방법은 보이지 않더란다. 하루하루를 전쟁같이 보냈다고, 무슨 계획이나 전략을 수립할 계제가 아니었다고 했다.

그러던 어느 날, 앳된 대학생 같은 사람이 회사를 찾아왔다. 그 사람은 자기를 '싸이월드 애용자'라고 소개하면서, 싸이월드에서 기획 일을 해보고 싶다고 했다. 그러면서 혹시 직원을 뽑지 않느냐 물었고 이동형 대표는 갑작스러웠지만 함께 일해보기로 한다. 연세대학교 사회복지학과를 막 졸업했던 그녀의 이름은 이람이었다.

이동형 대표는 그녀를 '귀인'이라고 표현했다. 그녀는 싸이월드에 입사해 미니홈피를 기획했고, BGM을 도입했으며, 도토리라는 사이버 머니를 만들었다. 그는 그 신입 직원이 싸이월드가 이익을 거두기 시작하는 데 절대적인 역할을 했다고 하면서, 좋은 기획자 한 사람이 회사에 미칠 수 있는 영향이 생각보다 크다고 설명했다. 2003년 SK네트웍스가 싸이월드를 인수하면서 이람은 네이버로 직장을 옮긴다. 이동형 대표의 말에 따르면 네이버로 옮긴 이후에도 네이버 메일, 카페 등을 기획했고, 30대 중반에 이사가 되었다고 했다. 이후 캠프모바일이라는 네이버의 자회사에 대표로 취임한다. 그곳에서 그녀는 '밴드'를 성공시켰다.

이동형 대표의 이야기를 들으면서 떠올렸던 생각은 '나도 좋은 기획자가 되어야겠다'였다. 지금 돌이켜 보면 아주 바보 같은 생각이다. 아마 이동형 대표도 강연에서 이람 대표 이야기를 했던 것이 분명 '좋은 기획자를 뽑아서 사업개발을 맡겨라'라는 의미였을 것이다. 하지만 나는 그때만 해도 기획자는 아무나 다 하는 것인 줄 알았다.

이런 생각은 당시의 나에 국한된 것이 아니다. 투자하거나 투자 검토를 위해 만난 스타트업의 대표, 멘토링에서 만난 많은 창업자가 흔히 갖는 생각이다. 창업자 대부분이 사업기획은 본인이 직접 할 수 있으리라 생각한다. 물론 사업적 혜안이 뛰어나 기획이 완성 단계인 스타트업도 있긴 하다. 하지만 대부분은 초기 아이디어를 구체화하는 데 어려움을 겪는다.

나는 기획을 '역량'이며, '숙련'을 통해 강화된다고 생각한다. 타고나는 것이기도 하지만, 열심히 갈고닦아야 완성된다는 뜻이다.

"대표님, 기획자를 전문직처럼 보셔야 해요. 쉽게 찾기 어렵습니다."

이런 말을 들은 대표는 대부분 "나도 기획자의 자질이 충분하다고 생각합니다"라거나 "나도 해보면 되지 않겠어요?"라고 대답한다. 그리고 그런 믿음 속에서 기획자를 뽑는 일이 가장 낮은 우선순위로 밀린다. 심지어 가끔 어떤 대표는 기획자가 꼭 필요하냐고 물어보기도 한다. 기가 막힐 노릇이다. 누차 기획에 신경을 쓰라고 당부하지만, 대부분의 스타트업에서 이런 상황은 개선되지 않는다. 그런 상태로 시간만 흘러간다.

기획자는 시장의 욕망을 감지하는 사람이다. 그리고 그 욕망에 맞춰 어떤 서비스가 필요한지 설계를 하는 사람이기도 하다. 그들은 욕망이 명징하지 않아도 발견할 수 있고, 존재하지 않는 숨겨진 욕망을 발굴할 수도 있다. 그래서 나는 그들을 '욕망을 꿰뚫는 사람'이라고 부른다.

욕망을 읽으려면 사람을 이해하는 것이 필수적이다. 즉, 사람과 대중이 어떤 상황에서 어떻게 욕망을 발동하는지 알아야 한다는 얘기다. 어떤 능력을 갖춰야 사람을 보다 더 잘 이해하는지에 대한 구체적 연구는 없다. 하지만 사람을 연구하는 학문은 있지 않은가. 사람과 가까운 곳에서 사람을 들여다보는 학문 말이다. 그래서 난 인문학적 소양이 풍부한 인재를 찾으라 권한다. 분야는 정해지지 않았다. 철학, 심리, 문학 등 사람과 관련된 내용을 오랫동안 파고든 사람이면 좋다.

예전 직장의 기술 부서에 있을 때, 인문학적으로 생각하자는 '인문학 열풍'

이 불었던 적이 있다. 당시 카피라이터, 기획자, 경영자가 인문학과 관련된 책을 쏟아냈다. 그리고 회사에서는 이런 흐름을 접목해 보려는 시도도 생겨나기 시작했다. 당시 내가 있던 부서의 부서장도 이런 흐름을 인지했는지 부서 전체가 모이는 회의에서 나름 본인이 생각하는 '인문학적 사고'에 대해서 이야기하고는 이런 당부를 했다.

"여러분들도 앞으로는 인문학적으로 생각해 주세요."

비용 부서였던 기술 조직이 사업적으로 각성하기를 바란다며 한 이야기였다. 하지만 인문학적 사고는 스위치가 아니다. '오늘부터 그렇게 생각하기로 했어!'라고 한다고 장착되는 도구도 아니다. 당시 회의에 모였던 수십 명의 개발자는 인문학의 정의가 무엇인지도 몰랐다. 그들은 회의를 마치고 나오면서 "근데 인문학이 뭐지?"라며 서로에게 그 의미를 확인했다. 재차 이야기하지만, 인문학적 소양 역시 갈고닦아지는 것이다. 마치 개발자가 오랜 시간에 걸친 교육과 훈련을 통해서 태어나는 것처럼 말이다.

인문학이라는 단어가 조금 거창하니 다른 단어로 치환해 보자. 우리가 기획자에게서 기대할 수 있는 덕목은 '이야기'다. 다른 사람을 이야기로 이해하고, 시장을 이야기로 접하며, 자기의 생각을 이야기로 풀어나갈 수 있는 능력. 그것이 기획자가 가진 능력의 정수다.

소설가 김영하는 방송에서 "이야기가 아니면 타인을 받아들일 수 없어요"라는 발언을 한 적 있다. 대담 프로에서 소설가 오노레 드 발자크와 관련된 이야기를 하다가 지나가듯 꺼냈던 이야기였다. 그 자리에 있던 누구도 이 발언에 반응하지 않고 그냥 '쓱'하고 지나갔다. 하지만 굉장히 중요한 이야기다. 사람은 무언가를 받아들일 때, 그게 사람이건, 시장이건, 사업이건 간에 그것을 이야기로써 받아들인다. 아니 그렇게 될 수밖에 없다.

왜 우리는 이야기로만 외부의 것들을 이해할 수 있을까? 유발 하라리의 이야기를 들어보자. 그의 저서《사피엔스》를 보면 이런 설명이 나온다. 인간은 이야기를 통해 집단으로 존재할 수 있다. 인간은 신화, 종교, 이데올로기 같은 상상의 질서를 가지고 사회적 구조를 유지하며 발전시킨다. 그러기 위해서는 사회가 공유하는 질서를 전파하는 것이 필요한데, 복잡한 개념과 정보를 맥락 없이 쏟아내면 사람은 이를 받아들일 수 없다. 사람은 사회의 질서를 각자의 맥락에 맞는 이야기 형태로 접했을 때, 비로소 받아들일 수 있게 된다.

사회 구조나 질서를 이야기해서 거창하게 느껴질 수도 있지만, 사람의 일상에서도 마찬가지 일이 벌어진다. 예를 들어 "오늘 하루 어땠어?"라는 인사에, 만일 그날 있었던 이벤트를 시간 순서로 나열한다면 이를 받아들일 사람은 거의 없을 거다. 대신에 그날 있었던 일을 '이야기'로 만들어 맥락을 부여하면 훨씬 더 받아들이기 좋게 되는 것이다.

기획은 이야기를 만드는 작업이다. 사업을 이야기로 구성하는 것, 반대로 이야기로 사업을 만들어 내는 것, 그것이 기획이다. 주위를 둘러보자. 누군가는 말을 정말 조리 있게, 같은 정보도 재미있게 전달하는 사람이 있다. 비단 재미뿐이겠는가, 누군가는 재미를 넘어 나의 삶에 영향을 미치거나 감동으로 남을 말을 해주기도 한다. 그들이 바로 기획자다. 시장에 있는 소비자의 욕구를 건드리고 그 욕구를 충족시킬 수 있는 이야기를 짜는 것.

이야기를 만드는 방식도 진화해 왔다. 이를 마케팅의 진화로 설명한 사람이 있다. 필립 코틀러는 마케팅이 단계적으로 진화해서 지금 우리는 '마켓 6.0'의 시대에 살고 있다고 했다. 단계별 진화 과정을 살펴보면 이렇다. 우선 '마켓 1.0'은 제품 중심의 마케팅이다. 제품의 기능적 우수성을 강조하는 식이다.

'마켓 2.0'은 소비자 중심 마케팅으로 소비자의 니즈에 초점을 맞춘 마케팅 방식이다. 이 음료를 마시면 정말 청량한 느낌이 들어요, 이 자동차를 타면 안락해요, 이 전화기는 당신을 편리하게 해준다는 등의 소비자 욕구 중심의 마케팅이다. '마켓 3.0'은 단순히 제품을 판매하는 것이 아니라, 소비자와 감정적으로 소통하고 사회적, 환경적 가치를 강조하는 것이 특징이다. 즉, 브랜드가 삶의 긍정적 변화를 가져다주고, 더 큰 사회적 목적을 지향하는 방식으로 마케팅을 펼쳐 소비자의 마음을 움직인다. 파타고니아, 도요타의 프리우스처럼 가치 지향의 마케팅 사례가 대표적 예이다.*

필립 코틀러는 마케팅의 진화에서 점점 더 중요해지는 능력이 스토리텔링과 내러티브라고 이야기했다. 예를 들어 PC 제품을 보자. 과거 PC의 마케팅은 제품의 스펙을 나열했다. 용량, 처리속도, 크기, 내구성 등을 스펙으로 나열해서 소비자에게 어필했다. 하지만 이제는 시장의 대부분이 내러티브로 호소하는 시대가 되었다. "당신이 우리 제품을 사면, 당신의 삶은 더 나아질 거예요. 왜냐하면…"이라는 식으로 마케팅이 시작된다.

---

* 마켓 4.0은 3.0과 비슷한 맥락이나 온라인 마케팅의 시대에 진입했음을 이야기한다.

기능 나열 방식의 과거 마케팅 전략

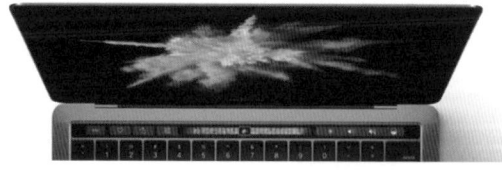

소비자의 상상을 자극하는 방식의 마케팅 전략

여기서 중요한 부분은 '왜냐하면'이다. '왜' 안에 제품을 담고, 소비자에게 질문을 던질 수 있어야 한다. 그래서 잘 설계된, 정교하게 다듬어진, 그리고 절제된 이야기가 필요하다.

광고에 국한된 이야기가 아니다. 이쯤에서 필립 코틀러의 말을 다시 인용하고 싶다.

"마케팅은 단순히 마케팅 부서의 역할에 국한되지 않아야 합니다. 마케팅은 전사적 활동의 관점에서 다뤄져야 합니다."

아주아주, 매우 중요한 이야기라고 생각한다. 그는 기업 안에 있는 모든 부서와 기능에 걸쳐 마케팅이 통합적으로 이루어져야 한다고 설명했다. 그래야만 기업이 일관성 있는 고객 경험을 제공할 수 있고, 장기적인 성공을 달성할 수 있다고 보았다. 이처럼 마케팅은 단순히 '광고 및 선전'에 국한되지 않는다. 제품과 서비스를 기획하고 판매하며 유지 관리하는 부분까지 포함한다. 시장에 진입할 계획을 세우는 것부터 고객이 사용을 마치는 순간까지도 정교한 이야기로 구성되어야 함을 뜻한다.

결국 다시 좋은 스토리텔러가 필요하다는 결론으로 돌아간다. 재능과 소질이 충분하며 잘 훈련받은 사람 말이다.

이야기를 만드는 것은 정교한 작업이다. 이야기를 짓는다는 것은 개연성이라는 매질을 써서 사실과 사건 사이를 틈 없이 메워 쌓아 올리는 작업이다.

이는 마치 활쏘기와 같다. 멀리 떨어진 시장의 욕망을 정확히 꿰뚫는 거다. 혹자는 그걸 두고 "그냥 활시위를 당겼다가 놓으면 되는 거 아닌가?"라든지 "몇 번 쏘다 보면 맞겠지"라고 이야기한다. 그렇게 맞추기에는 욕망은 너무 멀고 너무 많이 움직인다. 바람과 습도, 소리와 분위기까지도 '정교하게' 조준하는 올림픽의 궁사처럼 기획자도 많은 것을 고려해야만 욕망을 관통할 수 있다.

간혹 사업계획서 작성 요령과 관련된 강의나 멘토링을 할 때면, 나는 사업계획서라는 것은 작성 요령이 딱히 없으니 크게 신경 쓰지 말라고 이야기한다. 우리가 신경 써야 할 것은 사업계획서가 아니라 '사업계획 그 자체'라고 강조한다. 만일 사업계획이 고도로 정교하게 만들어졌다면, 설령 개떡같이 사업계획서를 만들어도 투자자가 찰떡같이 알아들을 테니 걱정하지 말라고 얘기한다. 사업계획서 작성을 대행해 주는 업체나 사업계획서 작성 컨설팅 업체도 있는 것으로 알고 있다. 정부지원 사업에 지원하거나, 잘 짜인 기획을 더욱 돋보이게 하기 위한 목적이라면 이들 업체를 활용해 보는 것도 좋을 것 같다. 하지만 사업의 본질인 사업계획, 즉 기획이 옹골차지 못하다면 이러한 업체의 조력도 다 부질없다.

나만의 독창적인 이야기를 만들자. 존재하지 않던 이야기로 세계 최초의 소셜 미디어라는 타이틀을 얻은 싸이월드처럼, 독창적인 이야기는 시장에서 돋보이기 마련이다. 이야기의 가치에 주목하자.

욕망을 꿰뚫는 자들이 있다. 누구나 다 그렇게 될 수 있을 것이라 믿지만, 그 경지에 이른 사람은 쉽게 찾을 수 없다. 기획자는 지나치게 중요함에도 모두가 그냥 지나치기 쉬운, 그런 역할이다.

얼마면 적절한가요?

기업의 가치는 어떻게 정해지는가?

○

투자 검토 과정에서 투자자와 창업자 사이에 가장 첨예한 분위기가 도는 순간을 꼽으라면, 아마 회사의 가치를 두고 협상하는 순간일 것이다. 당연하게도 투자자는 더 낮은 회사 가치로 더 많은 금액을 투자하려 할 것이고, 창업자는 최대한 높은 회사 가치를 인정받아 지분율을 방어하려고 할 것이니 말이다.

회사의 가치를 판단하는 정형화된 기법이 있긴 하다. 흔히 '밸류에이션'이라고 불리는 가치평가 방법론이다. 투자 업계에서는 흔히 DCF Discounted Cash Flow, 유사기업 비교법, 수익 배수법, 벤처캐피탈 평가법 VC Method 등을 사용한다.

DCF는 말 그대로 현금흐름 할인법이다. 기업이 만들어 내는 현금흐름을 예상하되, 먼 미래의 현금흐름은 예상을 벗어날 가능성이 높으니, 이를 고려하여 할인Discount하자는 콘셉트다. 이때 현금흐름은 매출이나 순익을 나타내는 것이 아니다. 기업이 벌어들인 돈에서 지출을 제한 금액으로 기업 내의 가용 현금흐름을 뜻한다. 이를 보통 자유현금흐름, FCF Free Cash Flow 라고 한다. 과거부터의 자유현금흐름의 추이를 가지고 미래의 현금흐름을 예측하고, 앞서 말한 대로 먼 미래는 불확실성이 높으니 미래로 갈수록 현금흐름을 할인하여 줄인다. 이때 할인율은 임의로 정하지 않는다. 회사의 부채 대 자본 비율을 참고하여 산출한다. 부채가 많으면 더 많이 할인하는 식이다. 이렇게 할인해서 산출된 미래 기업의 '가치'를 다시 현재 기업 가치로 역산하면 DCF를 통한 가치평가가 완료된다.

    DCF가 기업 안의 자유현금흐름을 기반으로 기업의 가치를 평가하는 만큼, 스타트업에는 적용하기가 어렵다. 추세를 산출할 만큼의 충분한 기간의 데이터도 없는 경우가 많다. 게다가 앞서 이야기한 것처럼 부채비율이 높으면 할인율도 올라가는데, 대부분의 초기 기업은 부채비율이 높다. 그래서 DCF를 사용하더라도 높은 가치가 나오기 어렵다.

    그래서 대부분의 벤처캐피탈 심사역은 유사기업 비교법이나 벤처캐피탈 평가법을 사용하는 편이다.

    먼저 유사기업 비교법은 말 그대로 업종이 비슷한 기업의 현재 가치를 기준으로 평가 회사의 가치를 추정하는 방법이다. 비교 기업의 지표, 예를 들어 PER, EV/EBITDA, EV/Sales 등을 평가하려는 기업에 적용한다. 간단히 예를 들어보면 비슷한 업종의 기업의 PER가 5 정도라고 할 때, 평가하려는 기업의 순이익이 10억이면 이 기업의 가치는 대략 50억 정도로 추정하는 것이다. 유사기업의 실적과 가치의 비율을 평가 기업에 적용하는 것이라고 보면 된다. 이와 비슷하지만 좀 더 직관적인 '유사거래 비교법'도 있다. 비슷한 기업 중에 인수·합병이나 상장 등의 이벤트(거래)가 발생한 기업이 있다면 이때의 거래가치를 가지고 기업가치 평가에 활용하는 방법이다.

벤처캐피탈 평가법은 아마도 벤처캐피탈에서 가장 많이 사용되는 방법일 거다. 앞서 설명한 유사기업 비교법의 경우 회사의 재무적 지표가 있어야 적용하기가 수월하다. 그러나 스타트업이 이러한 지표를 갖추지 않은 경우가 많아 사용이 어렵다. 그래서 심사역은 회수 예상 시점의 실적을 바탕으로 기업가치를 역산한다. 이때 목표 시점의 실적은 스타트업이 제시하는 예상치를 할인하여 추산한다. 할인을 많이 해야 한다. 기업 실적을 예상하는 것이 부족한 근거를 기반으로 산출되기 마련이기 때문이다. 할인폭은 적게는 30% 많게는 50% 정도다. 여기에 후속 투자나 상장 때 발생한 지분 희석까지 고려해 추가로 할인을 적용하기도 한다. 심사역은 이렇게 할인에 할인을 적용한 값을 근거로 투자의 당위성을 이야기할 수 있다. "이처럼 실적을 대폭 할인해도 이 정도의 성장이 예상되니, 현재의 가치가 투자에 적합하다"라고 주장하는 식이다.

너무 대략적인 예상이 아니냐는 비판이 있을 수도 있다. 하지만 스타트업 대부분이 구체적인 숫자를 가지고 있지 않은 경우가 많고, 기업의 미래를 예측하기도 워낙 어렵다 보니 이 정도의 가치평가 방법을 용인하는 분위기다.

이런 가치평가는 언제 이루어지는가? 협상 때인가 아니면 협상이 다 이루어진 다음인가? 의아할 수도 있지만, 이런 가치평가는 대부분 협상이 완료된 이후에 이루어진다. 가치평가 결과는 보통 투자심의위원회 통과의 목적으로 활용한다. 가치가 정해진 후에 가치평가 수단을 가지고 "지금 우리가 합의에 이른 가치가 큰 무리가 없다"라고 어필하는 것이다.

그렇다면 기업 가치는 실제로는 어떻게 결정되는가? 기업 가치는 계산이나 추정이 아닌 협상의 영역에서 결정된다고 보아도 무방하다. 스타트업 밸류 협상은 '꿈을 두고 벌이는 밀당'이다. 스타트업이 "내가 생각하는 우리의 미래는 이 정도 가치가 있어요!"라고 주장하면, "그래 큰 꿈은 맞아, 근데 그 정도 가치는 아니지 않아?"라며 받아친다. 그리고 이런 밀당 과정에 다양한 시장 변수가 영향을 미친다. 그래서 상황에 따라서는 예상외로 높은 기업 가치가 인정되기도 하고, 뜻하지 않게 협상이 꼬여 어려움을 겪기도 한다. 여기 몇 가지 사례를 소개하고자 한다. 아래 다섯 개의 사례는 내가 실제 투자를 진행했거나, 검토했던 경험의 기록이다.

A 기업은 인공지능 기술을 다루는 기업이다. 대표가 큰 기업에서 인공지능 관련 에반젤리스트로 활동하다 그 기업의 연구진과 함께 회사를 차렸다. 기술개발 초기 단계였지만, 좋은 인력을 대거 확보하여 여러 투자자의 관심을 모았다. 연구원이 많아서 기술 역량으로는 단숨에 업계 상위권으로 치고 오를 수 있는 정도였다. '이 정도 인력이면 뭐라도 만들겠지'라고 생각하는 투자자가 많았다. 그런 투자자의 마음을 알았던 걸까? 스타트업은 수백억 원의 가치를 인정해 주기를 희망했다. 희망했다기보다 공표했다. '우리는 어

쨌든 이 밸류로 투자를 받을 테니 투자하고 싶으면 오세요'라는 식이었다.

밸류가 아주 높았다. 시드 투자 규모로는 대단히 이례적이었다. 소문은 업계 전체로 빠르게 퍼졌다. 창업자의 배경과 회사의 규모, 호기롭게 요구한 높은 기업 가치 등이 시너지 효과를 냈다. 업계의 새로운 대어라고 알려지면서 너도나도 투자에 관심을 보였다. 물론 요구하는 가치가 너무 높다며 바로 포기를 선언한 투자자도 많았다.

당시 인공지능에 투자하려는 사람은 많았는데, 시장에 마땅히 투자할 만한 기업이 없던 상황이라 회사의 전략이 먹혀들었다. 투자 의지를 불태운 몇몇 투자사 덕에 첫 투자치고는 높은 가치로 첫 투자 라운드를 성공적으로 마무리했다.

B 기업도 인공지능 관련 기업이었다. 인공지능 핵심 기술을 다룬다기보다는 데이터 관련하여 특화된 서비스를 제공했다. 사업을 작게 시작했는데, 그러다 보니 시장의 관심을 끌기가 어려웠다. 몇몇 큰 투자사가 관심을 보이긴 했는데, 그들도 쉽게 투자 결정을 내리지 못했다.

이때 B 기업 대표는 과감한 결단을 내린다. 아주 낮은 기업 가치를 제시하고 많은 지분을 신규 투자사 세 곳이 확보할 수 있도록 한 것이다. 덕분에 회사는 적절한 시기에 넉넉한 자본을 확보하면서 성장할 수 있었다. 이후 몇 번의 투자를 더 받으며 계속 덩치를 키워나가더니 '대표의 낮은 지분이 염려된다'라는 거래소의 우려에도 불구하고 코스닥 입성에 결국 성공한다.

C 기업은 친환경 기술을 보유한 제조업체였다. 큰 창업경진대회에서 우승한 이력이 있어 몇몇 벤처캐피탈이 관심을 두고 투자 의사를 타진했다. 처음엔 C 기업이 기업 가치로 60억을 인정해 주기를 희망했다. 투자 금액은 총 15억, 4개의 벤처캐피탈이 15억을 나누어 투자해야 하는 상황이었다. 기업 가치가 제법 저렴하다고 생각했던 투자자는 서로 자기가 더 많이 투자하겠다면서 나섰다. 투자자끼리 협상을 벌였으나 합의에 실패했다.

그사이 한 주가 지났다. C 기업의 대표는 갑자기 기업 가치를 65억으로 올리겠다고 투자자에게 통보했다. 그러고도 결론이 나지 않자 짧은 시간에 다시 70억으로 가치를 올렸고, 결국 두 군데의 벤처캐피탈이 투자 의사를 철회하고 빠졌다. 두 벤처캐피탈의 담당자는 C 기업의 대표를 "신용이 없다!"라고 비난했지만, C 기업으로서는 기업 가치도 올리고 지분도 방어하는 성과를 올린 것이었다.

D 기업도 기술 기업이었다. 소수의 인력으로 상당히 괜찮은 기술을 개발한 상태였다. 솔루션 형태의 제품이었는데 고객사를 찾는 데 난항을 겪어 매출이 좀처럼 발생하지 못했다. 그래도 기술력을 인정했던 몇 군데의 벤처캐피탈이 제법 높은 기업 가치로 투자하겠다며 연락해 왔다.

순조로운 듯했던 투자 과정 중에, 가장 의욕적으로 검토하던 벤처캐피탈이 회사 내부 사정을 이유로 돌연 투자를 철회했다. 그러자 업계에 소문이 돌았는데, 사실과는 달리 D사가 심각한 문제가 있어 투자사가 투자를 접었다는 내용이었다. D사 측에서는 아니라고 부인했지만, 시장의 의구심은 줄지 않았고 다른 투자자도 하나둘 투자 의향을 거둬들였다. 투자는 불발되었고, 이후 D사는 뜻하지 않게 지독한 자금난을 겪을 수밖에 없었다.

E 기업은 B2C 솔루션 기업이었다. 외식시장 솔루션으로 식당의 매출 신장에 이바지하는 역할을 했다. 코로나 전까지 제법 탄탄한 성장세를 이어갔다. 성장은 계속될 것 같았다. 창업자뿐만 아니라 투자자도 회사의 성장을 의심하지 않았다. 하지만 코로나로 인한 외식 경기 하락은 회사에 적지 않은 타격을 줬다. 재택근무, 배달 주문이 폭증하는 동안 고객이 식당을 찾는 비율은 2년 넘게 바닥이었다. 그 사이 회사 안의 현금흐름은 말랐다.

E 기업은 다시 투자를 유치하려 했다. 당시 2021년 말이었는데, 투자시장의 유동성은 충분했기에 상황은 나쁘지 않았다. 문제는 이전 라운드에서 너무 높게 책정한 기업 가치였다. E 기업은 기업 가치를 낮춰서라도 현금을 확보하려 했지만, 기존 투자자가 이에 동의하지 않았다. E 기업은 예상했던 금액의 투자금도 모으지 못했고, 기존 투자사와의 갈등으로 한동안 어려움을 겪어야 했다.

이처럼 사례는 다양하다.

"이런 기술에, 이 정도 규모면, 얼마의 가치를 인정받는 것이 '일반적'인가요?"

이런 질문을 많이 받았는데, 상황은 무척이나 다양해서 '일반적'인 경우를 이야기하기가 어렵다. 그런 질문을 받으면, 최근에 있었던 투자 사례를 예시 삼아 대략 대답한다. 하지만 그게 얼마나 큰 의미가 있을지 모르겠다.

"그럼 어떤 케이스가 최상의 케이스인가요?"

이 질문에도 정해진 답은 없다. 어떤 회사는 지분을 아껴서 나중에 대표가 많은 지분을 가진 채로 큰 기업이 되기도 하고, 어떤 회사는 많은 투자자를 주주로 맞은 덕분에 그들의 적극적 조력으로 예상보다 더 크게 성장하기도 한다. 그야말로 케이스 바이 케이스다.

결국 기업 가치라는 것은 상황에 따라 만들어지는 결과다. 협상에 임하는 당사자의 마음에 따라 결과가 정해지는데, 이때 스타트업이 협상에 나서는 기준은 무엇인가.

첫째, 가능하면 적은 지분을 내주면서 필요한 자본을 확보해야 한다. 대표의 지분은 대표의 자산이라는 의미 외에도, 회사가 다양한 상황에서 사용할 수 있는 도구임을 간과하면 안 된다. 기업이 성장하면 추가로 투자를 받아야 할 일이 생기는데, 지분은 이때 투자를 확보하기 위한 자원으로써의 의미도 지닌다. 그래서 넓은 의미로 '회사에 속한' 지분은 될 수 있는 한 아끼는 것이 바람직하다. 길고 원대한 계획일수록 지분 활용 계획을 꼼꼼히 구성하는 게 좋다.

둘째, 좋은 조력자를 파트너로 맞아야 한다. 당연한 이야기지만, 회사의 우군은 많으면 많을수록 좋다. 확보한 우군의 능력이 다양하면 더할 나위 없다. 예를 들어, 회사가 성장하는 데 좋은 조언을 해줄 수 있는 투자자와 금융시장의 조력을 끌어낼 수 있는 투자자가 시너지를 낸다면, 회사는 기대 이상의 도움을 받을 수 있다. 회사가 잘 성장할 수 있음은 물론이고, 시장으로부터 회사의 잠재력 이상의 평을 받을 수도 있다. 이처럼 투자 유치를 통해 다수의 우군을 확보한 기업은, 그렇지 않은 기업보다 확률상 성장과 상장에서 유리한 고지를 점할 수 있다.

두 조건이 일견 모순적이긴 하지만, 지분은 최대한 아껴야 하기도 하지만 적절히 쓰기도 해야 한다.

스윗스팟Sweet spot을 찾아야 한다. 이를 찾는 가장 좋은 방법은 가능한 많은 투자자를 만나서 선택지를 넓히는 것이다. 하지만 많은 창업자가 업무에 너무 바빠서, 빨리 투자 라운드를 마무리하고 싶은 마음에 속도전을 펼친다. 하루에 서너 군데의 벤처캐피탈을 만나서 미팅하고, '두 달 내로 마무리한다!'라는 식의 도전적 목표를 설정한다. 그렇게 빡빡한 일정으로 선택지가 줄어든다.

선택지가 줄면 줄수록 운이 개입할 여지가 많다. 더 긴 시간을 투자에 쓰기를 권한다. 간혹 스타트업 대표에게 "대표가 해야 할 일 중에서 가장 중요한 일이 무엇입니까?"라는 질문을 받는데, 나는 늘 다음과 같은 대답을 한다.

"대표님이 해야 할 가장 중요한 일은 회사의 비전과 목표를 세우는 것이지요. 그다음 중요한 일이라면 사람을 뽑아서 적절한 곳에 배치하는 일일 거예요. 그들이 일하기 좋은 환경을 만들고 이들이 기운을 잃지 않고 계속 회사에 몸담을 수 있도록 회사를 가꾸는 일 말이에요. 비전과 HR 다음 중요한 것을 꼽으라면, 투자자와 관계를 맺는 겁니다. CFO가 없는 초기 기업의 CEO는 이런 일들을 직접 해야만 합니다. 이 업무는 투자 라운드 때에만 한정되지 않습니다. 계속해서 투자자와 장기적 관계를 맺는 것을 추천해 드려요."

우리는 관상가가 아니기 때문에 하루에 서너 번, 짧은 시간 마주한 자리에서 그들이 얼마나 좋은 파트너가 될 수 있을지를 파악할 수 없다. 오랜 시간 동안 만나면서 투자 라운드와 관련된 피드백을 받고, 그들에게 여러 버전의 IR 자료를 보내서 반응을 살피는 것을 추천한다. 스타트업은 이런 관계에서 의외의 도움을 받기도 한다. 사업에 활용될 수 있는 아이디어나 전략을 구할 수도 있고, 투자자 네트워크를 더 넓게 펼칠 수도 있다.

무엇보다 이렇게 지속적 관계 맺고 투자 라운드를 예열하는 전략은 불확실성을 감소시킨다. 심사역의 업무 템포는 제각각이어서 긴 검토 시간이 필요한 사람도 있다. 시간을 정해놓고 재촉하면 좋은 선택지 일부를 버리게 되는 꼴이다. 그리고 오랫동안 회사를 검토한 심사역이 회사에 대해서 더 잘 알기 마련이다. 시간을 정해놓고 달리기보다는 평소에 관계 속에서 투자의 기회를 만드는 전략이 필요하다.

처음 투자를 유치하는 창업자, 특히 조급한 이들에게는 이런 조언을 하곤 했다.

"다급하게 생각하지 마십시오. 만일 3개월 만에 투자를 완료하겠다고 마음먹으셨다면, 일정을 6개월로 늘리십시오. 평소에 지속해서 투자자와 관계를 이어갈 수 있다면 더 좋습니다. 만일 10억 원의 투자 금액을 생각 중이라면, 20억 원까지는 가능성을 열고 접근하십시오. 마진이 넉넉해야 위험을 피할 가능성도 커집니다."

회사의 가치가 결정되는 것은 기계적인 시장 원리에 의해서가 아니다. 투자의 모든 과정이 사람에 의해 이루어진다는 점을 잊지 말아야 한다. 상장시장처럼 거래소의 시스템이 개입하거나 퀀트처럼 기계가 거래하는 것도 아니다. 스타트업 투자시장은 오롯이 사람에 의해서 이루어진다. 투자자에게 자신의 꿈을 설명하고, 열정을 피력하는 대표와 그런 대표의 마음에 감화되어 투자의 의지를 불태우는 투자자 사이에서의 화학작용이 투자로 이어진다.

시장을 숫자로 보지 말아야 한다. '경제의 원리'보다는 '관계의 원리'가 훨씬 더 유용하다. 투자 협상은 서로 원하는 것을 투명하게 밝히고, 양보와 요구 사이에서 합의점을 찾는 '사람의 일'이다.

최적의 타이밍

서비스 출시는 어느 단계에서 하나?

○

"혹시 내가 아는 사람이랑 이야기 좀 나눠줄 수 있어?"

어느 날 친구가 전화를 걸어왔다. 주위에 사업을 하는 사람이 있는데, 그와 상담해 줄 수 있느냐고 물어왔다. 이제 막 사업을 시작한 사람이었는데 투자를 수소문하고 있어서 나를 연결해 주기로 했단다.

"너랑 어떻게 아는 사이야?"

"아 오래전에, 둘째 산후조리원에서 알게 됐어."

요즘은 산후조리원 인맥도 제법 요긴하다고 하더니만, 색다른 관계였다. 친구의 설명에 따르면 그는 강남에서 제법 유명한 영어 강사였다고 했다. 흔히 일타강사라고 불리는 사람이었던 모양이다. 잘나가는 강사였던 그는 어느 날 하고 싶은 게 생겼다며 사업에 뛰어들었다.

소개받은 스타트업 대표와 전화로 간단히 통성명하고는 만날 약속을 잡았다. 그는 영어 교육에 인공지능을 접목한 아이템을 만들고 있었다. 최근 교육에 인공지능을 접목하는 업체가 많다 보니 만나기 전부터 걱정이 됐다. 과연 이분은 얼마나 시장에 먹힐만한 아이템을 준비 중일지 궁금했다.

오랜 시간 수험생 강의를 했던 분이어서 그런지 초기 기업치고는 사무실이 넓고 좋았다. 접근성도 뛰어났고 사무 공간의 인테리어도 깔끔했다. 초기 기업에게 느껴지는 특유의 '헝그리' 느낌이 덜하긴 했다. 뭐, 넉넉하게 시작하는 것도 나쁘지 않다.

대표는 호탕한 성격이었다. 강사로 활약했던 덕인지 이야기도 청산유수였다. 자신이 가진 장단점, 아이템의 전망과 개발 중인 사업에 대해서 조리 있게 설명했다. 그는 목표 시장을 수험생 대상으로 한정했다. 아무래도 오래도록 몸을 담았던 곳이라 시장에 대한 이해도 높았다. 수험시장에 돈의 대부분이 몰린다는 점도 고려한 것이리라. 20년의 세월 동안 자신이 겪은 업계의 문제점과 고충을 인공지능 기술로 해소하면 성공이 보이리라 생각했다.

나는 교육 업계에 전문성이 없다. 그가 이야기하는 새로운 아이템을 직관적으로 이해하기 어려웠다. 다만, 학생은 본인의 수준에 맞는 다양한 문제를 풀고 싶은 욕구가 있고, 선생님은 학생의 이런 요구에 맞춰 다양한 문제를 출제하고 싶어 한다는 점은 이해했다. 현재 시장은 다양한 학습지의 조합으로 요구를 충족시키는 상황이었다. 이런 과거의 방식은 한계가 명확했다. 그래서 대표는 인공지능을 활용하여 학생 수준에 맞는 문제를 다양하게, 난

이도별로 형성하는 시스템을 만들고자 했다. 언뜻 듣기에는 설득력 있는 아이템이었다.

하지만 가설만으로는 부족했다. 실제 현장에서 그런 수요가 정말로 존재하는지 확인하고 싶었다. 그리고 시장의 페인포인트를 그가 개발한 인공지능 시스템이 얼마나 해소하는지도 궁금했다. 일타강사의 설명도 좋지만, 강사보다는 고객의 소리가 더 듣고 싶었다.

솔직히 이야기했다. 나는 이 분야를 잘 모른다고. 하지만 당신이 다음 단계로 해야 할 일은 무엇인지 알 것 같다고 말이다.

"일단 고객의 소리를 확인해야 할 것 같아요. 인공지능 시스템이 완성되기 전에, 지금 상황에서 프로토타입을 만들면 좋을 것 같습니다. 이 근처에만 고등학교가 두 군데에 학원도 아주 많습니다. 이곳에 근무하시는 선생님을 대상으로 무료 서비스를 배포해 보세요. 한번 써보게 하는 겁니다. 인공지능 시스템은 개발 중이라고 하셨죠? 시스템으로 커버하지 못하는 영역은 사람이 직접 해가면서 서비스를 해보세요. 그래야 우리가 설정한 가설이 유효한지 검증할 수 있을 듯해요."

대표는 고개를 끄덕이면서도 미심쩍은 듯 답했다.

"말씀은 맞습니다. 다만 지금 인공지능 인력 말고는 인원도 넉넉지 않고, 일단은 시스템을 완성하는 게 우선일 것 같은데요. 완성되지도 않은 제품을 테스트하라는 게 선뜻 내키지는 않네요."

"네, 선택은 대표님께서 하시는 거죠. 하지만 고객의 피드백으로 투자자를 설득하는 것보다 더 효과적인 것은 없을 듯합니다. 인공지능 시스템의 완성을 기다리기에는 조금 시간이 걸릴 듯한데…. 그 점도 걱정입니다."

그렇게 헤어지고 나서는 한동안 연락을 나누지 못했다. 나로서는 확인할 수 있는 데이터가 없으니 투자 검토를 진행하고 자시고 할 것도 없었다. 그가 인공지능 시스템의 성능이라고 보내준 데이터가 있긴 했는데, 그렇게 큰 의미가 있어 보이진 않았다. 간혹 비슷하게 인공지능을 활용하는 서비스를 준비하는 창업자 중에는 이처럼 인공지능의 성능을 기준으로 자기네들을 평가해 달라고 하는 이들이 있다. 하지만 어려운 일이다. 인공지능의 원천기술을 개발하는 기업이면 모를까 인공지능 활용 기업은 '인공지능 기술' 이전에 '서비스'가 유효한지를 우선 확인해야 하기 때문이다. 그래서 그런 스타트업을 만나면 기술보다 시장의 반응을 먼저 보여달라고 요구한다. 만일 시장의 반응을 확인하지 못했다면, 그것부터 확보해 주기를 요청한다.

하지만 대부분 이런 요청에 미온적이다. 선뜻 '그렇게 하겠다'라는 반응을 보이지 않는다. 이미 시작부터 인공지능에 너무 세게 방점을 찍은 터라 인공지능이 완성되지 않은 상태에서 제품을 보이고 싶지 않은 욕심 때문인 듯하다. 이해한다. 뭔가 마무리되지 않은 채로 다음 일을 해야 하는 느낌일 테니 말이다.

3개월 후에 연락이 왔다. 제품에 진척이 있었다며 말이다. 다시 방문한 사무실에는 직원도 늘고 집기도 새로 들어와 사무실을 꽉 채울 정도였다. 대표는 상기된 표정으로 이야기했다.

"과거 내가 가르쳤던 제자도 여럿 합류했습니다. 기술을 다룰 수 있는 사람이 정말 많아졌어요. 이제 곧 결과가 나올 것 같습니다. 오늘은 제가 우리 엔진이 얼마나 바뀌었는지를 보여드리고 싶어요."

나의 우려대로 시나리오가 흘러가는 것 같았다. 엔진 이야기는 나중에 하자고 했다. 우선 회사의 현금흐름을 알려달라고 했다. 그는 자기 돈으로 사업을 운영하는 중이었다. 회사도 회사지만 대표 개인의 삶이 걱정됐다. 매출은 없는데 비용이 너무 많았다. 이대로 엔진에만 매달리면 머지않은 시일 안에 현금이 말라버려 대출이 필요할지도 모르는 상황이었다. 투자 진행 상황을 물어봤다.

"아…. 투자요. 다들 비슷한 이야기를 하더라고요. 우리의 강점은 인공지능인데 인공지능에 관해서 물어보는 사람은 많지 않더라고요. 이상하죠? 다들 서비스 이야기를 해달라고 하는데, 참 답답합니다. 우리 엔진 성능을 보면 돈이 어떻게 벌릴지는 쉽게 상상할 수 있을 텐데…."

나는 읍소했다. 생각을 바꿔야 한다고.

"배달의민족이 처음부터 시스템이 화려했던 게 아닙니다. 전화번호 수집하려고 길거리의 전단과 상가 수첩을 모으러 다녔대요. 서비스에 맞춰 시스템이 틀을 갖춰 나가야 합니다. 만일 서비스 가설이 틀리면 그때 가서 시스템을 전부 수정하실 건가요? 우선 시장의 수요부터 파악하셔야 합니다. 만일 대표님의 가설이 틀린 채로 시스템이 완성된다면, 그건 완성이 아닌 거예요. 오히려 재앙이 될 수도 있습니다."

고개를 갸우뚱. 내 말을 도저히 이해할 수 없다는 표정을 지었다.

"대표님, 시장은 서비스에 어떤 기술이 들어갔는지를 궁금해하지 않습니다. 전혀요. 제품 속에 어떤 기술이 적용되어 있는지, 그게 어떻게 돌아가는지는 소비자는 알고 싶어 하지 않아요. 그들이 바라보는 것은 오직 제품입니다. 지금 대표님은 면도기 없이 면도날만 주야장천 갈고 있는 격입니다. 언젠가는 누군가 우리 면도날의 날카로움을 알아줄 거라며 말이죠."

이후 석 달에 한 번꼴로 이런 미팅을 반복했다. 모르는 사람이라면 안 보면 그만일 테지만 친구의 지인이라니 매몰차게 대하기도 어려웠다. 게다가 사람이 워낙 좋아 어떻게 하다 보니 형, 동생 하면서 자꾸 만나게 됐다. 처음 만난 시점에서 대략 일 년 가까이 지났을 즈음, 나는 더 이상 투자 대상으로 검토하지 않겠다고 이야기했다. 다만 사업 관련 이야기는 계속 나누기로 했다. 그리고 만날 때마다 비슷한 다툼을 반복했다.

이제는 우리가 서로 알게 된 지 3년이 넘었다. 대표는 아직도 서비스를 출시하지 못했다. 시장의 반응을 봐야 한다는 이야기에도 아랑곳하지 않고 계속 시스템을 다듬었다. 시스템에 관심을 보이는 제법 규모 있는 교육 업체에서 몇 번 연락이 온 적이 있었다. 그럴 때면 그는 나에게 "드디어 우리 제품이 인정받을 때가 된 것 같다"라며 흥분했다. 하지만 나는 그 업체가 현금흐름이 마른 회사의 기술을 저렴하게 빼가려는 것으로 생각했다. 나는 협상에 임하지 말기를, 만일 응하더라도 조심하라고 했다. 그리고 지금이라도 제발 서비스를 출시하라고 청했다. 그는 이런 나에게 초 치지 말라며 이번엔 다르다고 이야기했지만, 정작 큰 기업은 나의 우려대로 저렴한 외주 프로젝트, 시스템의 염가 매각 같은 제안을 해왔다.

3년이 넘는 시간을 흘려보낸 지금, 대표는 이제라도 시장에 제품을 선보이라는 나의 청을 "이제는 너무 늦었지…"라며 외면한다.

고객의 소리가 중요하다는 것은 누구나 다 안다. 하지만 이를 귀담아듣는 이는 많지 않다. 사업에 정답은 없다. 하지만 그나마 정답에 가장 가까운 것을 하나 꼽으라면 아마 '고객의 반응'일 거다. 그것 이외에 어떤 것이 답이 될 수 있겠는가. 흔히 이런 질문을 한다. '완성도를 높이고 출시를 늦추냐, 아니면 적당한 완성도로 빠르게 출시하느냐.' 아마 정답은 '고객이 만족할 만한 수준일 때 즉시'일 거다. 하지만 고객이 만족하는 수준을 정확히는 알지 못하니, 미완성이어도 자꾸 고객에게 보여줘야 한다. 하지만 너무 많은 창업자가 제품의 완성도를 놓지 못하고 출시일을 너무 길게 끌고 만다.

끌면 안 된다. 프로토타입이 되었든 워킹 목업이 되었든 간에 사용자에게 제품을 주고 반응을 살펴야 한다.

기술에 특화된 스타트업의 맹점 같은 것이 있다. 많은 수의 기술 창업자가 '시장이 좋아할 만한 제품'이라고 설명하는 것을 자세히 들여다보면, 그것은 시장이 아니라 창업자가 좋다고 생각하는 제품을 개발하는 경우가 많다. 인공지능 기술뿐이 아니다. 내가 만났던 드론, UAV, 배터리, 로봇 등을 아이템으로 하는 기업의 적지 않은 수가 서비스를 설명할 때 시장을 이야기하는 것이 아니라 '나를 흥분시키는 기술'을 이야기하는 데 집중한다.

그러다 보니 그들의 기술적 치밀함은 높지만, 시장 검증은 매우 느슨한 경우가 많다. 그러나 시장의 욕구와 창업자의 욕구 사이의 괴리만큼 실패 확률은 높아진다. 이걸 막기 위해 제품의 콘셉트 단계부터 고객을 인터뷰하거나 제품의 프로토타입을 써보게 해야 한다. 제품을 개발하기 전에 '나를 만족시키는 제품'이 과연 '시장도 만족시킬 수 있는지'를 확인해야 한다.

안타깝게도 많은 기업이 이 과정을 생략한다. 그저 목표가 정해지면 달릴 뿐이다. 후퇴는 없다. 전진, 전진뿐이다. 외부로부터의 의견을 어떻게 받아들이는지가 기업의 앞날을 좌우한다고 생각한다. 전진을 외치는 과정 중에도 시장의 반응이 생각과 다르다면 전진이 아닌 '정지'를 외칠 수 있어야 한다. 그리고 이 과정을 자주 반복해야 한다. 조금 단정적으로 말하면 그것이 그 기업의 실력이다.

《운과 실력의 성공 방정식》이라는 책이 있다. 마이클 모부신이 썼다. 그는 모건스탠리, 블루마운틴 캐피털 등에서 투자전략을 연구했다. 또 훌륭한 작가이기도 하다. 그는 책에서 운과 실력이 어떤 상관관계를 갖는지, 우리가 운의 영향을 어떻게 배제할 수 있는지 과학적으로 접근한다.

그는 우리의 삶에 운의 영역과 실력의 영역이 있다고 설명한다. 예를 들어, 복권은 실력이 완전히 배제된 운의 영역이고, 체스는 실력이 거의 모든 것을 설명할 수 있다. 우리 삶의 대부분은 운과 실력이 복잡하게 중첩된 영역에 있다. 대부분 결과에 영향을 미치는 요인을 파악하기 어렵다. 그래서 우리는 "이게 다 결국은 운이야"라고 이야기하는데, 모부신은 그런 허무주의를 경계한다. 그는 이처럼 복잡한 일상에서도 운을 제거할 방법이 있다고 이야기한다. '평균 회귀'라는 개념을 적용하는 것이다.

평균 회귀는 우리 삶의 이벤트가 정규 분포를 이룬다는 가정에 기반한다. 무수히 많은 이벤트의 '부분'은 무작위처럼 보이지만, '전체'는 결국 평균을 향하는 정규 분포를 따른다는 것이다. 복잡계를 살아가는 우리가 랜덤하게 발생하는 행운과 불운을 예측할 수는 없다. 하지만 이들이 무수히 반복되면 결국 실력이라는 평균으로 모일 수밖에 없다. 중요한 것은 '무수한 반복'이다. 단 몇 번의 시도로는 평균을 알 수 없다.

누군가 만일 단 하나의 점을 찍었는데, 그게 '불운'에 대응하는 점이었다면 그 하나의 점이 곧 그의 실력이 되어버리고 만다. 하지만 충분히 많은 수의 점을 찍으면 행운과 불운의 교차 속에 평균, 즉 실력이 드러난다.

이는 앙드레 토스톨라니의 '개와 주인의 비유'와도 비슷하다. 앙드레 토스톨라니는 주식의 가격이 목줄로 주인에게 이끌리는 개와 같다고 했다. 언뜻 보면 움직임에 규칙이 없는 듯 보여도 결국은 주인의 방향을 따라가게 되어있다고 했다. 기업의 실력이 결국 주가의 방향을 정한다는 이야긴데, 모부신의 말과 일치하는 부분이 있다. (토스톨라니는 투자자는 기업의 주가가 아니라 회사의 본질 가치를 보아야 한다며 이러한 주장을 했다)

모부신의 이야기를 예로 들은 이유는 많은 반복이 우연을 깬다는 점을 이야기하고 싶어서다. 단 한 번의 출시로 기업의 운명을 거는 방식은 합리적이지 못하다. 모든 것을 운에 거는 것과 다르지 않다. 여러 번 시장에 제품을 보이고 반응에 따라 수정해야 한다. 그렇게 제품에 통계적 유의성을 부여해야 한다.

가끔 신제품 개발을 한정식에 비유한다. 많은 사람이 넘치는 의욕에 첫 작품을 한정식처럼 내놓고 싶어 한다. 방향이 맞든 틀리든 간에, 온 힘을 다해 너른 상위에 수십 가지 찬을 올린 수라상을 차리려 한다. '짜잔!'하고 보여주고 싶은 마음일 거다. 그런데 만일 고객이 원했던 음식이 차린 데 없으면 어떻게 되는 건가? 수많은 재료를 투입해 상을 차린 터라 타격이 만만치 않을 거다. 방향을 틀기도 어렵다.

그래서 처음부터 한 상 크게 차리기보다는 먼저 밥을 짓고, 자신 있는 요리 하나로 시장을 사로잡을 수 있는지 조심스레 확인해 봐야 한다. 만일 진심을 담은 요리를 맛보고 고객이 환호하면, 한동안 다른 요리는 필요 없다. 반대로 고객이 불만을 표하면, 요리를 고치거나 새로 지은 요리를 상에 올리면 된다.

얼마 전 넷플릭스에서 방영된 〈흑백요리사〉처럼 제품과 서비스는 한두 사람에 의해 평가받는 것이 아니다. 심사위원은 없다. 대신 고객을 곁에 두고 물어볼 수 있는 곳이다. 요리하면서 수시로 맛을 보게 해주자. 간이 맞지 않다면 간을 하고, 칼칼한 게 필요하다고 하면 고춧가루를 넣으면 된다. 요리의 종류와 양도 조절할 수 있다. 이렇게 고객의 반응에 맞춰서 만든 요리, 그게 최고의 요리 아니겠는가.

급(級)은 어디서 오나요?

최고의 인재채용 전략

○

등 떠밀리듯 들어간 대학교는 나의 적성과 거리가 멀었다. 이과 머리가 부족했던 사람이 컴퓨터과학과에 입학했으니, 흥미도 열의도 생길 리 없었다. 그래도 남만큼은 해야 하지 않겠냐는 이상한 오기에 아등바등했지만 늘 뒤처졌다. 나 같은 이가 있었던 반면, 같은 과에 입학한 친구 중에는 고등학교 때부터 프로그래밍으로 이름을 날리고 대학에 와서도 너무 잘하던 친구가 있었다. 그는 무려 1학년 때 4학년 과목을 들어 많은 동기를 충격에 빠뜨렸다. 어쩌다 마주치면 늘 선한 웃음에 친절한 목소리로 주위 사람을 편하게 만드는 다재다능한 친구였다. 졸업하고 친구는 게임회사에 취직했고, 나는 제조업에서 일자리를 구하며 연락이 뜸해졌다. 그러다 졸업하고 15년 가까이 지난 어느 날 갑자기 연락이 왔다.

"내가 이번에 창업했어. 예전에 내가 스마트스터디 다녔던 거 기억해?

거기서 같이 일하던, 마음 맞는 사람 몇이랑 창업을 했지. 이번에 우리가 투자를 알아보는 중이야. 네가 투자 검토를 좀 해줄 수 있을까?"

그렇게 우리의 인연은 15년을 뛰어넘어 다시 이어졌다. 친구와 함께 창업한 이들도 좋은 경력에 인품도 훌륭했다. 두 번 정도 만나고는 투자를 해봐야겠다 싶었다. 당시 우리 회사에는 게임 투자가 위험하다며 반대하는 이들이 많았다. 하지만 나는 투자 규모를 줄여서라도 투자하겠다고 의지를 불태웠고 어렵사리 투심위를 통과할 수 있었다.

당시 나의 투자를 보고는 함께 학교에 다녔던 이들이 "극과 극은 만난다더니, 꼴등이 일등한테 투자하는구나"라면서 신기해했다. 이후 그 회사는 대한민국 게임대상에서 최우수상을 받는 등 사랑받는 게임을 출시하며 지금도 꾸준히 성장 중이다.

친구는 그 회사의 부대표다. 지금은 강남역의 대형 사무실에서 백 명이 넘는 직원과 함께하고 있다. 창업 초기, 대략 직원이 30명에서 40명 사이가 됐을 때 창업자 셋이 나에게 고민을 토로한 적이 있었다. 직원을 뽑기가 너무 어렵고, 기업문화를 만들어 조직 내에 직원을 안착시키기가 막막하다는 것이었다. 당시엔 나도 투자 경력이 길지 않았던 터라 관련된 내용을 깊이 공부한 적이 없었다. 딱히 해줄 말이 없어 난감했다.

대기업에서 인사 팀장을 하는 지인을 소개해 주거나 HR 컨설팅을 알아보며 같이 배워갔다. 이미 잘 갖춰진 시스템을 접해본 이들의 조언을 들으면 좀 나으리라 생각했다. 하지만 조직문화, 나아가 기업문화를 '생성'하는 것은 관리하는 것과는 사뭇 다른 일이었다. 나의 도움에도 경영진은 안

개 가득한 숲에서 출구를 찾는 느낌으로 계속 길을 찾았다. 시간이 흐르자, 회사에 창업자를 닮은 조직문화가 자연스럽게 형성되고, 또 이것이 제도화 되었다. 애초에 조언이나 컨설팅을 받은 것이 큰 의미 있는 일이었나 싶은 생각도 들었다.

지금 돌이켜보면 회사는 창업자의 사람됨을 그대로 물려받는 게 아닌가 싶다. 친구의 회사가 가진 DNA는 창업에 의기투합한 세 사람과 회사에 모인 이들의 사람됨을 바탕으로 만들어진 것이다. 어쩌면 조직문화를 형성하는 법이라는 것은 따로 존재하지 않을지도 모른다. '조직문화를 만드는 전략'이라며 많은 사람이 이야기하지만, 결국은 회사를 만든 사람, 나아가 회사를 구성하는 사람의 됨됨이가 모여 회사의 틀을 갖춘다. 바른 사람이 모이면 바른 회사가 되는 것이고, 탐욕을 쫓는 사람이 모이면 탐욕스러운 회사가 된다. 엄격한 이들로 구성된 회사의 문화는 엄격할 것이며, 다정한 사람이 모인 회사는 다정할 것이다. 어찌 보면 너무 당연한 이치다.

투자하고 3~4년 정도가 지났을 때, 친구 회사의 임원 중 한 명이 갑자기 회사를 떠났다. 너무 갑작스러워서 어찌 된 영문인지를 물었더니, 그 임원은 회사에서 저지른 부적절한 일로 빠르게 퇴직 처리가 된 것이었다. 그 속도가 너무 빨라 놀라울 따름이었다. 어떻게 그런 결단을 내렸느냐는 물음에 친구는 대답했다. 덤덤하게.

"어쩔 수 없었어. 그냥, 그게 맞는 거라고 생각했을 뿐이야."

처음엔 너무 과한 조치가 아닌가 생각했었는데 친구의 대답을 듣고서는 이내 수긍됐다. '맞는 것'이라는 이야기가 나에게 많은 것을 설명해 줬다. 실제로 주요 경영진은 처음 사건을 접하고는 가장 '옳은 길'이 무엇인지를 생각했다고 했다. 그리고 그 방향에 맞는 실행 방안을 최대한 신속하게 처리한 것이다.

갑자기 퇴직을 권고받은 당사자는 이후 소송 등으로 부당함을 주장했다. 너무 과하다는 이야기였을 거다. 그 과정에서 회사는 어려운 시기를 겪기도 했다. 반면, 나의 신뢰는 더 공고해졌다. 어느 회사나 혼란의 시간을 겪기 마련이다. 중요한 것은 혼란의 시기를 어떻게 보내는지다.

"어떻게 사람을 뽑아야 할지 모르겠어요."

스타트업의 큰 고민 중 하나다. 좋은 사람을 뽑는 것을 떠나 사람을 뽑는 것 자체가 쉽지 않다. 그래서 스타트업 관련 콘텐츠 중에는 인재채용 전략과 관련된 내용이 빠지지 않는다. 일반적인 인재채용 전략은 주로 '어떻게 사람을 뽑는가?'에 초점이 맞춰져 있다. 사실 전략이라기보다는 전술에 가까운 내용이 대부분이다. 장기적인 목표를 달성하기 위한 포괄적 계획이라기보다는 구체적이고 단기적인 내용에 국한된 경우가 많다. 그렇다 보니 대부분 '사람은 어떻게 찾는지', '어떤 조건을 제시해야 하는지', '지분은 얼마나 줘야 하는지' 등을 다룬다. 하지만 이러한 전술은 상황에 따라 적용하기가 어렵거나 기업의 궁극적 인재전략에 부분적으로 도움이 될 뿐이다.

KB국민카드에서 투자 업무를 진행하는 친구 전석우 팀장은 자신의 책 《투자자 VS 창업자》에서 'A급 고구마, B급 감자 이론'이라는 글을 썼다. 인재와 관련한 흥미로운 글이었다. 글은 서두에서 스티브 잡스의 말을 인용하며

A급 인재가 회사에서 얼마나 큰 역할을 할 수 있는지 이야기한다. 그러면서 A급 인재는 B급 인재의 2배, 3배의 일을 하는 것이 아니라 50배의 역할을 한다고 이야기하는데, 이는 과장이 아니라 사실이다.

　이 이야기는 노스캐롤라이나대학교 컴퓨터과학과의 프레더릭 브룩스 교수가 자신의 저서 《맨먼스 머신》에서 처음으로 언급하며 알려졌다. 이 책은 당시 관행적으로 굳어있던 소프트웨어 개발과 관련된 인력 패러다임을 바꿔 브룩스 교수에게 튜링상과 폰노이만상을 안겨줬다. 소프트웨어공학 분야의 기념비적 저서인 이 책에서 브룩스 교수는 인력 계획이 산술적으로 수행되는 것을 비판했다. 특히 소프트웨어 개발 일정을 잡고 인력을 어떻게 투입하는지, 어떻게 리소스를 배분하는지 등과 관련된 포괄적인 시각을 제시했다. 내용 중에는 뛰어난 인재와 관련된 내용이 있다. 아주 뛰어난 개발자는 수십, 수백 명의 몫을 해내는데, 그 때문에 그들의 '맨먼스$^{\text{Man-Month}}$', 즉 월별 노동량은 전혀 다른 기준으로 산출되어야 한다고 설명했다.

　나아가 그는 우수한 인재 하나가 프로젝트를 전혀 다른 레벨로 끌어올릴 수 있다며, 많은 수의 사람을 뽑는 것보다 우수한 사람을 뽑아 적재적소에 배치하고 그들이 능력을 펼칠 수 있도록 환경을 조성해야 한다고 강조했다. 이게 비단 소프트웨어 개발뿐이랴. 토마스 쿤 역시 《과학 혁명의 구조》에서 똑같이 강조했던 내용 아니던가.

　전석우 팀장은 글에서 어느 게임 업체의 창업자가 이야기한 'A급 고구마와 B급 감자 이론'을 소개한다. 이야기는 이랬다.

　"A급 인재의 주위에는 A급이 있기 마련이어서, 한 명의 A급을 찾으면 고구마 줄기에 고구마가 엮이듯 줄줄이 A급 인재를 찾을 수 있다. 반면 B급 인재는 감자다. 감자가 썩으면 근처의 감자까지 썩게 만든다."

그래서 고구마와 감자라는 이름을 붙였다는데, 사뭇 냉혹한 비유다. 그러면서 A급 인재를 뽑기 위해서라면 결국 창업자가 A급이어야 한다는 취지로 글을 마무리 짓는다. 그 부분은 상당히 공감한다. 이야기대로라면 창업자가 A급이어야 고구마 전략을 구사할 수 있다는 거다. 하지만 그 '급'이라는 것은 무엇인가. 그리고 그 급은 어떻게 올릴 수 있는 것인가.

인력引力을 지닌 자들이 있다. 중력이 물체를 끌어당기는 것처럼 주위의 사람을 끌어당기는 사람이 있다. 투자 검토를 통해 만났던 회사 중에는 유독 사람이 모여드는 곳이 있는가 하면, 드나듦이 심한 곳도 있다. 한 회사는 인력이 작용했을 것이고 다른 회사는 척력斥力이 작용했음이라. 인력이 작용하는 곳에는 사람을 불러들이기도 좋고 오랫동안 그곳에 남아있다. 반대로 척력이 작용하는 회사는 사람이 잘 오려 하지 않고 설령 사람이 들어온다고 하더라도 발 딛지 못하고 둥둥 떠 있게 된다.

채용의 조건과 채용 유지의 조건은 다르다. 채용은 다양한 방법으로 가능하다. 누군가는 압도적인 천재성으로 사람을 끌어모으기도 하고, 파격적인 대우로 유혹하기도 한다. 또 누군가는 매력적인 서비스로 세상을 바꿔보자며 사명감을 자극하기도 한다. 아니면 그냥 우연한 유명세를 누리거나 활황인 업종에 있다는 이유만으로도 채용에 성공하기도 한다. 하지만 그들이 계속 회사에 남아있게끔 하는 것, 그리고 그들이 능력을 펼치고 나아가 고구마 줄기 역할을 해줄 수 있게끔 하는 것은 다른 차원의 일이다.

회사는 여러 시장에 걸쳐있다. 흔히 우리는 회사라 하면 소비시장에서 제품·서비스를 판매하는 것을 떠올린다. 하지만 소비시장 말고도 회사는 노동시장, 금융시장 등에도 속해있다. 노동시장에서의 상품은 회사 그 자체다. 회사는 구직자에게 '우리 회사는 훌륭한 회사'라며 팔아야 한다. 소비시장에서 최고의 전략이 최고의 제품이나 서비스를 만드는 것처럼 노동시장에서 최고의 전략도 좋은 회사가 되는 것이지 않을까? 좋은 회사처럼 보이게끔 하는 전술, 즉 앞서 말한 탁월한 능력, 좋은 조건, 매력적인 서비스 등은 수단에 불과하다. 회사가 잘 팔리려면 회사가 정말 훌륭해야 하는데, 이 훌륭함의 많은 부분을 구성하는 것이 창업자의 성품일 것이다.

난데없이 성품이라니. 회사의 '급'을 설명하면서 '성품'이라는 모호한 개념을 들고나온 것이 의아할 수도 있다. 우선 성품이 무엇인지 보자.

사람의 내면은 다양한 요소로 구성된다. 성격, 성품(인격), 가치관, 감정, 신념 및 습관. 이러한 것들이 모여 한 사람의 내면을 만들어 낸다. 여기서 우리는 성격과 성품에 집중해 보자. (이 둘을 가장 혼동하기 쉽기 때문이다) 우선 성격은 한 개인이 가진 일관된 사고, 감정, 행동의 패턴이다. 이는 좀처럼 변하지 않으며, 사람마다 고유하게 나타난다. 그래서 영어로는 Personality라고 한다. 성격이란 외부로 표출되는 사람 고유의 '특성'이라는 의미가 강하다. 예를 들어, 외향성, 내향성, 신경증적 성향, 개방성, 성실성처럼 외부와의 상호작용 방식은 성격에 해당한다. 간단히 성격은 외부와의 인터페이스라고 생각하면 된다.

반면 성품_{인격, Character}은 도덕적, 윤리적 요소와 관련된 내면의 특성이다. 사람이 옳고 그름을 판단하고, 어떻게 행동할지를 결정하는 기준이다. 성품은 흔히 양심, 책임감, 정직함, 인내, 용기 등과 같은 요소로 설명된다. 성격은 타고나는 측면이 있으며 잘 바뀌지 않는 특징을 보이지만, 성품은 훈련과 경험을 통해 계속 발전할 수 있다.

이런 게 비즈니스와 어떤 관련이 있냐고 생각할 수도 있다. 실제로 투자 업계에서 창업자의 성품은 고려 대상이 되지 못하는 경우가 많다. 설령 고려하더라도 '개차반만 아니면 되지!' 정도의 낮은 기대치를 갖고 본다. 게다가 성품을 파악하기가 좀 어려운가. 그러다 보니 더욱 뒷전으로 밀리기 마련이다. 나도 경력 초반에는 투자 검토 과정에서 창업자가 어떤 도덕 기준을 가졌는지, 얼마나 정직한지, 자기 가치관과 얼마나 부합하는 삶을 사는지를 굳이 알려 하지 않았다. 아주 중요한 요소임에도 성품은 '이상하지만 않으면 되지'라는 관점으로 쉽게 넘겼다. 그러다 투자하고 나서 난감한 일을 겪는 경우가 누적되면서 성품의 중요성을 깨닫기 시작했다.

좋은 성품이 인재채용이나 투자 유치에서만 중요한 것은 아니다. 다시 강조하지만, 좋은 성품의 창업자는 좋은 회사 그 자체다. 좋은 성품, 좋은 인격의 리더는 전반적으로 우수한 경영 성과를 보인다. 미국의 HR컨설팅 기업 KRW international은 2016년 〈하버드 비즈니스 리뷰〉에 '성품에 따른 성과측정'이라는 제목의 연구를 발표했다. 그들은 84개 기업의 직원을 대상으로 리더의 성품과 관련된 설문을 진행하였다. 복잡한 문항을 통해 리더의 정직함, 책임감, 관용성, 그리고 공감능력을 측정한 결과, 4개 분야에서 고루 높은 점수를 받은 '훌륭한 인격의 리더'가 탁월한 경영성과를 낸다는 것을 알아냈다.

조금 좋은 수준이 아니라 월등한 수준이었다. 그들은 ROA$^{\text{Return on Asset}}$을 기준으로 성과를 측정했는데, 인격자 그룹이 보인 ROA 9.35%는 비인격자 그룹의 1.93%에 비해 다섯 배나 높은 수치였다. ROA로 성과를 측정한다는 것이 다른 조건을 너무 후려치는 느낌이 있기도 하지만, 〈하버드 비즈니스 리뷰〉에는 ROA가 아닌 다른 요소로 다양하게 인격과 성과의 상관관계를 측정한 논문이 많다. 거의 모든 연구 결과가 성품 또는 인격이 훌륭한 사람이 장기적으로 월등함을 데이터로 입증한다.

짐 콜린스도 자신의 저서 《좋은 기업을 넘어 위대한 기업으로》에서 비슷한 개념을 설명한 적이 있다. 짐 콜린스는 자신이 '위대한 기업'으로 분류한 기업의 리더가 공통된 특징을 가지고 있음을 발견했다. 그가 총 1,435개의 기업을 분석해서 내린 분류이니 제법 근거 있어 보인다. 그는 리더십 레벨을 총 5단계로 나누고 분류하였다.

1단계 : 유능한 개인
2단계 : 팀 멤버
3단계 : 역량 있는 관리자
4단계 : 효과적인 리더
5단계 : 5단계 리더

이 중 3~5단계를 살펴보자. 3단계의 '역량 있는 관리자'는 조직 내에 시스템을 구축하고 효율적인 계획 수립이 가능한 사람이다. 이것만으로도 제법 괜찮은 리더인 것 같은데 짐 콜린스는 이를 두고 평범한 수준이라고 이야기했다. 적어도 이 정도 능력은 갖추어야 비로소 리더라 할만하다는 뜻일 거다. 4단계는 '효과적인 리더'로 비전을 명확히 제시하고 구성원에게 동기부여가 가능한 리더다. 비전을 제시하고 계속해서 직원을 고취하여 성과를 유도하는 스타일이다. 그가 이야기하는 '좋은 기업'의 리더가 바로 4단계 리더라고 분류하였다. 그가 이야기한 궁극의 '5단계 리더'는 겸손함과 전문성, 강인한 의지를 겸비한 사람이다. 이런 리더야말로 '좋은 기업에서 위대한 기업Good to Great'으로 조직을 이끌 수 있는 사람으로 봤다.

그는 5단계 리더가 되기 위해서는 '인격적인 성숙'이라는 요소를 지녀야 한다고 했다. 이렇게 좋은 성품을 갖춘 리더만이 제대로 조직문화를 만들 수 있고, 나아가 그 토대 위에서 훌륭한 인재가 양성될 수 있다고 보았다. 조직에 이러한 문화적 바탕이 갖추어졌을 때 비로소 지속적인 성장과 성공으로 가는 위대한 기업의 길이 열린다.

성품은 평판을 형성하는 데 중요한 역할을 한다는 점에서 그 중요성을 더욱 강조할 만하다. 평판은 기업의 신뢰자산 구축에 절대적으로 중요하다. 신뢰할 수 있는 회사여야 다른 회사가, 고객이, 그리고 직원이 그 회사와 계속 함께할 수 있지 않겠는가?

버크셔 해서웨이의 두 경영자 찰리 멍거와 워런 버핏 모두 평판의 중요성을 무수히 강조했었다. 찰리 멍거는 경영자의 정직과 도덕성이 기업의 장기적인 성공을 이끄는데 '필수 요건'이라고 이야기했다. 많이 알려진 대로 그는 위대한 경영자가 이끄는 위대한 회사에 투자해야 한다고 했다. 그러면서 그는 벤저민 프랭클린의 "위대함은 선 없이는 존재할 수 없으며, 진정으로 위대한 사람은 항상 덕이 있는 사람"이라는 말을 인용하길 좋아했다. 워런 버핏도 마찬가지다. 버핏은 "20년간 쌓인 평판이 무너지는 데 필요한 시간은 단 5분"이라며 평판의 중요성을 강조했다. 그래서인지 버크셔 해서웨이는 함께하는 기업에 항상 윤리적인 기준을 유지하고, 신뢰를 쌓는 방식으로 행동할 것을 주문한다.

이들이 신뢰와 관련하여 이렇게 강조한 것은 '신뢰'라는 감정이 갖는 특징에 기인한다. USC의 피터 H. 킴 교수는 《신뢰의 과학》에서 이와 관련된 내용을 언급한다. '신뢰 회복 분야'의 저명한 연구가인 김 교수는 신뢰가 어떻게 깨어지는지, 그리고 이를 회복하기 위한 조건은 무엇인지를 연구했다.

우선 김 교수가 이야기하는 신뢰의 가장 치명적인 특성은 신뢰의 '선형적 축적, 비선형적 소멸'이다. 즉 신뢰를 축적하는 데는 많은 시간과 노력이 필요하지만(선형적 증가), 신뢰가 훼손될 때는 줄어드는 게 아니라 '소멸하는' 특성을 보인다는 것이다.

'기대'와 '신뢰'를 비교해 보면 더 이해하기가 쉽다. 희망과 바람을 나타내는 기대와는 달리 신뢰는 더 큰 확신과 믿음이 있을 때 비로소 생성된다. '기대'라는 감정은 일시적이고 특정적 상황에 국한되어 만들어진다. 반면 '신뢰'는 상대가 어떤 상황에서도 나에게 일관성 있게 바람직한 태도를 보일 것이라는 '믿음'이다. 이는 오랜 상호작용을 통해 일반화된 경험이 있어야 축적할 수 있다. 만일 '기대'가 충족되지 않으면 우리는 '실망'이라는 비용을 지출하면 된다. 하지만 만일 '신뢰'가 훼손되면 지급해야 할 대가는 '불신'이다. 실망과는 달리 불신은 심각한 관계의 훼손을 가져오고, 대부분은 이를 회복하는 것이 불가능하다.

김 교수는 책에서 챕터 하나를 리더십과 신뢰에 관한 내용에 할애했다. 이 챕터에서 하나 인상적이었던 것은 조직 구성원이 리더에 갖는 신뢰와 관련된 내용이었다. 팀원은 기본적으로 리더를 신뢰하고자 하는 경향이 있다. 굳이 노력하지 않더라도 팀원은 리더를 믿고 싶어 한다는 이야기다. 따라서 리더는 제법 유리한 고지에서 관계를 시작할 수 있다.

하지만 만일 리더가 신뢰를 훼손하는 일을 저지르면, 이 구도는 오히려 독이 된다. 리더가 신뢰를 위해 큰 비용이 들이지 않았던 것만큼 더 쉽게 불신의 단계로 진입할 수 있다는 것이다. 만일 리더와 팀원이 수직적 관계를 맺는 상황이라면, 리더는 본인이 신뢰를 상실했음을 더 체감하기 어려워 문제가 더 커진다고도 했다.

신뢰를 잃는 리더가 갖는 착각에 관해서도 이야기했는데, "리더는 신뢰가 깨어지면 더 이상 잃을 것이 없다고 판단하여 신뢰를 회복하려 하기보다는 계속 모면하는 전략을 선택한다"라고 지적했다. 하지만 이는 명백한 오판이다. 상황을 모면하려고 둘러댈수록 안 좋은 평판은 누적된다. 0점이라 생각하겠지만, 사실은 마이너스 점수가 축적되는 상황을 맞게 된다.

신뢰 회복을 위한 전략을 연구하는 김 교수도 한번 훼손된 신뢰는 복구가 어렵다고 이야기한다. 그나마 회복할 수 있는 전략 몇 가지를 알려주는데, 그중 하나를 간단히 줄이면 이렇다.

1. 철저한 정직성 : 리더가 솔직하게 상황을 받아들이고 잘못을 인정한다.
2. 신뢰를 회복할 수 있는 능력 : 자기 능력 범위 안에서 유효한 대안을 제시한다.
3. 원만한 의사소통 : 모든 과정은 상황에 관련된 사람과의 소통 속에서 이루어져야 한다. 혼자의 독단적인 솔루션이면 안 된다.

김 교수는 이런 단계를 통해서만, 그나마 신뢰를 회복할 수 있다고 이야기한다. 그런데 그가 제시한 이런 솔루션을 보면, 저런 단계로 회복이 가능한 사람이라면 애초에 신뢰를 저버릴 만한 행동도 하지 않았을 것이라는 생각이 든다. 신뢰의 회복도 성품이 좋아야 가능한 것 아닌가 하는 생각을 해본다.

성품과 신뢰, 이 주제를 파고늘수록 느껴지는 것은 이러한 전략이 단기간의 노력으로 달성되거나 혹은 흉내 내는 것이 불가능하다는 것이다. 앞서 이야기한 것처럼 성품은 도덕적, 윤리적 특성을 나타내는 내적 요소이다. 이러한 요소를 연기한다는 것이 애초에 어렵다. 정직, 책임, 공감, 배려, 용기는 위장할 수 없다. 사회와 나, 타자와 나 사이의 접점에서 오랜 시간 함양되는 요소이기 때문에 하루아침에 쉽게 장착되는 것이 아니다. 그래서 리더십도 배우고 갈고닦는 것이라는 이야기에 백번 공감한다. 누군가 창업을 하려고 한다거나, 혹은 리더로서 역할을 하고자 한다면, 리더가 되기 위한 공부와 수행의 시간을 거쳐야 한다.

다시 처음의 이야기로 돌아가 A급 인재에 관한 내용을 생각해 보자. 회사가 좋은 인력을 유치하기를 원할 때, 우선 가장 먼저 A급이 되어야 하는 것은 창업자, 회사 그 자체다. 훌륭한 사람이 자기 회사에 오기를 기대하면서 본인 스스로가 좋은 사람이 아니라는 게 이상하지 않은가. 좋은 사람을 알아보는 안목과 그 사람이 일할 수 있는 환경을 만드는 것 모두 본인 스스로가 좋은 사람이 아니고서는 불가능한 일이다.

친구의 회사에서 불미스러운 일이 벌어졌을 때, 친구가 만일 이를 어떻게든 잘 무마하려 했다 하더라도 나는 그냥 그러려니 했을 것 같다. 인재 한 명이 아쉬운 스타트업 입장에서는 원만한 해결을 바라는 게 이상하지는 않으니까…. 하지만 경영진은 피해자를 철저히 보호하고 가해자를 신속히 퇴직시키기로 했다. 유불리를 생각하기보다는 자기들의 기준을 따랐다. 그 일은 나에게 큰 신뢰를 심어줬다. 투자자뿐이겠는가. 함께하는 회사의 대다수 직원 역시도 그 과정을 보면서 회사를 더 신뢰하게 됐으리라. 그리고 더 안정감 있게 근무할 수 있는 여건이 만들어졌을 것이다.

어떤 일이 벌어졌을 때 그 일이 나쁜지 좋은지는 쉽게 판단할 수 있어도, 어떤 의미를 지니는지는 알기 어렵다. 의미는 시간이 흐르며 모양을 갖춘다. 그래서 '이 일은 오롯이 안 좋은 일이야!'라고 생각되었던 것도 시간이 흐르면 좋은 의미로 남기도 한다. 이런 의미는 능력이나 스펙으로 만들어지지 않는다. 결국 어떤 '사람됨'이었는지가 결정한다.

과녁이 아니라 화살입니다

특허에 대하여

○

2007년 애플이 아이폰을 출시하고 세계적인 인기몰이를 하는 와중에도 한국 외 언론과 통신사, 단말기 제조사는 그 의미를 애써 축소했다. 스마트폰이라는 단어도 사용되기 전이었던 그 시절, 한국의 통신사와 단말기 제조사는 WAP^{Wireless Application Protocol} 표준 기반으로 무선 인터넷을 제공하고 있었다. 한국에서는 WIPI^{Wireless Internet Platform for Interoperability}라는 표준으로 통용되고 있었으며, 자국 기술을 보호한다는 취지로 정부는 '한국에서 출시되는 모바일 기기는 전부 WIPI 표준을 충족해야 한다'라고 강제했다.

HTML 기반의 웹서비스는 너무 무겁다며 휴대 단말용 별도 표준을 도입한 것이었다. 당시 많은 사람이 정말로 HTML은 모바일에서 구동되지 않는 줄로 알았다. 그러던 와중에 애플이 아이폰을 출시했다. 풀 브라우징 Full Browsing(모바일 단말기로 완벽한 웹 접근성을 제공)을 제공하면서 말이다. 한국의 통신사와 제조사는 머쓱해졌고 소비자는 분노했다. 아이폰의 파급을 우려했던 삼성전자는 SKT에게 아이폰을 출시하지 말아 달라고 부탁했다. 와이파이를 단말기에 기본 탑재한 아이폰이 트래픽을 유발하고 VoIP^{Voice over IP}(인터넷 전화)로 음성통화 매출에 타격을 줄 것을 우려한다면서 SKT가 삼성전자의 부탁에 화답했다.

전 세계가 아이폰으로 뜨거웠을 때, 한국의 사용자는 피처폰을 쥐고 부러워할 수밖에 없었다. 앞서 이야기한 무선 단말용 표준이 있다고는 했지만, 1MB를 사용하면 3,500원을 내야만 했던 살인적인 데이터 이용료와 낮은 품질로 사실상 한국 소비자만 모바일 인터넷 시대를 맞이하지 못한 상황이 됐다. 해외에서는 스마트폰으로 PC와 같은 환경의 인터넷을 사용하는 중인데 우리만 개떡 같은 WIPI를 이용해야 한다니! 이런 상황에서 소비자가 아이폰을 요구했던 것은 당연했다. 그러다 2009년 11월, KT의 전격적인 결정으로 한국에도 아이폰 시대가 열리게 된다. 출시 직후 반응은 뜨거웠다. 예약 판매에 많은 사람이 몰려 KT 홈페이지가 마비될 정도였으니까.

이렇게 우리 곁으로 온 스마트폰을 처음 만든 기업은 의외로 애플이 아니다. IBM의 위용이 대단했을 때, IBM은 1994년 사이먼^{Simon Personal Communicator}이라는 제품을 출시했다. 단색이긴 했지만, 액정이 있었고 스타일러스 없이 손가락으로 터치스크린을 사용할 수 있었다. 기본적인 이메일, 팩스, 달력 기능이 있었고 애플리케이션을 활용하면 계산기, 메모장, 주소록 등을 실행시킬 수 있었다. 앱스토어 같은 플랫폼은 없었지만, 지금의 스마트폰과 비슷한 형태를 갖추고 있었다. 하지만 "최초의 스마트폰은?"이라는 질문

최초의 스마트폰인 IBM의 사이먼

에 "사이먼!"이라고 대답할 사람은 없으리라. 아마도 열에 아홉은 아이폰을 꼽지 않을까. 정전식 터치스크린에 웹 브라우징이 가능하고 애플리케이션과 음악 등을 사고팔 수 있는 플랫폼을 갖춘 최초의 스마트폰 말이다. 지금 애플과 함께 시장을 양분하고 있는 구글의 안드로이드도 애플이 닦은 길을 따라온 것이니 말이다.

애플이 시장에 강한 충격을 주며 등장한 2007년 이후 삼성전자는 다급했을 것이다. 피처폰 시장에서 노키아를 추격하기에 바빴던 삼성전자가 뜻하지 않은 시기에 패러다임 격변을 마주하게 되었으니 말이다. 어떻게 대처해야 할지를 두고 상당히 고심했을 것 같다.

삼성전자가 새로운 패러다임에 아예 준비되지 않은 회사는 아니었다. 독자적으로 플랫폼을 구축하려는 시도도 했다. 직접 운영체제를 만들려는 시도도 했는데, 지금 생각해 보면 참 용감한 일이 아닐 수 없다. 제조업에 특화된 기업이 운영체제를 구축한다는 게 말처럼 쉬운 일이 아니기 때문이다. 애플 iOS와 구글의 안드로이드(리눅스 기반) 정도를 제외하면, 지금은 사라진 심비안 OS^{Symbian}(노키아, 에릭슨, 모토로라 공동 개발)이나 블랙베리 OS$^{Blackberry, RIM}$ 정도만 모바일 운영체제 개발에 성공했을 뿐이었다. 삼성은 바다(뉴클리어스 기반), 타이젠(리눅스 기반) 등의 운영체제를 발표했다. 그 운영체제로 웨이브라는 이름의 스마트폰을 출시하기도 했지만 문제는 생태계 구축이었다. 운영체제를 만드는 것 이상으로 운영체제에 접근하는 개발자를 지원하는 환경이 중요했다. 스마트폰을 중심으로 돌아가는 시장과 생태계를 만들었어야 했지만, 삼성의 플랫폼은 이 부분에서 매우 미흡했다. 결과적으로 당시 많은 개발자가 삼성의 운영체제를 외면했다. 몇몇 커뮤니티에서는 바다를 두고 '재앙'이라는 표현을 썼을 정도다.

아이폰이 한국에 출시되기 직전, 촉박해진 삼성은 자체 개발 전략을 접고 안드로이드와 손잡기로 한다. 그리고 부랴부랴 안드로이드를 탑재한 스마트폰을 내놓는다. 아이폰 대항마라고 2008년 6월에 내놓았던 옴니아 1세대를 기억하는 이들이 많을 듯하다. 소비자는 한목소리로 악평을 쏟아냈다. 대항마는커녕 조롱의 대상만 되었다.

 심기일전. 2년에 가까운 시간을 쏟은 삼성전자는 2010년 기념비적인 모델 갤럭시 S를 출시한다. 고성능 하드웨어가 안드로이드 운영체제와 조화로이 동작하는 제품이었다. 심지어 해외 리뷰어들은 "구글의 레퍼런스폰보다 낫다!"라는 평을 했다. 이후 갤럭시 S 시리즈는 안드로이드폰의 대명사가 된다. 아니 삼성의 갤럭시라는 브랜드가 10년이 넘는 시간 동안 안드로이드 진영의 왕으로 군림하게 되는 계기가 만들어졌다.

문제는 아이폰과의 유사성이었다. 한국의 언론은 "아이폰에서 볼 수 없었던 혁신!"이라는 기사를 쏟아냈지만, 대중은 "이거 좀 많이 비슷한데?"라는 반응을 보였다. 갤럭시 S는 아이폰과 많은 곳에서 비슷했다. 전체적인 디자인부터 홈버튼 존재와 위치, 앱 아이콘의 모양과 위치, 동작 방식, 터치 메커니즘, 심지어는 포장 디자인까지.

 2011년 애플은 삼성전자가 아이폰을 베꼈다며 소송을 걸었다. 외신은 애플이 화가 날 만도 했다고 보도했지만, 한국 언론 대부분은 삼성이 억울한 소송을 당했다며 두둔했다. 일부 비판적 여론이 있기도 했다. '2008년까지 WIPI가 유일한 대안인 듯하던 회사가 급선회해야 했으니 오죽했을까'라며 말이다.

한국 언론은 애플의 생트집이 결국 무위에 그칠 것이라고 예상했지만 소송은 애플의 승리로 끝났다. 1년 만인 2013년, 캘리포니아 법원은 삼성이 애플에 10억 5천만 달러를 보상하라고 판결했다. 애플의 이미지를 모방하여 얻은 이득이 명백하다고 본 것이다. 당시 10억 5천만 달러이니 지금으로 생각하면 어마어마한 금액이다. 삼성은 이후 항소와 협상을 이어갔다. 이후 배상 금액이 5억 4천 8백만 달러로 줄었고, 2018년 양사의 합의로 소송은 종료된다. 이때 어떤 조건으로 배상이 마무리되었는지는 밝혀지지 않았다.

애플과 삼성의 분쟁은 기술 특허와 디자인이 얼마나 기업 활동에 중요한지를 알리는 중요한 사건이 되었다. 이보다 더 큰 특허 분쟁은 애플-퀄컴 분쟁 말고는 선뜻 떠오르지 않을 정도다. 2010년대 초반을 달군 이 사건은 대중에게 특허의 중요성을 일깨웠다. 이 시기는 나의 투자 경력이 시작된 때와 겹치는데, 검토했던 많은 스타트업이 특허에 민감해하던 것이 기억난다.

사실 2010년 이전에도 특허는 중요하게 인식되고 있었다. 한때는 특허의 개수가 기업의 혁신성과 경쟁력으로 인식되기도 했다. 나 역시 회사에 근무할 때 특허를 '종용' 당했다. 회사가 '직무발명'이라는 제도를 통해 전 직원에게 특허 만들기를 독려했다. 특허 하나당 30만 원 정도의 보상을 준다기에 열심히 썼던 기억이 난다. 십수 개를 출원하고 미국과 한국에 등록된 특허도 몇 개 있었는데 그것들이 사업적으로 유용하게 쓰였는지는 알지 못한다. (확인한 바로는 이제는 회사에서 사업기여도를 평가하여 직무발명 보상을 해준다고 한다) 당시 부서별로 할당된 발명 개수를 채우면서도 직원끼리 "이거 변리사만 좋은 일 시키는 거 아닌가?"라며 농담하던 것이 기억난다.

본격적으로 스타트업 투자가 늘자, 특허법인도 이와 관련된 기회를 엿보기 시작했다. 특허와 관련하여 고조된 관심을 업고 특허법인은 스타트업을 설득했다. 특허가 기업의 기술보호와 진입장벽 구축에 필수적 요소라고 말이다. "아무것도 안 하고 손 놓고 있으면 다 빼앗깁니다!"라며 불안을 자극했다. 나중에는 정도가 심해져서 특허를 써주는 쿠폰을 주고 스타트업의 지분을 사는 특허법인도 등장했다. 예를 들면, 스타트업이 10개의 특허를 쓸 수 있는 권리를 회사 지분 3%와 맞바꾸는 식이다. 지금 생각해 보면 그게 말이 되는 일인가 싶은데 당시에는 그렇게 쿠폰으로 투자받는 업체가 아주 드물게 있었다.

그 정도로 특허에 관심이 고조되었던 시기, 정작 특허는 잘 쓰였을까? 예전에 투자를 검토했던 기업 중 하나가 지나치게 많은 수의 특허를 보유하고 있었다. 한두 개가 아니라 수십 개였다. 스타트업 대표는 "내가 이렇게나 지식재산권 방어에 철저하다"라면서 자랑스러워했지만, 정도가 과한 듯해서 아는 변리사를 통해 그 기업의 특허를 분석해 보기로 했다.

알고 보니 이 회사는 한 특허법인을 통해 특허 포트폴리오 구축과 관련된 컨설팅을 받았었다. 해당 특허법인은 특허의 개수가 중요하다며 청구항을 쪼개서 특허의 수를 늘렸다. 청구항을 쪼갠다는 것은 발명의 요소를 잘

게 나눈다는 의미다. 예를 들어 A, B, C 세 개의 요소가 합쳐져 하나의 발명을 구성하는 경우, A, B, C를 전부 포함한 발명을 특허로 신청하면 한 개의 특허밖에 만들지 못하니 발명을 A, B, C 요소로 나누어 따로 출원하는 거다. 나는 큰 문제는 없을 것으로 생각했지만, 특허를 분석하던 변리사는 "청구항을 너무 세분화해 따로 청구하면 발명의 효력이 감소한다"라며 걱정했다.

특허를 권하는 측의 논리는 "훌륭한 스타트업은 특허도 많이 출원한다. 만일 좋은 스타트업이 되고자 한다면 특허로 증명하라!"라는 것이다. 실제로 이와 관련한 연구 결과가 있긴 하다. 하버드 경영대학원에서 2016년 조안 파레-멘사, 디팍 헤지, 알렉산더 융크비스트 세 사람이 발표한 '특허의 밝은 면'*이라는 연구를 살펴보자.

연구진은 2001년부터 2014년까지 13년 동안 미국 특허청의 데이터를 분석하여 특허를 출원한 기업이 그렇지 않은 기업보다 얼마나 더 우수한 성과를 거두었는지를 분석했다. 특허 출원 기업은 출원하고 나서 고용과 매출이 각각 36%와 51% 성장했다. 그리고 한번 특허를 낸 기업은 계속해서 특허를 내는 경향이 강했는데, 이를 보고 연구진은 특허 출원이 다른 혁신을 촉발한다고 주장했다. 아울러 보고서는 특허가 자본시장 접근성도 매우 높인다는 결과도 담았다. 특허를 출원한 스타트업들은 그렇지 않은 기업보다 투자받을 확률이 월등히 높았고 기업공개^{IPO}에 성공할 확률은 특허가 없는 기업보다 두 배 이상 높았기 때문이었다.

---

* https://hbswk.hbs.edu/item/the-bright-side-of-patents

이런 데이터를 보면, 특허는 정말로 혁신의 산물이자 성공하는 기업의 필수 요소처럼 느껴진다. 하지만 이와 반대되는 연구 결과는 없을까?

2012년 유럽 특허청의 자료를 가지고 파사우대학교의 캐롤린 호슬러 교수는 '스타트업 금융에서 특허의 역할'*이라는 보고서를 냈다. 여기에서 호슬러 교수는 스타트업이 특허를 많이 출원하는 것이 그 기업의 혁신을 증명하는 것이 아니라고 결론 내렸다. 연구 결과 (특허의 유무가 투자에 영향을 미치기는 하나) 기업의 혁신과 특허의 개수 사이에 큰 관련이 없었다. 호슬러 교수에 따르면 투자자는 주로 스타트업이 축적한 기술 역량을 판단하려 하지, 단순히 특허의 개수가 많다고 이를 긍정적으로 보지는 않았다. 즉, 투자자는 기업이 보유한 특허의 개수나 다양성에 상관없이 특허의 영향력을 파악하거나, 기업의 기술을 직접 판단하려 했다. 심지어 상당수의 벤처캐피탈이 스타트업의 기술 잠재력이 충분하다면 특허는 없어도 된다고 응답하기도 했다.

비슷한 연구는 MIT 경영대학원에서도 이루어졌다. MIT의 닐 톰슨 교수와 UC버클리대학교의 제프리 쿤 교수의 공동 연구**에서 두 사람은 특허가 초기 자금 유치에 제한적으로 긍정적 역할을 할 수도 있지만, 대부분은 특허가 재정적 이익이나 혁신에 큰 영향을 미치지 못한다고 했다.

이들도 호슬러 교수와 마찬가지로 벤처캐피탈 투자자가 특허 승인 여

---

* Häussler, C., Harhoff, D., & Mueller, E. (2012). The role of patents for VC financing. Retrieved from ResearchGate.
** https://mitsloan.mit.edu/press/mit-sloan-study-shows-power-patents-to-impact-innovation

부보다 기술 가치를 판단하는 데 더 집중한다고 보았다. 그뿐만 아니라 특허가 모든 산업 분야에서 같은 효과를 발휘하지 않는다는 점을 들어 소프트웨어와 같이 빠르게 변화하는 분야에서는 특허의 중요성이 훨씬 낮을 수 있다고 설명했다. 오히려 특허를 출원하기보다는 시장에 빠르게 진입하거나 고객 기반을 신속하게 확립하는 전략이 훨씬 더 유리하다는 이야기다. 이러한 일련의 연구 결과는 특허가 투자 유치에는 부분적으로 이바지할 수 있으나 사업 성공의 절대적인 요인은 되지 못함을 시사한다.

나의 경험도 비슷하다. 창업 초기부터 많은 수의 특허를 내고 관리한 업체가 특허의 덕을 보는 경우는 정말 드물었다. (거의 없었다) 오히려 특허의 개수가 늘어남에 따라 특허를 유지하기 위한 비용이 늘어, 그로 인해 골치를 썩이는 경우도 보았다.

상황이 이렇다 보니 벤처캐피탈 심사역의 많은 수가 특허에 민감하지 않다. 사업의 핵심 중의 핵심이 되는 기술이 있다면, "그 정도만 특허로 보호하시면 될 것 같아요." 정도의 의견을 제시할 뿐이다. 오히려 특허를 포트폴리오 식으로 꾸민 기업을 만나면 왜 이렇게 많은 특허를 냈느냐고 물어보는 사람도 있으니, 특허를 반긴다기보다는 많은 수의 특허를 좋지 않은 시그널로 해석하는 투자자도 있다.

그렇다면 앞서 이야기한 특허는 혁신이고, 스타트업이 특허를 출원했을 때 매출과 채용이 늘었다는 연구 결과는 무얼까? 특히, 특허를 출원할수록 벤처캐피탈의 투자를 받을 확률이나 기업공개에 성공할 확률이 높아진다고 했는데, 이건 무슨 이야기일까?

투자가 진행되면서 투자자가 스타트업에게 요구하는 조건이 있다. 일반적으로 투자가 이루어지기 전, 스타트업에게 그들이 놓치고 있는 경영상의 미비점을 보완하는 요구사항을 전달한다. 그때 특허와 관련된 정비를 요청하기도 한다. 기업공개^{IPO}도 마찬가지다. 상장 주관사는 거래소의 승인을 얻기 위해 그 회사가 보유하고 있는 핵심 기술과 관련된 특허를 정리한다. 미비한 특허는 새로운 발명으로 보완하기도 한다. 이렇다 보니 투자나 기업공개가 이루어지는 시점에 많은 기업이 특허와 관련된 내용을 손보게 되는 것이다. 아마 이러한 것이 통계에 잡혔으리라 추측된다. 어떻게 보면 특허라는 것은 그 기업의 혁신을 증명하는 서류로서의 의미가 더 큰 것은 아닐까?

아마 기업도 이런 점을 알고 있을 거다. 그들이 보유하고 있는 특허가 정말 혁신의 응집체이며 향후 진입장벽을 만들거나 로열티 수익을 창출할 수 있는 정도의 것인지, 아니면 '있으면 좋은 것이니까'라는 생각으로 만든 것인지 말이다. 사업의 본질은 서비스다. 기술이 서비스와 연결되지 못하면 아무런 득이 되지 못한다. 창업자는 발명가가 아니라 사업가가 되어야 한다.

특허는 좋은 사업을 만들기 위한 수단이다. 그리고 그 사업을 지키는 데 사용되어야 한다. 특허는 그 자체로서 목적이 될 수 없다. 잘 만들어진 특허는 훌륭한 사업을 위해 존재할 때 가치가 증명된다. 언뜻 과녁처럼 보이지만 엄연히 화살이다. 과녁을 맞히기 위한….

옮겨심기보다는 씨뿌리기

해외 진출에 대하여

○

　권오현 전 회장의 저서 《초격차》는 2018년에 나왔다. 그는 책에서 삼성전자가 지금의 위치에 오르기까지, 그러니까 경쟁자가 감히 넘볼 수 없는 격차를 어떻게 확보할 수 있었는지를 이야기했다.

　리더십의 본질, 원칙에 기반한 시스템, 혁신의 중요성, 인재 전략 등을 이야기하며 많은 이들에게 영감을 줬다. 그런데 6년이 지난 지금 그 격차는 아직 유효한가? 어쩌면 그 격차는 사라지고 있는 것이 아닐까. 6년 전 감히 넘볼 수 없는 격차로 일등을 한다고 '확정적'으로 이야기했던 제품은 이제 다른 기업에 추격을 허용했다. 이런 분위기는 삼성전자에 국한되지 않는 듯하다. 한때 몇몇 분야에서 압도적이었던, 특히 제조업에서만큼은 견고했던 주도권이 점차 사라지는 느낌이다.

　제조업과 수출만의 문제가 아닐지도 모른다. 우리는 지금, 어쩌면 내리막 세상에 살고 있는 것은 아닐까. 그럴 확률을 배제할 수 없다는 생각이 든다. 나고 자란 나라가 긴 시간의 오르막 끝에 찬란한 정점을 넘어 내리막을 앞두고 있다고 생각하면 불안하다. 인구 구조나 첨단 기술 경쟁력을 떠올리면 더 위태롭다는 생각이 든다. 만일 지금처럼 경제가 정체된다면, 소비도 주춤할 테고, 투자의 미래는 장담할 수 있을는지….

경제학은 나라의 미래 성장동력을 생산성, 노동력, 투자로 설명한다. 이 세 가지가 경제성장의 근간이다.

우선 생산성부터 살펴보자. 같은 자본과 노동력으로 더 많은 가치를 창출하는 능력을 생산력이라고 한다. 말하자면 같은 인풋으로 더 많은 아웃풋을 만들어 내는 능력이다. 다음으로 노동력은 말 그대로 경제활동에 참여하는 사람의 수다. 노동력은 '지속적' 경제성장의 근간이다. 인공지능이나 로봇 기술이 노동력을 대체할 것이라는 주장을 펼치는 사람도 있다. 하지만 아직 생산가능인구의 수는 경제성장에 있어 절대적 위치를 차지한다. 마지막으로 투자는 경제의 근간이 되는 물적자본, 인프라, 설비 등을 일컫는다. 자본을 투하하여 인프라를 늘릴 때 생산성이 향상되고 고용이 창출될 수 있다. 이 세 가지는 서로 맞물려 있다. 어느 하나 따로 떨어뜨려 생각하기 어렵다. 지금까지는 이 세 개의 톱니바퀴가 잘 맞물려 돌아갔는데, 앞으로도 그럴 것인가.

만일 이 세 개의 톱니바퀴가 어긋나, 우리의 경제가 내리막을 타기 시작한다면, 스타트업은 더 나은 기회를 찾아 시장을 바꿔야 하는 건 아닐까? 애초에 한국 시장은 크지 않았는데, 그 시장이 수축을 앞두고 있다니….

그래서 이제는 많은 스타트업이 해외 진출을 염두에 두고 있다. IR을 진행하면 해외 진출 계획을 빠뜨리지 않는다. 투자자도 과연 이 회사가 해외에서도 통할 수 있는지 관심 두고 본다.

하지만 해외 진출은 무척 어렵다. 최근 소비재 관련 스타트업의 해외 진출 성공 사례를 간혹 접한다. 특히 화장품이나 패션 분야에서는 해외 진출로 성과를 거둔 기업이 나오고 있다. 하지만 몇몇 기업을 제외하고는 해외 진출에 성공한 사례를 찾아보기가 힘들다. 정보통신 분야의 경우 샌드버드나 딜라이트룸 정도를 제외하고는 해외 시장에 안착한 경우가 있나 싶은 정도다. 왜 해외 진출은 이토록 어려운 것일까.

미국의 지인으로부터 전해 들은 이야기다. 요즘 자기가 사는 동네에서 태권도의 인기가 뜨겁다고 했다. 무술로써의 매력 때문은 아니란다. 아마 미국인이 한국의 문화를 색다르게 생각해서인 것 같다고 했다. 이야기는 이랬다. 주로 현지 어린이가 태권도장에 가는데, 미국에서 나고 자란 그들이 공경과 인사 문화를 알 리 없다. 그러니 부모는 아이가 태권도장에서 사범에게 머리 숙여 인사하고, 절도를 배우며, 함께 배우는 이들과의 교분을 쌓는 것을 새롭게 본다. 이를 두고 신기하면서도 좋은 경험이라고 생각한단다. 여기서 끝이 아니다. 그곳 부모는 '띠Belt 수여식'에서 완전히 넘어가고 만다.

그곳의 태권도장은 한국처럼 일괄적으로 띠를 주는 게 아니란다. 새롭게 띠를 따는 아이의 부모도 수여식에 참석하게끔 한다. 만일 근처에 조부모가 살고 있다면 조부모도 함께해야 한다. 아이는 부모와 조부모 앞에서 새로운 띠를 따기 위한 심사를 받는다. 심사가 진행되는 동안 사범과 부모는 한 단 높은 위치에서 아이를 보고, 조부모는 부모의 자리보다 한단 더 높은 곳에서 아이의 심사를 지켜보게 된다. 품새와 격파 등을 진행한 다음에 아이는 자기 부모와 조부모에게 큰절을 올린다. 그 순간 할아버지, 할머니와 부모는 감동을 주체하지 못한다.

"I'm so proud of you!"

이렇게 외치며 부모와 조부모가 한데 엉겨 아이를 안고 눈물을 흘린다고 한다는데, 지인의 이야기를 들으면서도 나는 '설마, 어쩌다 그런 집이 있겠지'라고 믿지 않았다. 지인은 고개를 저으며 생각보다 많은 사람이 'K-유교'의 매운맛에 격해지는 감정을 주체하지 못한다고 했다.

나도 아이를 태권도에 보냈건만, 그런 감동은 없었다. 약간의 '연출'이 들어가 있긴 하지만, 비슷한 것을 이리도 다르게 받아들일 수 있는 건가 하는 생각이 들었다. 미국과 한국을 오가며 느끼는 차이는 이런 문화적인 것에 국한되지 않는다. 아주 사소하게 에어컨 온도만 해도 그렇다. 나는 보통 실내 온도를 화씨로 74~75도, 그러니까 섭씨로는 24도 정도로 맞춰 두는데, 이 이야기를 미국인에게 하면 하나같이 놀란다. 그럴 거면 에어컨을 왜 트는 거냐. 그러면서 자기네들은 65도 안팎으로 맞춘다고 이야기한다. 섭씨로는 18도 근처다. 그럴 거면 냉장고에 들어가 있지 그러냐는 이야기가 절로 나온다. 알고 보니 동양인과 백인의 피하지방 두께 차이가 있다고 한다. 수치로 따지면 동양인의 피하지방이 백인의 80%밖에 되지 않아 저온 민감도가 훨씬 높다고 한다.

얼마 전 소셜미디어에서 유행했던 '미라클 모닝' 영상도 비슷하다. 스탠퍼드대학교에서 뇌과학을 연구하는 앤드류 후버만 교수는 아침에 일어나자마자 차가운 물로 샤워하면 온몸의 도파민 수용체를 각성시키는 효과를 가져온다고 이야기했다. 그런 자극으로 종일 집중력을 높이거나 면역력을 증가시킬 수 있다고 했다. 따라 해봤다. 당시 여름이었음에도 비몽사몽 아침에 찬물을 끼얹자, 심장이 멎는 것 같았다. 아침에 찬물로 샤워하는 것은 곤욕이었다. 도파민이 뿜어져 나오기는커녕 코티졸(스트레스 호르몬)이 폭발하는 느낌이었다. 이 이야기를 뇌과학 하는 지인에게 이야기했더니, "형 게네들한테 찬물이 우리한테는 찬물이 아니에요. 동양인이 찬물을 더 차게 느끼거든요"라고 대답해 줬다. 그들의 미라클이 우리에게는 고통일지도 모른다.

지역에 따른 차이는 생각보다 크다. '사람 사는 곳은 다 비슷해'라고들 하지만, '그렇게나 다를 수 있어?'라는 생각이 드는 적이 한두 번이 아니다. 그런데 비즈니스를 해외로 가지고 나갈 때 겪는 문제는, 그 수는 적지만 엄연히 존재하는 두 문화권 사이에서 발생할 것이다.

예전에 근무하던 회사는 유럽에 제품을 팔았다. 나도 가끔 독일로 출장을 가곤 했다. 내가 개발한 제품이 독일에서 판매되는 것이 아니었음에도 출장지는 늘 독일이었다. 언젠가 하루는 선배에게 물어봤다.

"우리 제품은 독일에서 판매되는 것도 아닌데, 왜 맨날 출장은 프랑크푸르트로 오는 거예요?"

"여기가 그나마 노동 관련 규제가 좀 덜하다고 들었어."

"아…. 다른 나라는 타이트한가요?"

"혹시, 몇 해 전까지만 해도 프랑스에 지사 있었던 거 기억해? 거기에 돈 들여서 지사 세우고 했는데, 어느 날 고발이 들어간 거야. 밤낮도 없이 사무실에 불이 켜져 있고, 직원이 집에도 가지 않는다며 노동청에 고발을 넣은 거지. 아마 그때 좀 세게 맞았나 봐. 프랑스가 그렇게 노동 규제가 타이트했는지 몰랐던 거지. 결국 다 철수했어."

프랑스가 한국과 다른 규제 수준을 가지고 있다는 정보를 회사는 이미 파악하고 있었다고 했다. 현지에서 지사를 만들던 직원이 이미 관련 내용을 전부 보고했었고, 회사도 이에 대한 위험성을 인지한 상태였다고 한다. 하지만 의사결정권자는 "뭐 거기도 사람 사는 덴데 다 비슷하지 않겠어?"라는 식으로 넘겼다. 그렇게 적발이 되고 시정 조치를 받았음에도 암막 커튼을 치고서 야근을 계속했다는 소문도 들렸다. 결국 오래 버티지 못하고 지사를 독일로 옮겨야 했다.

단순히 규제를 파악하고 상황을 인지하는 것은 가장 낮은 단계의 미션이다. 상황이 파악되더라도 문화, 나아가 사람을 이해해야 하는 숙제가 남아있다. 이는 훨씬 더 어려운 일이다.

직장을 옮겨 스웨덴에서 3년째 살고 있는 선배가 있다. 한국에서 변리사로 활동하며 좋은 경력을 쌓던 그가 어느 날 유럽에서 활동하고 싶다면서 스웨덴으로 터를 옮겼다. 정착 초반 적응하느라 얼굴 볼 짬도 내지 못하던 그가 2년 정도 지나 한국에 잠시 들어왔을 때 얼굴을 마주했다. 궁금했다. 거기에서의 삶이.

과거 울로프 팔메의 평전을 인상 깊게 읽었던 터라 스웨덴 사회에 대한 대략적인 그림을 머리에 그리고 있었는데, 실상은 생각과는 전혀 달랐다. 평전을 읽으면서 '뭐 사람 사는데 다 비슷하구먼'이라고 생각했던 것이 선배의 이야기를 듣고서는 '뭐? 이렇게나 다르다고?'로 바뀌었다.

우선 사회 신뢰자본이 나의 상상력 범주 밖에 있었다.

"내가 거기 가서 놀란 것 중의 하나가, 결제가 없다는 거야."

"결제가 없다고요? 뭐, 우리나라도 다 그런 건 아니지만 누구의 책임하에 있는지를 파악하기 위해서라도 필요한 건 아닌가요?"

"그렇지. 나도 그렇게 생각했었어. 처음 회사에 들어가서 결제 관련해서 물어봤더니, 일이고 비용이고 다 알아서 하라는 거야. 책임은 대표인 자기가 진다면서. 그러면서 '나는 당신을 뽑았어요. 전적으로 당신을 신뢰합니다'라고 하더군."

"어떻게 들으면 나이브하게 들리기도 하고, 또 어떻게 생각하면 감동적인 이야기네요."

결제뿐이 아니었다. 그의 말을 요약하자면, 시스템이랄 게 없었다. 아니, 시스템이 필요하지 않아 보인다고 했다. 웬만한 계약은 구두로 진행하고, 근태 시스템도, 인사 시스템도 존재하지 않는 곳이었다. '아니, 저렇게 해서 어떻게 회사가 돌아가?'라는 생각이 들 정도였다.

무엇보다 가장 놀라운 건 인재 관리와 관련된 부분이었는데, 선배 말로는 회사가 따로 직원을 관리하지 않는다고 했다. 대신 회사의 경영진이 다정하단다. 너무나 다정해서 딱히 불만을 가질 일이 없이 일에 매진한다고 했다. 그러면서 선배는 이런 이야기를 했다.

"내가 인생에서 이런 이들을 만났다는 게…. 너무 다행이라는 생각이

들 정도야….”

만일 스웨덴에서 한국의 방식대로 회사를 운영한다면 어떤 일이 벌어질까. 공고한 감시와 관리체계 기반의 인사 시스템이 그곳 사람 눈에는 어떻게 비칠까. 물리적으로 그곳에 위치하더라도 논리적으로는 한국에 있는 회사처럼 운영될 것이라는 생각이 든다.

많은 이들이 염원하는 미국 진출의 경우도 상황은 비슷하다고 들었다. 스타트업을 비롯해 중견 IT 업체, 게임 업체가 무수히 많이 미국 시장의 문을 두드렸다. 그들이 미국 시장에 접근하는 전략은 대동소이했는데, 대부분 미국에 지사를 세워 한국에서 일부 인력이 파견을 나가는 형태였다. 특히 2010년 전후해서 한국의 IT와 게임이 두각을 나타내던 시기, 많은 회사가 미국에 지사를 세웠다. 그렇게 미국 땅을 밟았던 회사 중에서 가시적으로 성과를 거둔 회사가 얼마나 될까. 심지어 미국에서 괜찮은 사업 성과를 올렸던 크래프톤마저도 미국 지사가 활발히 돌아가고 있는 상태는 아니라고 알려진다.

이런 현상을 두고 콩스튜디오의 석광원 대표는 이렇게 이야기했다.

"미국에 한국의 지사가 설립되는 순간 본사의 틀에서 벗어날 수 없습니다. 한국의 많은 게임 기업이 미국에 진출했지만, 성과를 거두지 못한 것도 그곳이 '한국의 지사'임을 너무 선명히 드러냈기 때문이라고 생각해요. 한국 시스템으로 인재를 채용하는 것부터가 난관입니다. 한국에서 파견된 지사장이 있고, 같이 미국으로 온 예하 스태프가 있는 상황에서 현지 인력을 파격적인 대우로 채용할 수 있을까요? 결국 한국의 채용 기준과 보상 수준을 제시하는 경우가 많아요. 그러다 보니 한인들, 특히 미국에서 한국 기업을 다니고자 하는 사람만 문을 두드리게 됩니다."

석 대표는 이런 점을 고려해서 콩스튜디오의 미국 스튜디오를 만들 때 새롭게 회사를 만들겠다는 각오로 임했다고 한다. 콩스튜디오는 애초에 미국 회사였지만, 한국에 직원 대부분이 있었던 터라 이런 전략을 실행하기가 쉽지 않았다. LA 현지 상황에 맞는 시스템과 체계를 갖추려 공을 들였다. 그의 도전은 이제 막 시작된 것이지만, 긴 고민과 노력을 쏟은 만큼 미국 진출에서 유의미한 성과에 가까워지고 있는 듯하다.

이야기를 요약하자면, 작은 것부터 큰 것까지 예상할 수 없는 범주에서 변수가 발생하는 것이 해외 진출이라는 것이다. 나무를 옮겨심는 것과는 다른 차원의 계획이 필요하다. 한국에서 잘 자라던 나무를 옮겨 심는 게 아니라, 실상 필요한 것은 현지의 토양에 맞는 품종으로 바꾸어 새로 심는 노력이다. 옮겨심기보다는 새롭게 씨앗을 뿌려야 한다는 이야기다. 과장을 조금 더 붙여 말하면, 해외 진출은 어쩌면 다시 창업하는 것과 비슷한 일인지도 모르겠다.

가이 가와사키는 애플의 전설적인 에반젤리스트이자 투자자다. 그는 '에반젤리스트'라는 직무을 처음으로 만든 사람으로 전해진다. 맥Mac, 매킨토시이 처음 등장했을 때, 그는 고객을 찾아다니면서 직접 맥을 시연해 보였다. 이 기계가 어떻게 당신의 삶을 바꿀 수 있는지를 직접 보여줬다. 이런 방식은 애플의 제품 홍보에 크게 이바지했다.

그는 스타트업 창업을 독려하는 책도 여러 권 썼는데, 《당신의 기업을 시작하라》,《리얼리티 체크》 등 굉장히 좋은 통찰이 담긴 책을 남겼다. 《리얼리티 체크》에서 가와사키는 아이디어가 비즈니스로 이어지는데 필요한 '현실감각'을 이야기한다. 좋은 아이디어가 성공으로 이어지기 위해 시장에 맞는 현실적인 사고와 계획이 필요한데, 이를 두고 '현실감각'이라 칭했다. 실행 가능성과 시장성, 타깃 고객의 요구를 철저히 이해하고 이를 사업에 반영해야 한다고 했다. 하나하나 검사하듯 꼼꼼하게.

해외 진출을 꿈꾸는 기업 대부분은 한국에서 어느 정도 사업의 가능성을 확인한 곳이 많다. 그러다 보니 해외 진출에 필요한 변수를 바닥부터 다시 짚기보다는 가설로 설정하고 넘겨버리는 듯하다. 말 그대로 '리얼리티 체크'를 다시 해야 함에도 한국에서의 문법이 어느 정도 현지에서 통할 것으로 가정해 버린다는 이야기다. 하지만 가와사키의 말처럼 새로운 시장과 새로운 고객이 있는 곳이라면 새로운 현실감각으로 다가가야 한다. 만일 신속한 사업계획으로 단시간 내에 성과를 거두려고 계획했다면 해외 진출의 난이도를 너무 낮게 설정한 것이다.

전장戰場의 상황을 모른 채 계획을 만들어 낭패를 겪지 말자.

역사를 돌이켜보자, 전쟁사를 통틀어 전장과 떨어진 채로 만들어진 계획이 효과적이었던 사례가 한 번이라도 있었던가. 1차 세계대전의 슐리펜 계획이나 2차 세계대전의 마지노선 계획을 떠올려 보자. 알프레트 폰 슐리펜이 벨기에의 상황을 좀 더 알았더라면, 앙드레 마지노가 죽기 전 독일 기갑 부대의 존재를 알았더라면 전황은 크게 바뀌었을 것이다. 현장의 상황을 알지 못한 채 만들어지는 계획은 사업을 운에 맡기는 것과 크게 다르지 않을 듯하다.

그래서 스타트업이 해외로 진출하는 길은 하나로 모아진다. 긴 시간을 두고 현지에 가서 부딪히는 거다. 조급함을 버리고 다시 창업하는 마음으로 시장조사부터 인재채용까지 다시 하는 수밖에 없다. 다시 몇 년의 시간을 쏟을 생각으로 도전해야 할지도 모르겠다. 눔^{Noom}의 정세주 대표가 미국 땅을 밟고 눔을 창업하는 데까지 걸린 시간이 7년이다. 길면 길다고 생각될 수도 있겠지만, 만일 그것을 사회와 시장을 파악하는 데 걸린 시간이라고 생각해 보면 7년이 그다지 긴 시간이 아닐 수도 있다는 생각도 든다.

간혹 해외 진출을 서두르다 큰 낭패를 겪는 사례를 접한다. 어느 기술 스타트업의 일화인데, 한국에서 투자받고 사업을 키워나가던 대표가 큰 시장에 도전하겠다면서 해외로 나갔다. 그곳에서 투자자를 만나며 일 년 가까운 시간을 보냈다. 그곳에서도 나의 사업을 알아주는 이가 있을 거라면서….

아쉽게도 시장을 파악하려는 노력은 없었다. 한국식으로 부딪히면 문이 열리리라 생각했다. 미국 전역을 돌며 투자자를 만났다. 그렇게 정처 없이 떠도는 사이 사업은 기울었다. 설상가상 대표는 해외 체류비로 한국에서 받은 투자금의 많은 부분을 소진해 버리고 말았다. 그런데도 그는 자신의 확신에서 벗어나지 못한 채 계속 투자자를 찾아다녔다.

이미 현지 시장에도 비슷한 회사가 많았고 경쟁사는 투자를 받고 빠르게 덩치를 키워가는 상황이었기에 먼 나라에서 온 스타트업에 선뜻 투자를 결정할 투자자는 없었다. 그는 한국에서 투자받은 유망한 스타트업으로 자기를 생각하기보다는 이제 막 새롭게 시장에 도전하는 창업자로 자신을 생각했어야 했다.

비록 스타트업은 아니지만 해외 시장 진출에 성공한 사례를 소개하고 싶다. 주식회사 인평의 박춘선 회장의 이야기다. 박춘선 회장은 40년 가까이 건설사를 운영하며 서울과 광주 등에서 제법 큰 규모의 개발 사업을 진행해 왔다. 2000년대 후반 베트남의 성장 가능성을 보고 그는 아파트 개발과 레저시설 개발에 뛰어들기로 마음먹었다. 긴 부침의 시간을 넘어 지금은 베트남 사업이 제 궤도에 올랐다고 하니 거의 20년 가까운 세월을 베트남에 발붙이려고 노력한 것이다. 지금도 그는 일과 시간의 절반을 베트남 현장에서 지낸다.

한때 벤처캐피탈 업계에도 베트남 투자의 바람이 불었던 적이 있다. 많은 이들이 베트남을 두고 "이제 베트남에는 성장의 오르막이 펼쳐진다"라고 이야기했다. 제법 많은 심사역이 베트남의 스타트업 시장을 파악하려 넘어갔다. 실제 투자도 많이 이루어졌다. 그러던 것이 2020년 코로나가 심각해지면서 투자 열기가 식었다. 많은 공을 들였던 벤처캐피탈은 생각만큼 성과를 내지 못해 어려움을 겪었다. 이런 상황을 이야기하면서 박춘선 회장에게 "어떻게 성공적으로 베트남 시장에 진출했느냐"라고 물었다. 그러자 대뜸,

"우리 집이 오랜 시간 사업을 했던 건 아시죠?"

과거 박 회장은 나에게 대대로 사업을 했던 집에서 태어나서 운 좋게 사업을 시작할 수 있었다고 이야기한 게 기억났다. 당시 그 이야기를 듣고 '대대로'라는 표현이 어느 정도를 이야기하느냐고 물었는데, 이에 박 회장

은 "조선 중기부터 우리 집은 상인 집안이었어요"라고 대답했다.

"우리 집에 전해 내려오는 말이 있어요. 가훈 같은 것이죠. '너의 대에서 전부 이루려 하지 마라'는 말인데요. 뭔가 이루고자 하는 것이 있어도 조급하지 말라는 이야기예요. 내가 이루고자 하는 일이 있으면, 준비만 해놓아도 괜찮다는 거죠. 후대에서 이룰 수 있게끔요. 베트남 일도 비슷해요. 조급하게 굴었으면 아마 베트남에서 큰 성과를 이루지 못했을 겁니다."

박 회장의 이야기를 듣고 보니, 한국의 스타트업이나 투자자가 얼마나 촉박한 시간 개념으로 해외 진출을 바라보는지가 새삼 와닿았다. 그러면서 박 회장은 '장기적이고 느긋한 안목'과 더불어 관계에 관한 이야기도 해주었다.

"꽌시關係, 관계 아시죠? 그게 중국에만 있다고 생각하십니까? 아닙니다. 베트남에도 있고 한국에도 있고 미국도 마찬가지예요. 내가 그 나라의 사람을 어떻게 대하는지가 그들이 나를 대하는 태도를 결정해요. 그게 꽌시입니다. 어딜 가든 예외는 없어요. 2000년대에 처음 베트남에 갔을 때, 나와 함께한 이들, 지금은 다들 너무 잘 됐어요. 처음에는 내가 많이 도와줬죠. 그 덕에 지금은 저보다 훨씬 더 성공한 사람이 됐어요. 나에게 고마워하죠. 또, 나를 신뢰합니다. 베트남에 그런 사람이 늘어나면 늘어날수록 내가 베트남에서 사업하기 더 좋은 환경이 될 겁니다. 어딘가 새로운 시장을 개척하고 싶다면, 그 나라 사람이 성공하게끔 도와주세요. 그것이 나를 돕는 길입니다."

이렇게 오랜 시간 준비가 필요하다면, 지금 당장 밖으로 나가야 하는 것은 아닐까? 서두르지 않고 먼 미래를 기약하면서 말이다. 우선은 그 세상에 들어가 그 세상을 익히는 일부터 해야 할지도 모른다. 당장 창업을 생각하고 있지 않더라도, 언젠가 큰 시장으로 진출해 보고 싶다면 무슨 구실을 만들어서라도 그 사회 속으로 들어가기를 추천한다. 미리 그 사회를 알아두는 거다. 공부며 친구를 사귀고, 신문과 방송을 보거나 영화를 본다. 그렇게 익힌 후에 어느 날 그 사회의 욕구를 알게 된다면, 그걸로 사업이 가능하지 않을까? 너무 길고 막연한 계획이라고 느낄지도 모르겠다. 하지만 확률을 따진다면, 어쩌면 가장 가까운 길을 가는 것일 수도 있다.

3부
그 밖에 생각들

단극사회(單極社會)
하나의 가치를 좇으면 생기는 일

○

2024년은 절반 가까이 미국에서 보냈다. 한국과 미국을 오가기를 다섯 번. 그러면서 느끼는 가장 큰 차이는 '가치 다양성'이었다. 두 사회가 으레 다를 거라 생각하다가도 가끔 생각보다 너무 달라서 놀라곤 한다. 지난 8월 〈뉴욕 타임스〉에는 무덤을 청소하는 사람에 관한 기사가 있었다. '묘비에서 이끼와 때를 제거하며 잊힌 역사를 되살려내는 그녀'라는 제목의 기사는 로체스터 지역 곳곳의 공동묘지에서 버려진 묘를 청소하는 케이티 데라도라는 여성의 이야기를 다룬다. 소셜미디어 틱톡의 유명인이기도 한 그녀는 버려지고 관리되지 않는 무덤을 찾아 깨끗이 청소한다.

기사를 읽으면서 '뭐 이런 거를 하나' 싶었다. 아니, 정확히는 무슨 이런 걸 기사로 다루나 생각했다. 버려진 무덤을 찾아 청소하는 사람이라니. 그저 소셜미디어에서 몇몇 사람의 관심을 끄는 정도겠지. 그래도 혹시 몰라 이런 종류의 소셜미디어 인플루언서가 더 있는지 찾아봤다. 그 수가 많지는 않았지만, 그렇다고 드물지도 않았다.

그중 대중적으로 큰 인기를 끄는 사람도 있었다. 카엘리 맥윈은 시애틀에 거주하면서 핑크 색깔의 거품 세제를 가지고 묘비를 닦는다. 무려 백만 명의 팔로워를 보유한 그녀의 채널은 그녀의 행동을 두고 '고인을 모욕하는 행위', '유가족의 마음을 생각해 보아야 한다'라는 등의 주제로 늘 토론이 벌어진다. 그들의 소셜미디어에서 본 장면은 그저 지저분한 묘지를 닦는 것에 그치지 않았다. 가끔은 버려진 묘에서 유명인을 발견하기도 하고, 의외의 사람이 같은 묘에 묻혀있는 것을 발견하기도 하는, 말하자면 스토리가 있었다. 아, 이래서 많은 이들이 보는구나.

이런 흐름은 소셜미디어에만 존재하는 '단순 흥미'가 아니었다. 아마존을 뒤져보니 무덤과 관련한 책도 많았다. 소셜미디어에서 '그들'이 하는 일은 예전에도 하나의 장르로 존재하던 것들이었다. 애슐리 포스턴의 《죽은 자의 낭만The Dead Romantics》, 더글라스 키스터의 《돌에 새겨진 이야기Stories in Stone》 같은 책을 비롯해 많은 책이 묘지와 묘비에 담긴 이야기를 다루었다. 심지어 베스트셀러로 오른 책도 있으니 이런 주제에 관심을 두는 이들이 제법 있구나 싶었다. 단순히 묘비의 내용뿐만이 아니다. 묘지를 관리하는 법, 묘지를 청소하는 법, 묘지를 복원하는 법까지도 책으로 정리되어 있었다.

〈뉴욕 타임스〉 기사에서 시작한 나의 '묘지 장르' 탐험은 처음엔 '하찮다'라는 감정으로 시작해 나중에는 '아, 이것도 나름의 영역이 있구나' 하는 놀라움으로 변해갔다. 많은 이들이 이런 것에 가치를 부여하는 게 신기할 따름이었다. 그러면서 한편으로는 우리나라에서 만일 누군가 버려진 묘를 찾아다니면서 비석을 닦는 일을 하면 어떨까를 생각 해봤다. 몇 년에 걸쳐 버려진 묘를 전전하고 다닌다면, 아마 누군가 신고를 하거나 하진 않을까? 어쩌면 〈궁금한 이야기 Y〉 같은 TV 프로그램에서 찾아올지도 모른다.

"어째서 그는 이런 곳에서 묘비를 닦고 있는 것일까."

라는 설명과 함께 기인으로 등장할지도 모를 일이다.

예전에 비슷한 생각을 하게 한 책이 있었다. 작년, 정치 관련 콘텐츠로 방송에서 소개된 《침팬지 폴리틱스》라는 책을 본 적이 있다. '영혼 없는 객체'로 취급받았던 영장류가 알고 보니 굉장히 정치적인 동물이며, 나아가 이들의 정치 역학을 유심히 관찰하면 인간의 정치 원리도 파악할 수 있다는 내용을 담고 있다. 이런 책의 내용 자체도 흥미로웠지만 내가 더 관심 깊게 보았던 것은 이 책의 저자였다.

프란스 드 발은 네덜란드의 동물학자며 인류학자였다. 많은 이들이 《차이에 관한 생각》, 《공감의 시대》, 《침팬지 폴리틱스》 등 그의 기념비적인 저작 활동으로 그를 기억한다. 그의 책도 책이지만, 나에게는 그의 집필 과정 또한 흥미로웠다. 그는 《침팬지 폴리틱스》를 준비하면서 네덜란드의 아른햄 동물원에 매일 같이 찾아가 침팬지를 관찰했다. 그냥 관찰한 것이 아니고, 침팬지 집단의 모든 것을 알아내려 했다. 그 기간이 1975년부터 1981년까지 최소 6년 정도라고 한다. 그 결과, 그의 책은 침팬지 각자의 특징과 관계도, 세세한 역사까지도 망라할 수 있었다. 책을 읽다 보면, '이게 이렇게까지 할 일인가' 싶은 생각도 든다.

책을 읽고 나서도 비슷한 생각을 해봤다. 만일 우리나라에서 누군가 비슷한 과정으로 책을 쓴다면 어떨지…. 만일 누군가 6년의 세월 동안 동물원에 출근 도장을 찍는다면 어떻게 될까? 아마도 〈신비한 TV 서프라이즈〉에서 찾아오지 않을까? 동물원에서 하루 종일 원숭이를 쳐다보는 기인이라면서 말이다.

단 두 개의 예로 사회가 가진 관점의 차이를 보여주는 것은 무리가 있을 수도 있다. 그러면 가장 첨예한 부분을 한번 들여다보자. 대학입시는 어떨까? 얼마 전 지인을 통해 알게 된 사례가 흥미롭다. 2024년 대학에 입학한 아이의 이야기였는데, 그녀는 코넬대학교에 합격했다. 그 이야기를 듣고 나는 "이야 엄청나게 공부를 잘했나 보네?"라고 물었다. 그러자 지인은 이렇게 답했다.

"그렇지 않아요. 아, 물론 어느 정도 공부를 하긴 했는데…. 그 아이가 코넬대학교에 합격한 것은 공부 때문이 아니었어요. 스펀지밥 덕분이었습니다."

"스펀지밥? 그 만화 스펀지밥이요?"

"네 그 스펀지밥이요. 이 친구가 스펀지밥에 완전히 빠졌거든요."

"그게 대학이랑 무슨 상관입니까?"

나는 너무 의아했다. 만화를 좋아하는 것을 아무리 연장해도 대학 근처까지 이어지리라고 생각할 수가 없었다.

"아. 그 친구는 스펀지밥의 모든 것을 알고 있습니다. 첫 화부터 마지막

화까지 내용을 전부 알고 있는 건 물론이고 시즌별 스튜디오와 작가, 작화의 실수부터 숨겨진 이야기까지 완전히 알고 있었어요. 그걸 가지고 에세이를 썼고요. 대학교 입학처에서는 그 아이가 가진 열정에 놀랄 수밖에 없었던 것 같습니다. '이런 일을 이 정도로 하는 아이라면 무슨 일이라도 할 수 있겠구나'라는 생각을 한 것이죠. 열정, 열정이 중요하니까요."

입이 벌어졌다. 스펀지밥이라니. 아무리 열정을 중요하게 생각해도, 점수가 아닌 열정으로 대학 입학 자격을 평가하는 게 가당키나 한 일인가? 그런 생각은 이후 접한 몇몇 사례로 점차 상식의 범주로 느껴지기 시작했다. 루빅큐브로 UCLA를 입학한 학생이나 고등학교 1학년에 처음 다이빙을 배워 4년 동안 다이빙에 전념하여 프린스턴대학교에 입학한 학생의 사례 등, 스펀지밥 정도의 충격은 아니었지만, 열정을 평가하는 것이 그다지 이상한 일이 아님을 알게 되었다. 하지만, 만일 우리나라에서 이런 일이 벌어졌다면, 아마도 부정 입학 이야기가 나오며 난리가 났을지도 모를 일이다.

이런 사례를 접하다 보면, 우리나라는 단극사회에 가까운 것이 아닌가 하는 생각이 든다. 단 하나의 가치를 향해 모든 이들이 경주를 벌이는 곳. 어쩌면 우리 사회는 그런 곳이 아닐까. "사회가 건강하기 위해서는 다양한 가치가 존중받아야 한다"라는 이야기를 어렸을 때부터 접했지만, 우리가 지향하는 가치의 수가 다양해졌다는 느낌은 들지 않는다. 누군가 건강한 사회를 위한 다양한 가치를 이야기할 때면 반대에선 다른 누군가가 경쟁의 가치를 부르짖는다. 그리고 다양한 가치와 관련된 논의를 '쓸데없는 낭만' 정도로 치부한다. 그래도 이렇게 살만하게 된 것은 사회의 경쟁 시스템 덕분이라면서 말이다.

우리 사회의 경쟁이 더 격화될수록 사회의 효율은 제고된다는 신화는 실제로 유효한가. 누군가에게는 미덕인, 개개인의 이기심과 경쟁이 사회자원의 효율적인 배분과 공리 증진에 이바지한다는 신자유주의는 정말로 그런 결과를 가져오는가?

오래전 개봉한 영화 〈뷰티풀 마인드〉는 경제학자 존 내시의 이야기를 다룬다. 영화 중반, 박사과정 1년 차에 작성한 논문을 지도교수인 헬린저 교수에게 보여주는 장면이 나온다. (극 중 헬린저 교수는 가상의 인물) 헬린저 교수는 "자네가 지금 150년 동안 이어진 경제 이론을 뒤집으려는 사실을 알고 있는가?"라며 놀라워한다. 이때 이야기한 150년 동안 이어진 강력한 경제 이론은 '보이지 않는 손'으로 대변되는, 개인의 이기심과 이로 인한 경쟁이 시장 메커니즘의 근간이라고 이야기한 애덤 스미스의 이론이다. 실제로 존 내시는 이 장면에 등장한 1950년 논문 '비협력 게임Non-Cooperative Games'으로 노벨상을 거머쥐게 된다.

영화는 존 내쉬의 이론을 가지고 개개인의 이기심 추구가 결국 집단 이익의 훼손을 가져온다고 설명한다. 영화에서는 한 무리의 남성이 다른 한 무리의 여성을 유혹하는 사례로 이를 설명한다. 만일 무리의 남성 모두가 최선을 다한답시고 가장 매력적인 여성 한 명에게 대시한다면, 이는 개인의 입장에서는 최선이겠지만, 결국 단 한 명의 승자만을 만들어 낼 뿐이다. 사회의 공리가 최대가 되기는커녕 반대의 결과를 가져온다. 이는 아주 단순한 사례이지만 경쟁이 집단 전체의 이익을 높이지 못한다는 것을 잘 설명한다.

이런 딜레마적인 상황을 설명하기 위해 폰 노이만, 존 내시 등은 게임 이론을 고안했다. 죄수의 딜레마라는 상황을 만들어 개인의 이익 추종이 집단의 이익 극대화에 도움이 되지 않음을 보인 것이다. 이제 이러한 논의는 상식에 가까운 이야기가 되었다.

이러한 이론적 배경에도 불구하고 아직 우리 사회에는 '최선에 최선'이 전체 시스템을 번영시킨다고 생각하는 이들이 많다. 신자유주의, 그러니까 최소한의 규제로 각각이 이기심을 극대화하면 전체 시스템은 자연스레 최적의 상태가 된다는 믿음이 굳건하다. 보이지 않는 손이 최상의 결과를 가져온다는 이야기는 과거의 통념이 되었음에도 말이다.

특히 투자 업계에는 그러한 사람이 유독 더 많은 듯하다. 이들은 개인의 노력에 따라 이기심을 충족시키는 것을 절대 미덕인 양 바라본다. 투자에는 많은 변수가 있고, 다양한 가치의 스타트업이 있으며, 사회적 의미 또한 다양한데 이상하리만치 지향점은 하나에 수렴한다. 변수가 많은 만큼 운의 여지도 큰데, 이런 것을 인정하는 분위기도 아니다. 적지 않은 이들이 그들의 성취가 오롯이 그들의 노력에 따른 정당한 보상이라 여긴다.

이런 생각의 좋고 나쁨을 이야기하는 것이 아니다. 그 발로가 이데올로기적 측면이 있음을 인정한다. 이런 생각을 하는 사람이, 혹은 그 반대의 생각을 하는 사람이 이성적 숙고 끝에 그런 결론에 도달했다고 이야기하려는 것은 아니다. 정치학자 조지 레이코프는 정치적 지향이 프레임^{Frame}과 인지적 도덕 모형Cognitive Moral Model에 의해서 결정된다고 이야기*했는데, 이 이야기에 매우 공감한다. 권위와 보상을 중요하게 여기는 사람이나 공감과 협력을 중요하게 여기는 사람 모두 개인적 경험과 내재한 프레임으로 인해 그런 생각을 갖게 되었을 가능성이 높다. 경쟁의 가치를 숭앙하는 것 자체를 비판한다기보다, 이러한 관점이 다양성을 저하하는 것은 아닌지를 우려하는 것이다.

다양성 부족이 경쟁 상황을 만드는 측면도 있지만, 거꾸로 경쟁 상황이 다양성을 제거하기도 한다. 앞선 예를 생각해 보자. 만일 누군가가 어떤 만화에 푹 빠져서 그걸로 한국에 있는 대학에 가려고 시도한다고 말이다. 만일 그런 일이 경쟁의 극단, 그러니까 합격이 몹시 어려워 아무나 갈 수 없는 학교의 입시에서 벌어진다면 많은 사람이 분노할 것이다.

설령 대학 측에서 자기네 입시 기준에 부합한다고 설명을 내놓아도 이를 받아들일 사람은 많지 않을 듯하다. 밀란 쿤데라는 교수로 재직하던 시절 학생에게 받은 편지글을 가지고 학생을 입학시킨 적도 있다는데, 만일 이런 일이 한국에서 벌어졌다면 난리가 났을 것 같다. 쿤데라는 설령 글을 잘 쓰는 학생을 뽑고 싶더라도 성적이 높은 아이를 뽑아야 했을 것이다. 공정하게. 이렇듯 극단의 경쟁은 다양성을 배제하고 만다.

한국의 투자 업계는 어떠한가? 경쟁은 높고 다양성은 낮다. 대부분의 벤처

---

* 조지 레이코프의 명저 《코끼리는 생각하지 마》

캐피탈이 비슷한 규약의 펀드를 운용하고 펀드의 자금 출처 또한 대동소이하다. 자신이 사용할 수 있는 자금의 출처와 용처가 비슷하니 차별화된 투자를 하기가 무척이나 어렵다.

전략적인 차별점을 발휘하기 어려운데 어떻게 비교 우위에 설 수 있겠는가. 이건 비단 벤처캐피탈의 문제에 국한되지 않는다. 그 속에서 일하는 개인의 입장도 비슷하다. 시장을 구성하는 모두가 이토록 비슷하니 웬만해서는 더 나은 이익을 달성하기가 어렵다. 그나마 업계에 일찌감치 진입한 사람은 그간의 역사를 발판 삼아 헤게모니를 공고히 할 수 있다. 하지만 뒤늦게 진입한 이들은 상황을 역전하는 방법을 쉽게 찾지 못한다. 전략적 차별성을 구사하기 어려운 이런 환경은, 가끔은 시장 선두주자가 자신의 우위를 더 공고히 하려는 것은 아닌가 하는 생각도 든다.

그래서 아주 일부 벤처캐피탈이나 심사역은 어리석은 선택을 하기도 한다. 가끔 스타트업 대표를 대상으로 강의나 강연을 할 때 이런 질문이 들어오기도 한다.

"투자사 측에서 리베이트를 요구할 때는 이에 응해야 합니까?"

이런 질문의 빈도가 높진 않지만, 잊을만하면 등장한다. 이런 질문에 "절대 응하지 말 것"이라는 답을 해주지만 그들이 그런 답을 듣고 싶어 질문을 하겠는가. 이런 부조리함을 보고 분노하는 마음에 공감해 주기를 바라는 것이리라. 그들의 질문은 어쩌면 투자 업계를 향한 비난일지도 모른다.

그들의 이야기를 자세히 들어보면, 그런 상황 사이에 유사성이 있다. 스타트업이 투자를 유치하는 데 큰 어려움을 겪지 않는 경우에는 문제가 생기지 않는다. 그러니까 많은 투자자가 관심을 가질 때는 문제가 없다. 반면, 투자 유치가 어려운 회사가 여러 투자사가 아닌 한 곳과 협상을 할 때가 문제다. "우리가 투자하는 대신에"라는 식으로 운을 떼며 그런 요구가 들어온단다. 그러면, 다른 대안이 없는 스타트업은 그들의 요구를 두고 고민할 수밖에 없다는 것이다. 요구하는 것도 다양했다. 어떤 투자자는 피투자사의 지분을 개인적으로 요구하기도 했고, 어떤 이는 현금을 요구하기도 했다. 그중 빈도가 높은 형태는 법인카드를 요청하는 경우였는데, 투자자가 사용할 수 있게끔 법인카드를 발급해달라는 식이었다.

이런 경우 대부분 끝이 좋지 않다. 투자자는 내가 어렵게 투자해 주었으니 이 정도는 요구해도 된다고 생각하지만, 피투자가 입장에서는 굉장히 어렵고 짜증 나는 상황이라고 여길 수밖에 없다. 투자받고도 불쾌한 상황이 되어버리고 마는 거다. 시간이 흘러 회사가 투자자에게 도움을 요청해야 할 때가 오면, 회사는 어려움을 감내한 만큼 투자자가 더 적극적으로 도와주기를 바라는 기대가 생길 수밖에 없다. 그런데 만일 투자자가 그렇지 못한 태도를 보이면 여기서 문제가 생겨난다. 이런 불만은 쉽게 해소되기 어렵다. 비리의 공범이 된 두 당사자가 갈등을 원만히 해소하는 것은 시간을 되돌리는 것 말고는 없어 보인다. 이런 관계에서는 서로에게 바라는 기대는 높아지고 동시에 원망의 마음도 커지기 마련이다.

2010년 정도만 해도 '벤처캐피탈 업계, 비리의 온상'이라는 기사가 있었다. 당시만 해도 스타트업 투자시장이 활성화되기 전이었기에 시스템적으로 미비한 부분을 비집고 들어간 사례가 있었던 것 같다. 이제는 많은 스타트업들이 투자를 활용하고 투자가 국가 성장의 어엿한 한 축을 담당하고 있어 시스템적으로 빈틈이 거의 없다.

과거와 같은 일은 거의 발생하지 않는다. 하지만 완전히 끊어내지는 못한 것 같다. 당장 2024년에도 제법 알려진 벤처캐피탈의 대표이사가 비리 혐의로 압수수색을 받았다는 기사가 났다. 리베이트 소식도 들려온다. 투자를 앞두고 개인적으로 투자를 한다든지, 피투자사 내부 정보를 가지고 투자에 활용하는 등의 사례도 있었다.

벤처캐피탈 내부적으로는 비리를 걸러낼 수 있는 시스템을 갖추고 있다. 그리고 실제로 이를 통해 많은 부정이 예방되는 중이기도 하다. 대다수 심사역은 이러한 기준에 따라 투자하고 오랜 시간 기다려서 성과를 받아 든다. 거의 모든 심사역이 그럴 것이다. 그런데도 부정이 근절되지 못하는 것은 왜일까. 이는 아마 시스템의 공고함을 떠나 업계의 많은 이들이 이익추종을 선으로 바라보는 것과 무관하지 않을 것이라는 생각이 든다.

투자라는 직업의 특성에도 기인하는 측면이 있다. 투자자는 투자의 결과를 받아 드는데 몇 년을 기다려야만 한다. 투자하는 순간에는 심사역에게 아무런 대가가 없다. 짧게는 몇 년, 길게는 펀드가 만료되는 7~8년을 기다려야 성과에 따라 보상이 지급된다. 만일 리베이트를 받는다면, 기다림의 시간을 삭제할 수 있게 되는 것이다. 미리 성과를 당겨 받고 결과는 신경 쓰지 않아도 된다. 이미 투자에 따른 성과를 받았는데 그 회사가 어떻게 성장하던지 무슨 상관이겠는가. 심사역의 이익은 극대화되었지만, 정작 파트너십 전체의 관점에서는 이익이 훼손되는 결과를 가져오게 된다.

시스템의 빈틈에서 부정이 벌어진다면 이를 정정하는 노력이 있어야 하지만 그것조차 잘 이루어지지 않는다. 얼마 전, 지인을 통해 접한 이야기로는 몇 년 전 국내의 한 벤처캐피탈에서 리베이트 수수가 있었다. 한 심사역이 단독으로 투자한 회사로부터 금전적 대가를 받았다고 했다. 큰 금액의 단독 투자여서 다른 투자자의 눈치를 볼 필요도 없었으니, 유혹을 뿌리치지 못한 것 같았다. 그 심사역은 스타트업의 요청에 미온적으로 대했다. 개인적으로 챙겨줬음에도 이렇게 나오자, 스타트업 대표는 화가 나서 이 일을 외부에 알렸다.

일련의 사건을 전해 들은 지인은, 일이 곧 긍정적인 방향으로 시정될 것이라고 예상했다고 했다. 심사역이 근무하는 벤처캐피탈의 대표가 사건을 알게 되었기 때문이었다. 하지만 아무 일도 없었다. 아무런 조치도 없었다. 이유는 모르겠지만 그 일은 수면 아래로 가라앉고 말았다. 업계의 소수만 알던 그 일은 뜬 소문처럼 바뀌며 흐르는 시간 속에서 희석되어 버렸다.

이러한 부정의 원인을 오롯이 사회의 분위기에서 찾자는 이야기는 아니다. 당사자의 책임이 전적으로 크다. 그것을 어떻게 부정하겠는가. 다만, 사회 분위기가 경쟁 지상으로 기울며 결국 시스템의 균열을 낳는 것이 아닌가 하는 우려가 든다.

보이지 않는 손을 이야기했던 애덤 스미스는 《국부론》을 집필하기에 앞서 《도덕감정론》이라는 책을 냈다. (《국부론》이 1776년에 나왔고 《도덕감정론》은 1759년에 나왔다) 그 책에서 애덤 스미스는 인간이 아무리 이기적인 존재라 하더라도 타인의 운명에 관심 두는 본성이 있다고 이야기했다. 이런 본성은 사람에게 타인의 행복을 바라게 하며 연민과 동정심을 일으킨다고 주장한다. 무엇보다 애덤 스미스는 다른 사람의 감정을 내 일처럼 느끼는 '공감'이라는 능력을 눈여겨보았는데, 이러한 공감 능력을 도덕성의 근원이라고 보았다. 그는 사람이라면 누구나 이런 덕성을 지녀서, 이기심과 이타심을 적절하게 조절할 수 있을 것이라 보았다. 나아가 이러한 능력이 사회 전반적으로 배양되었을 때, 즉 '통제된 이기심'이라는 도덕적 배경이 갖추어질 때 사회는 번영할 수 있을 것이라 주장했다.

도덕성과 통제라니. 많은 이들이 알고 있는 《국부론》의 내용과 사뭇 다르다. 아니, 어쩌면 반대의 이야기로 느끼는 이들도 있을 듯하다. 심지어 이를 두고 '애덤 스미스 패러독스'라는 이야기가 있을 정도다. 하지만 《국부론》 안에, 분량으로 따지면 5권, 1,200페이지 안에서 '보이지 않는 손'이 등장하는 부분은 딱 한 군데다. 한 군데! 애덤 스미스는 단 한 군데에서 시장의 잠재력을 설명하면서 '보이지 않는 손'을 언급했다.

"자신의 이익만을 추구하더라도, 마치 보이지 않는 손에 이끌리듯 의도치 않게 사회의 이익을 증진한다."

이 한 문장에서만 '보이지 않는 손'이 등장했음에도 많은 이들이 이 책의 핵심으로 '보이지 않는 손'을 꼽는다. 침소봉대도 이런 침소봉대가 없다. 오히려 책의 많은 곳에서 시장의 효율성보다도 도덕적 규범과 사회적 책임이 중요하다며 강조했다. 아울러 개인의 탐욕이 시장의 실패를 가져올 수 있고 이를 막기 위해서는 규제가 꼭 필요하다고 했으니, 그는 어쩌면 '자유방임'과는 상당히 거리가 있는 인물일지도 모르겠다.

우리가 알고 있는 애덤 스미스가 실제 애덤 스미스가 맞는가? 우리가 신봉하는 이기심이 실로 사회의 이익을 견인하는 가치가 맞는가? 단극사회에서 경쟁의 가치를 이야기하는 사람 모두가 보이지 않는 손을 쫓는다. 하지만 그들이 추종하는 이야기를 거슬러 오르면 그곳에는, 도덕, 공감, 규제 같은 것들이 있다. 아이러니다.

신자유주의의 근원을 설명한들 그들이 생각을 바꾸리라 기대하지는 않는다. 하지만 이건 당위의 문제를 벗어나 이익의 관점에서도 생각해 볼만한 것이다. 과연 이런 경쟁 일변도 전략이 장기적 관점에서 이익이 되는 것일까?

다시 게임이론으로 돌아가 보자. 전 세계에는 게임이론에 심취한 사람이 많다. 그래서 게임이론 전략과 관련된 대회가 많은데, '반복적 죄수의 딜레마 토너먼트 Iterated Prisoner's Dilemma Tournament'라는 이름으로 게임이론 전략을 겨루는 대회가 세계 곳곳에서 열린다. 죄수의 딜레마를 기본으로 하는 만큼 알고리즘이 선택할 수 있는 것은 '협력' 아니면 '배신'이다. 여러 번 라운드가 반복되면서 참가자는 매 라운드 '협력' 아니면 '배신'을 선택하여 자신의 이익을 높여나가면 된다. 다른 사람이 배신해도 계속 협력만 하는 '천사 전략'이 있기도 하고, 계속 배신만 하는 '악마 전략'도 있다. 상대방이 배신하면 나도 배신을 하고 상대방이 협력하면 나도 협력하는 '정의 구현 전략'이 있는가 하면, 초반엔 협력하다 막판에 배신하는 '사기꾼 전략'을 구사할 수도 있다. 한 번 배신한 사람에게는 절대 협력하지 않는 '원한 전략'을 구사하기도 하고, 정의파 같은 강자에게는 협조하고 천사에게는 배신을 일삼는 강약약강의 '마피아 전략'을 구사할 수도 있다. 매년 수많은 참여자가 이 대회에 참가하여 새로운 전략을 들고나오는데, 대부분 정의파 전략에 기인한 알고리즘이 좋은 성적을 거둔다.

'Tit-for-Tat'이라고 해서 '이에는 이, 눈에는 눈' 전략, 배신하는 자에게는 똑같이 배신을, 협력하는 자에게는 협력으로 응하는 전략이 대체로 승리한다. 이건 개인적으로도 높은 점수를 가져올 뿐만 아니라 게임에 참여한 전체 집단 측면에서도 '정의 구현 전략'이 많을수록 점수의 총합이 높다.

이런 결과를 보고 많은 사회학자와 전략 연구가가 이런 결론을 내렸다.

"상대방에 따라 그에 걸맞게 대우해 주는 것이 좋다. 집단에 이런 Tit-for-Tat 전략이 많을수록 전체 이익도 증진된다. 이런 상황에서 개인이 취할 수 있는 좋은 전략은 신뢰와 신용을 쌓는 일이다."

어디까지나 이론적인 결론이지만 게임이론 최고의 전략이 결국 신뢰라는 점이 놀랍다. 눈앞에 보이는 이익을 좇기 위해 최선을 다하는 것보다는 상대에게 내가 '믿을만한 사람', '협력할 만한 사람'이라는 인식을 심어주는 것이 장기적으로 아주 중요하다는 이야기다.

어느 벤처캐피탈에서 보유하고 있는 주식을 팔려고 했다. 어느 스타트업의 초기에 투자한 주식이었는데 회사가 잘 성장하여 상장을 앞두고 있었다. 비상장주 거래 시장에서 제법 활발히 거래되고 있어서 담당 심사역은 일부 주식을 매각하여 이익을 실현하고자 했다. 당시 장외거래가 20,000원이어서 이에 맞춰 매각하기로 한다. 거래 상대는 사모펀드였다. 거래 상대가 LOC$^{\text{Letter of Commitment, 투자확약서}}$를 써주고 2주 뒤에 거래를 진행하기로 했다. 2주의 시간 동안 계약서를 쓰고 주식 대금을 준비하기로 했다. 거래일이 다가오자 투자한 회사의 새로운 호재가 시장에 알려졌다. 그사이 시장가는 23,000원까지 솟았다. 담당 심사역은 법적 구속력이 있는 LOC를 고려해 기존 합의대로 거래를 진행하려고 했는데 벤처캐피탈 대표가 거래를 막았다.

"장외가가 23,000원까지 올랐어. 이거 거래 취소해야 할 것 같은데?"

"아니 대표님, LOC를 주고받았는데 취소라니요?"

"그럼, 우리가 손해 보자는 거야?"

"20,000원도 우리 투자 단가보다 훨씬 높습니다. 조금 더 이득을 보겠다고 신용을 버리는 건 아니라고 봅니다."

"자네 너무 무르구먼. 돈은 독기가 세. 그렇게 생각하는 건 너무 순진한 생각이야. 거래 취소해!"

"저는 못 하겠습니다."

"못하는 게 어딨어. 당장 전화해서 거래 취소하겠다고 해! 내 핑계를 대든지 하고."

물론 거래를 그냥 취소한 것은 아니었다. 해당 벤처캐피탈은 확약서에 존재하는 서류상 오류를 찾아내어 이를 무효화시켰다. 담당 심사역은 이해하기 어려웠다. 이익의 최대화를 하겠다며 신뢰자산을 깎아 먹다니, 장기적으로는 손해로 돌아올 것이 자명하다고 생각했기 때문이었다.

이런 신뢰자산을 훼손하는 일은 지금도 어디선가 계속 이루어지고 있을 것이다. 오로지 자신의 이익을 추구하면 '선'에 가까워진다는 믿음 아래서 말이다.

하지만 신뢰는 곧 평판을 구축하는 재료다. 장기적으로는, 마치 게임이론 대회에서 그러했던 것처럼 신용과 평판을 견고하게 쌓는 것이 더 중요하지 않을까? 더욱이 시장에서 전략적 차별점을 만들기 어려운 상황이라면, 이런 신용과 신뢰는 자신을 돋보이게 할 수 있는 몇 안 되는 좋은 전략일 텐데 말이다.

우리는 지금, 어쩌면 내년에 뿌릴 종자를 당장 배가 고프다고 먹어버리는 우를 범하고 있는 것은 아닐까?

천 번의 삶

투자하기 위해, 투자받기 위해 필요한 지식

○

유일의 방법은 아니었지만, 책은 나에게 있어 늘 최선이었다. 덕분에 투자를 잘 알지도 못했던 내가 그럭저럭 일을 배우고 해나갔다. 그러나 이것은 어디까지나 나의 경험에 근거한 이야기며, 누구에게나 책이 최선일 것이라는 이야기는 아니다. 더 효율적인 방법이 있을 수도 있다. 그런데 만일 누군가 나처럼 책으로 투자에 접근해 보고자 하는 사람이 있다면, 그들에게 작은 실마리를 제공해 보려고 한다. 투자로 이어진 길고 긴 여정을 시작하는 데 유용한 몇 권의 책을 추려본다.

어떤 기업이 성공하는가?

짐 콜린스의 《좋은 기업을 넘어 위대한 기업으로》는 창업을 꿈꾸지 않는 사람일지라도 들어본 적이 있을 법한 기업분석의 고전이다. 짐 콜린스는 경영 컨설턴트로 커리어를 시작해 본인의 연구소를 차리기까지 경력 대부분을 기업 사례 분석에 매달렸다. 자신의 연구를 책으로 정리했고, 그중 많은 책이 베스트셀러가 되었다. 그의 책 모두가 유용하지만,《좋은 기업을 넘어 위대한 기업으로》와《위대한 기업은 다 어디로 갔을까》는 오래전에 집필된 책임에도 읽어볼 만하다. 이 두 책은 각각 '여러 성공한 기업의 공통점'과 '한때 위대했던, 하지만 몰락하고 만 기업의 공통점'을 엮었다. 짐 콜린스는 각각의 사례에서 얻을 수 있는 통찰을 제시한다. 특히 리더십과 조직 문화로 위대한 기업의 조건을 설명하는 부분은 흥미롭다. 출판된 지 오래된 책인 만큼 (각각 2001년과 2009년에 출판) 그 시기 짐 콜린스의 분석을 현재와 맞춰 보는 재미도 있을 듯하다.

창업할 때 알면 좋은 것들

애플의 전설적인 마케터 가이 가와사키는 좋은 저자이기도 하다. 에반젤리스트라는 직무을 처음 만들어 낸 사람으로도 유명한 가이 가와사키는 애플을 그만두고 가라지 테크놀로지 벤처스Garage Technology Ventures를 설립하여 투자자로도 성공적인 커리어를 이어나갔다. 그는 직접 투자하면서 느낀, 스타트업들이 창업할 때 알았으면 하는 사안을 모아 책으로 엮었다.《당신의 기업을 시작하라》와《리얼리티 체크》모두 창업자에게 유용한 지혜와 지식을 전달하는 훌륭한 책이다. 다만, 한국에서는 가이 가와사키의 인지도가 높지 않아서인지 지금은 이 책들을 종이책으로 접하긴 어렵다. 중고책, 전자책으로 접할 수 있다. 창업을 앞둔 자들에게 하고픈 이야기를 적은 책이지만 투자자의 관점도 녹아있어 투자 실무자가 읽어도 좋다.

시장의 문법으로 사업을 만드는 방법

시장을 어떻게 예측하겠는가. 그래도 되는 제품과 그렇지 않은 제품의 차이를 결정하는 '시장의 문법'이라는 것이 존재한다. 특히 소비자의 인식과 관련한 문제는 오랜 시장의 역사를 통해 어느 정도 '규칙화'할 수 있는 부분이 있다. 소개하려는 두 책은 어떠한 제품을 어떻게 시장에 선보여야 하는지를 다룬다. 나는 이 책을 주위에 "창업자와 투자자 모두, 반드시 읽어야 할 책"이라고 소개한다. 아울러 벤처캐피탈 심사역이라면 곁에 두고 내내 읽어야 할 책이다. 특히 알 리스의 《마케팅 불변의 법칙》은 사람의 인식이라는 것이 어떻게 동작하는지를 무척 쉽게 설명해 준다. 그는 책에서 소비자의 인식이 동작하는 방식을 가지고 어떤 브랜드가 어떻게 그토록 오래 지배력을 유지하는지를 설명한다. 처음 읽었을 때는 고대의 비문이 담긴 책을 발견한 느낌이었다. 1993년도에 출판된 책임에도 책의 제목처럼 '불변의 법칙'의 가르침을 준다. 아마 투자 커리어 내내 가장 많은 도움을 받은 책을 꼽으라면 이 《마케팅 불변의 법칙》을 꼽을 것 같다.

애니타 앨버스 하버드 경영대학원 교수는 알 리스와 비슷하게 '히트 상품'과 '블록버스터 전략'을 연구하는 사람이다. 특히 마케팅 전략을 펼치는 데 있어서 선택과 집중의 딜레마를 어떻게 풀어야 하는지 명료한 답을 준다. 특히 예술, 문화, 미디어 분야에서 그녀의 통찰은 더욱 빛난다.

우리가 집중해야 할 것은 무엇인가?

하버드대학교 경영대학원의 최연소 여성 종신교수라는 타이틀을 가진 문영미 교수는 단 한 권의 단행본을 냈다. 이 책을 제외하고는 대부분 논문과 기고 형태의 글이다. 많은 수의 책을 내지 않았음에도, 그녀의 책 《디퍼런트》는 경영전략 분야의 기념비적인 책이 되었다. 무려 백만 권 이상 팔리면서 독자에게 사랑받은 이 책은 시장에서 경쟁력을 지니기 위해 우리가 가진 자원을 어떻게 배분해야 하는지를 안내한다. 흔히 우리가 '차별화'라고 이야기하는 전략의 실체를 가장 잘 설명한 책이 아닐지 싶다. 이 책이 주는 통찰은 시장에서 제품을 출시하고 판매하는 것에만 국한되지 않는다. 나라는 개인이 자기를 어떻게 계발해 나가야 하는지에 대한 답을 주기도 한다.

어떤 스타트업이 시장에 안착하는가?

이제는 너무 유명해진 페이팔의 창업자 피터 틸은 스타트업의 사업 개발에 대한 좋은 통찰을 제시한다. 어떤 사업으로, 어느 시장에, 어떻게 진입해야 성공에 가까워지는지 알려준다. 그의 책 《제로 투 원》에는 기존에 없던 제품을 창조하는 것, 즉 0에서 1로의 도약이 스타트업이 추구해야 하는 지점이라고 설명한다. 기존의 제품을 부분적으로 수정하는 것은 수많은 선택지 중의 하나가 되는 것을 의미한다. 이런 전략을 추구하기보다는 기존에 없던 시장을 개척하여 시장을 독점하다시피 해야 한다는 것이다. 실제로 나를 찾아온 많은 창업자가 "기존 제품과 비슷하지만, 우리에게는 이런 차별점이 있어요"라며 경쟁 상황을 낙관할 때 이 책의 내용을 인용하곤 했었다.

시장 전략 이외에도 스타트업이 지켜야 할 원칙과 창업자가 가져야 할 사고 프레임 등이 책에 담겨 있다. 창업과 관련된 기본 내용도 충실하여 창업자라면 꼭 읽어볼 만한 책이다.

소비자를 사로잡는 전략은 어떻게 변화하고 있는가?

필립 코틀러의 마켓 시리즈는 언뜻 경영학 전공자에게나 어울릴 법한 책이라는 느낌이 든다. 하지만 그의 책 《마켓 3.0》, 《마켓 4.0》, 《마켓 5.0》을 차례로 읽다 보면 제품이 소비자에게 어필하는 전략이 어떻게 진화해 왔는지를 알게 된다. 필립 코틀러는 마케팅이란 "광고에 국한되는 것이 아닌 전사적 활동"이라고 강조했다. 제품의 기획부터 개발, 판매와 CS까지를 마케팅 전략으로 엮을 때 그 효과가 발휘된다는 거다. 단순히 광고 활동을 염두에 둔다면 이 책의 효용이 떨어질 수 있다. 이 책은 회사를 세우고 제품을 출시하는 전 과정을 마케팅의 관점에서 다룬다.

책 세 권을 모두 읽을 필요는 없을 것이다. 몇 해 전에 나온 《마켓 4.0》 정도만 읽어도 필립 코틀러가 하고자 하는 이야기를 충분히 알 수 있다. 참고로 최근에 《마켓 6.0》이 새롭게 나왔다. (93세의 나이에도 왕성하시다!) 하지만 개인적으로는 기존 3.0이나 4.0, 5.0 만큼의 인사이트를 얻기는 어려웠다.

사실과 정보를 어떻게 접할 것인가?

어느 시점, 특정 집단이 이견 없이 받아들이는 과학적 사고 체계를 '패러다임'이라고 한다. 비슷한 개념으로 어느 사회의 보편적 정서를 '에피스테메'라고 부른다. 우리의 내면, 그중에서도 우리의 집단 무의식을 구성하는 큰 축은 이 패러다임과 에피스테메일 것이다. 이런 걸 아는 게 투자나 창업에 무슨 도움이 되겠느냐 싶겠지만 '남과 다르게 생각하는 법'의 첫걸음은 내가 가진 사고의 틀을 확인하는 데서 시작할 것이다.

내 생각이 어떤 그릇에 담겨있는지를 알고 나서야 내가 아는 것을 낯설게 볼 수 있기 때문이다. 칼 포퍼, 토마스 쿤, 미셸 푸코의 책은 과거 대중의 사고가 바뀌는 과정을 다룬다. 이런 집단 무의식의 전이를 보는 것만으로도 우리의 사고는 환기되곤 한다. 이들 책을 읽다 보면 문득 '지금 내가 생각하고 있는 것은 어디까지가 사실일까'를 되묻게 한다. 관성으로 흐르던 삶이 문득 어색하게 느껴지기도 한다.

우리의 무의식을 탐험해 보기

지그문트 프로이트가 광활한 무의식의 영역을 개척한 이후 많은 이들이 내가 알던 '나'가 내가 아닐 수도 있겠다고 생각하기 시작했던 것 같다. 우리 사회를 구성하는 부분이 상호 연결된 것을 '구조'라고 하는데 구조주의 철학은 이런 사회적 구조가 우리에게 어떤 영향을 미치는지를 설명한다. 언어와 기호부터 해서 무의식까지 우리의 사고에 영향을 미치는 것들을 파고들다 보면 나의 사고가 '전혀 당연하지 않은 것들'에 기반하고 있음을 마주하는 신비한 경험을 하게 된다. 구조주의 철학은 앞서 이야기한 사고의 방식과 관련된 책인 만큼 사고를 전환하는 좋은 도구다. 아쉽게도 깊게 파고들기에는 어려운 분야다. (아쉽게도 나에겐 무척 어려웠다) 우선 우치다 타츠무의 구조주의 철학 입문서를 추천한다.

세상을 향한 관점에 관하여

이제는 누구나 다 아는 '블랙스완'이라는 단어는 2008년 서브프라임발 금융위기를 예측하고 큰 이익을 거둬 유명해진 나심 니콜라스 탈레브의 책 《블랙스완》을 통해 유명해졌다. 그 단어의 유래를 계속해 거슬러 올라가면 고대 그리스 철학까지 등장하지만, 이를 대중적으로 인식시킨 사람은 나심 탈레브다.

좀처럼 일어나기 어려운 일이나 한번 일어나면 그 결과가 대단히 큰 충격을 주는 것을 의미하는 '블랙스완'은 책이 나온 이후 다양한 분야에서 인용되었다. 그의 저서 중 세 권은 블랙스완에 대처하는 법, 예기치 못한 변수가 발생했을 때 이를 통제하는 방법 등을 제시한다. 저자가 금융계에 몸을 담았지만, 책을 읽다 보면 금융과 관련된 내용은 거의 없다. 대부분 사고의 체계와 관련된 내용이다. 조금 지루할 수도 있지만 한번 읽어두면 두고두고 써먹을 수 있는 책이다.

나에게 필요한 정보와 그렇지 않은 소음은 어떻게 구분하는가?

얼마 전, 미국 대선에서 많은 전문가가 대선 결과를 예측할 때 가장 많은 관심이 집중되었던 사람을 꼽으라면 단연 네이트 실버였을 것이다. 그는 대선 말고도 다양한 분야에서 성공적 예측으로 명성을 쌓아 올렸다. 통계학을 전공했던 그가 처음 뛰어든 분야는 스포츠였다. 베이스볼 프로스펙터스 Baseball Prospectus라는 야구 통계 업체에서 근무했던 그는 그만의 독자적인 예측 시스템을 개발하여 이를 정치, 경제, 기상학 및 기타 스포츠 분야에 적용했다. 영역을 가리지 않고 그의 예측은 맞아떨어졌고, 처음엔 "그거 다 우연이야"라던 사람도 예측이 반복되자 진지하게 그의 말을 듣기 시작했다.

미국 선거인단 수 538명을 딴 통계 예측 서비스 '파이브서티에잇Five Thirty-eight'을 매각하고, 스포츠 도박으로 큰돈을 번 네이트 실버는 자신이 어떤 것을 '정보'로 여기고 어떤 것을 '소음'으로 분류하는지를 정리하여 책으로 냈다. 《신호와 소음》은 미래를 예측하는 책이 아니다. 이 책을 읽는다고 해서 기업의 미래를 예측할 수 있는 것도 아니다. 다만 그가 통계 모델을 구축하는 방식을 보고 어떠한 정보가 중요하고 어떠한 정보는 그렇지 않은지를 배울 수 있다. 함께 일하던 심사역의 책장에, 다른 투자사를 방문하여 봤던 심사역의 책장에 늘 빠짐없이 꽂혀있던 책이다.

리더가 되고자 하는 이들을 위한 안내서

사이먼 시넥의 TED 영상을 처음 봤을 때, 그가 굉장한 통찰의 소유자라는 것을 직감했다. 그의 영상을 보고 난 후, 그의 책 《나는 왜 이 일을 하는가》와 《리더는 마지막에 먹는다》를 연달아 읽었다. 두 책 모두 좋았지만 《리더는 마지막에 먹는다》는 리더십에 대한 나의 통념을 완전히 바꾸어 놓았다. 사실 사이먼 시넥의 책을 읽기 전에도 신뢰와 협력을 바탕으로 하는 조직문화의 중요성은 인지하고 있었다. 하지만 이 책을 읽고서야 조직이 주는 안정감과 신뢰가 생각보다 훨씬 더 중요함을, 결국 그러한 리더십이 최고의 조직을 만들 수 있음에 공감했다. (앞서 이야기한 짐 콜린스도 위대한 기업의 리더십에서 이러한 공통점이 있다고 이야기했다)

이런 리더에 대한 나의 생각은 다니엘 코일의 《최고의 팀은 무엇이 다른가》에서 더 굳어진다. 《탤런트 코드》, 《재능을 키우는 작은 책》 등의 개인의 역량 개발과 관련된 책을 썼던 다니엘 코일은 《최고의 팀은 무엇이 다른가》에서 팀의 역량은 어떻게 극대화되는지를 탐구했다. 그는 최고의 팀은 결코 개인 역량의 합으로 만들어지는 것이 아님을 이야기한다. 그는 조직문화를 성공적으로 구축하는 리더가 최고의 팀을 만든다고 이야기한다. 성공적인 조직문화를 만들어 냄으로써 최고가 된 다양한 사례를 소개한다. 스타플레이어 없이 최고의 조직문화로 정점에 오른 그런 팀 말이다. 설명 자체도 친절하지만, 사례 하나하나가 매우 흥미롭다. 읽는 내내 지루할 새가 없다.

대가는 어떤 생각을 하고 있는가?

워낙 찰리 멍거를 좋아하다 보니 주위에서 책을 추천해달라는 부탁이 들어오면 찰리 멍거와 관련된 책을 우선 추천하게 된다. 그와 관련된 책이 상당히 많은데 찰리 멍거가 직접 쓴 책은 거의 없다. 이는 워런 버핏도 마찬가지다. 그들과 관련된 책은 대부분 그들이 남긴 글을 다른 사람이 엮은 것이거나 그들의 생각과 행동을 정리한 것들이다. 개중에는 '과연 두 사람의 투자 철학을 알고 쓴 책인가?' 하는 의구심이 드는 책도 있는가 하면 어떤 책은 '그들의 머릿속에 들어간 느낌'을 주기도 한다.

《통섭과 투자》는 후자에 해당하는 책이다. 모건 스탠리 연구소의 소장이자 콜롬비아대학교의 교수이기도 한 저술가 마이클 모부신은 찰리 멍거의 투자를 다방면으로 분석하여 이 책을 집필했다. 애초에 아주 훌륭한 작가이기도 했던 터라, 그의 머릿속에서 잘 소화된 찰리 멍거의 투자 철학은 책을 읽는 내내 읽는 이의 지적 호기심을 자극한다. 미국에서는 CEO가 읽어야 할 100권의 필수 도서로 선정되기도 했다.

《통섭과 투자》가 다른 이의 글로 찰리 멍거를 이해하는 책이라면, 《가난한 찰리의 연감》은 찰리 멍거의 연설과 글로 그의 생각을 읽을 수 있는 책이다. 이 책의 호불호는 심하게 갈린다. 책에 투자와 관련된 내용이 거의 없기 때문일 것 같다. 책의 처음부터 끝까지 어떤 마음으로 삶을 살아야 하는지를 다룬다. 그래서 누군가는 '너무 뻔한 이야기', '도덕책'이라며 낮은 평점을 준다. 그렇다. 이 책은 투자서라기보다는 철학책, 아니 마음공부 책에 가깝다. 가치투자를 꿈꾸는 사람이라면, 투자자로서 삶을 가꾸려는 사람이라면 마인드 세팅을 위해 읽어볼 만한 책이다. 원래 영문판밖에 없었는데, 얼마 전 찰리 멍거의 사후에 한글판으로도 출판되었다.

가치투자의 원형이라 할 수 있는 고전

필립 피셔는 가치투자라는 영역을 개척한 사람이다. 흔히 가치투자의 시조격이라 부르며, 그 틀을 완성한 사람으로 알려져 있다. (그에 앞서 케인스가 가치투자의 원조라 하는 이야기도 많지만…) 요즘 흔히 이야기하는 가치투자의 핵심 요소를 이 책에서 찾아볼 수 있다. 무려 1958년에 출판된 책임에도 불구하고 요즘 나온 책과 전혀 위화감이 없다.

그의 아들 캔 피셔의 책도 볼만 한데, 개인적으로는 부자父子가 쓴 책 중에서는 《위대한 기업에 투자하라》가 단연 최고인 듯하다.

세스 클라만의 전설의 책

세스 클라만은 1982년 보스턴에서 투자사 바우포스트 그룹Baupost Group을 설립한다. 2025년 현재 300억 달러 이상을 운용 중인 세스 클라만은 벤저민 그레이엄과 워런 버핏을 잇는 가치투자의 대가로 불린다. 보스턴의 현인이라고 불리기도 하는 그는 회사를 설립하고 9년 차가 되던 1991년, 그의 투자 철학을 담은 《안전 마진》을 출판한다. 딱 초판만 인쇄하고, 뭐가 부끄러웠는지 더 이상 책을 찍지 않았다. 아주 제한된 부수가 시장에 풀린 상태에서, 이 책은 사람들 사이에서 '정말 좋은 투자책'으로 입소문을 타기 시작한다. 사람들은 너도나도 《안전 마진》을 구하려고 했지만 구할 수가 없었다. 2020년쯤 이베이에 중고책이 한 권 올라오기도 했는데, 가격이 무려 3,000달러가 넘었다. 미국 도서관에서 도난이 가장 빈번한 책으로도 알려진 이 책의 명성은 한국까지 알려졌다. 아이로니컬하게도 이런 '품귀' 상황은 이 책을 인터넷에서 가장 쉽게 구할 수 있는 책이 되게끔 했다. 워낙 구하기가 어려우니 여러 사람이 책의 내용을 파일로 만들어 나누기 시작한 것이다. 이 책은 구할 수 없다. 하지만 그 덕에 어디서도 쉽게 구할 수 있다.

지루하지만 한번은 읽어봐야 할 가치투자 입문서

워런 버핏은 자신의 투자 철학의 80%는 벤저민 그레이엄으로부터 왔다고 이야기했다. (20%는 앞서 이야기한 필립 피셔로부터 왔다고 했다) 그 정도로 벤저민 그레이엄은 가치투자자에 있어 빼놓을 수 없는 존재다. 워런 버핏의 컬럼비아 경영대학원 재학 시절 스승이기도 했던 벤저민 그레이엄은 두 권의 방대한 투자이론서를 집필했다. 다루지 않는 분야가 없을 정도로 방대하다. 하지만 제아무리 가치투자의 바이블이라 할지라도 책은 모름지기 재미가 있어야 할 진데, 아쉽게도 벤저민 그레이엄의 책은 길고 지루하다. 기름기 없이 순살로만 가득 찬 느낌이다. 꼭 읽어볼 만한 책들이지만, 완독을 목표로 하기보다는 곁에 두고 필요한 부분만 찾아보기를 권한다.

우리가 집중해 보아야 하는 것은 무엇인가?

조엘 그린블라트는 1985년 고담 캐피털Gotham Capital을 설립했으며 현재까지도 연평균 40%의 수익을 기록 중인, 매우 성공적인 투자자다. 그는 《주식시장을 이기는 작은 책》을 집필하여 그만이 가진 단순하지만 명료한 투자 관점을 너무나도 쉽게 정리했다. 이 책은 분량도 매우 적은데, 실제로 조엘 그린블라트가 자녀에게 투자법을 알려주려고 그렇게 썼다는 이야기가 있다. 책에 등장하는 그의 투자이론은 간단한 수식으로도 정리할 수 있는데, 이 공식을 '마법 공식Magic Formula'이라고 부른다. 공식도 공식이지만, 왜 그 공식이 도출되었는지를 설명하는 과정이 매우 눈여겨볼 만하다. 이 책은 상장기업을 분석하는 데 초점이 맞춰져 있지만, 그가 가진 '좋은 기업'의 기준은 스타트업에도 적용할 만하다.

투자란 인문학적으로 삶의 의미를 탐구하는 것

이 책의 저자 조현철은 앞서 이야기한 투자의 거장은 아니다. 국내 대기업에 근무하며 부동산과 주식, 스타트업에 투자하고 있다. 이 책을 추천하는 이유는, 책이 재미있기도 하지만 저자가 투자를 바라보는 관점이 내가 바라보는 투자의 지향과 비슷하기 때문이다. 저자는 투자를 단순히 돈을 버는 수단으로 생각하는 것을 지양해야 한다고 이야기한다. 대신 다양한 경험과 인문학적 소양을 통해 세상을 바라보는 관점을 만들고 이를 활용하는 수단으로 투자를 이야기한다. 저자의 생각과 정확히 일치하는지는 모르겠지만,

책 전체에 흐르는 생각은 '현명해져라, 그러면 투자가 자연스레 이루어질 것이다'가 아닐지 싶다. 《갈매기의 꿈》에서 먹이가 아닌 비행을 위해 날아오르는 갈매기 조나단이 떠오르는 책이다.

투자에 도움이 되었던 다양한 생각들

2002년 노벨상을 받으면서 '행동 경제학' 분야를 대중의 인식 안에 깊게 자리 잡게 한 대니얼 카너먼은 《생각에 관한 생각》이라는 명저로 우리의 의식이 가진 비밀을 설명한다. 2002년 출판 이후 지금까지도 꾸준한 사랑을 받는 이 책은 많은 투자서에 단골로 등장한다. 투자서를 보다 잘 이해하기 위한 목적도 있지만, 내 생각과 의식이 어떻게 동작하는지를 알아보는 재미만으로도 이 책을 읽을 이유는 충분하다. 다양한 분야를 다뤄 양이 방대하지만 쉽게 읽힌다. 내 안의 새로운 땅을 정복하는 느낌으로, 즐거운 여정을 선물하는 책이다.

개인적으로는 이 책에 등장하는 다양한 종류의 심리 메커니즘을 현업에서 유용하게 써먹었던 기억이 있다. 사람의 행동을 이해하는 데도 도움이 되었으며 협상에서도 요긴했다.

협상이란 이런 것이었어

로버트 치알디니 교수의 《설득의 심리학》은 심리학 고전이다. 1984년 출판된 책은 수많은 사람에게 설득의 기술을 전파했다. 협상론 책들을 보면 치알디니 교수의 책이 단골로 등장할 정도로 해당 분야에 폭넓게 영향을 끼쳤다. 그런데 2012년 스튜어트 다이아몬드 교수의 《어떻게 원하는 것을 얻는가》를 접하고는 내가 알았던 협상의 정의가 바뀌었다.

평생 협상론을 연구했던 스튜어트 다이아몬드 교수는 협상이 내가 원하는 것을 상대로부터 얻어내는 것을 의미하는 것이 아님을 명확히 한다. 대신 상대가 원하는 것과 내가 원하는 것을 동시에 만족시킬 수 있는 최상의 답을 찾아 함께 협력하는 것이라고 이야기한다. 상대로부터 뺏는 것과 상대와 함께 만들어 가는 것. 두 협상은 과정부터 결과까지 다를 수밖에 없으리라. 이 책 역시 현업에서 큰 도움을 줬던 책이다. 부디 많은 사람이 이 책을 접했으면 한다.

통념 속에 진실을 바라보는 방법

스티븐 레빗과 스티븐 더브너는 콤비다. 두 사람은 《괴짜 경제학》, 《슈퍼 괴짜 경제학》, 《괴짜처럼 생각하라》 등의 책을 함께 집필했다. 지금은 함께 팟캐스트도 진행하고 있는데, 많은 이들로부터 사랑을 받고 있다.

둘이 함께 집필한 책은 매우 재미있다. 우리가 알고 있는 통념 안에 감춰진 진실을 알려준다. 범죄율에 영향을 미치는 요소는 무엇인가, 부모는 얼마나 중요한가, 이름은 인생에 얼마나 영향을 미치는가 등 생각해 보지도 못했던 주제를 던진다. 그들이 어떻게 각각의 이슈에 접근하는지를 보는 것만으로도 흥미롭다. 정말 시간 가는 줄 모르고 책을 보게 된다. 그들은 그들의 생각법을 '괴짜처럼 생각하기'라 명명하고, 이를 통해 세상을 볼 것을 제안한다. 괴짜^{Freak}라고 자신을 칭하지만, 내용은 전혀 괴짜스럽지 않다. 오히려 그들의 냉철한 분석가로서의 면모를 볼 수 있다.

이들의 책을 읽으면 통계적인 사고가 어떤 것인지, 이러한 사고 방법을 실전에 적용하기 위해서는 어떻게 해야 하는지를 알 수 있다. 투자자에게 가장 필요한 사고 방법이 '통계적 사고' 또는 '확률적 사고'가 아니던가. 이를 현실에서 구현하는 안내서로는 이만한 책이 없다. 시리즈를 모두 읽어보기를 권한다.

앞서 추천한 책 말고도 정말 많은 책을 활용했던 것 같다. 어느 책을 읽어야 한다는 이야기는 사실 조심스럽다. 누군가에게는 '인생을 바꾼 책'이라고 하더라도 누군가에게는 고리타분한 책에 불과한 때도 있지 않은가. 같은 책이라도 그걸 받아들이는 사람에 따라서 그 의미는 달라지기 마련이다.

그래서 다독을 권한다. 리틀 버핏이라는 별명을 가진 퍼싱 스퀘어의 대표 빌 에크먼은 "투자자가 되고자 하는 사람에게 해줄 수 있는 최고의 조언이 무엇이냐?"는 질문에 조금도 망설이지 않고 "투자는 읽음으로써 배울 수 있습니다"라고 대답했다. 빌 에크먼뿐만이 아니다. 많은 투자자, 특히 가치투자를 지향하는 투자의 대가들은 하나같이 독서를 권한다. 분야를 가리지 않는 다독은 읽는 이로 하여금 통섭과 창의의 길을 열어줄 것이다. 소설조차도 큰 도움이 된다. (어떤 면에서는 소설이 더 도움이 되는 것 같기도 하다)

책을 읽는 것이 비단 투자에만 좋겠는가. 책은 유용한 삶의 도구이기도 하다. 아니, 도구라기보다 가끔은 책이 삶을 구원하기도 한다. 매우 개인적인 이야기이긴 하나 방황하며 절망이 깊었던 삶의 시기에 나를 구렁텅이에서 끄집어 올려준 것은 《그리스인 조르바》라는 소설이었다. 책을 읽는 내내 가슴속에서 끓던 감정을 눌러야 했고, 다 읽고 나서는 며칠을 희열에 몸부림쳤다. 로맹 가리의 소설 《자기 앞의 생》은 나에게 인생의 아름다움이 무엇이냐는 질문을 던졌고 존 스타인벡의 《분노의 포도》는 결말로써 나에게 숭고함을 가르쳤다. 소설뿐이 아니다. 삶이 불안으로 지쳐갈 때, 사르트르, 쇼펜하우어, 니체 등은 바랜 내 영혼에 안식을 줬다. 불안에 지쳐 비틀거리던 때 이들의 책이 없었다면 나는 과연 어떻게 되었을지…. 생각만 해도 모골이 송연하다.

책을 읽는다는 것은 다른 사람의 인생을 살아보는 것일지도 모른다. 미드 〈왕좌의 게임〉의 원작을 썼던 조지 R. 마틴은 이런 이야기를 했다.

"책을 읽는 사람은 죽기 전에 천 번을 산다. 읽지 않는 사람은 한 번의 삶을 살 뿐이다."

공감한다. 타인의 삶이 녹아있는 책을 읽으면 그 사람의 삶을 살아보는 것과 비슷하지 않겠는가? 책은 읽으면 읽을수록 내 안에 다양한 삶을 쌓게끔 한다. 천 번을 살 기회가 있다. 그것도 아주 가까이에.

맺으며

나의 아이덴티티를 구성하는 것 중에 가장 오래된 것을 고르라면 '사진'이다. (가장 많은 부분을 차지하는 것이 아니고 가장 오래된 것) 중학교 1학년 때 SLR 카메라를 처음 잡아본 이후 지금까지도 나의 취미로 남아있다. 고등학교 2학년 여름까지만 해도 나는 화가가 되고 싶었다. 진지하게…. 물론 그 꿈을 이루진 못했다. 꿈이 부러지고 나서 나를 지탱해 준 것은 사진이었다. 언제나 내 가방에는 카메라가 있었고, 어딜 가든 카메라를 들고 다녔다.

지금도 내가 흥미롭게 생각하는 사진의 매력은 사진이 시간을 함축한다는 점이다. 보통의 사진이 1/200초, 1/4000초라는 찰나를 담는데, 만일 이 시간을 2초, 10초, 30초로 늘리면 재밌는 현상이 일어난다. 다음 사진은 뉴욕 맨해튼의 타임스퀘어를 9분이라는 시간 동안 촬영한 것이다.

당시 캐나다에서 났던 큰 산불로 하늘이 스모그로 가득했다. 덕분에, 낮이었는데도 불구하고 긴 시간 촬영을 할 수 있었다. 9분 동안 전광판이 바뀌고, 차들이 움직이며, 사람들이 돌아다니는 것이 찍혔다. 한국을 대표하는 사진가 김아타의 'ON-AIR Project 110-2, New York Series, Times Square, 8 Hours'를 따라 했다. (물론 김아타 작가의 사진의 발끝에도 미치지 못하지만…) 이런 종류의 사진을 장노출 사진이라고 하는데, 이런 사

진에는 긴 시간 동안 어떤 것이 변하고 어떤 것이 변치 않는 지가 드러난다. 움직이는 것은 잔상으로, 움직이지 않는 것은 선명하게 남는다.

책에 이야기를 담는 것도 장노출 사진을 찍는 것과 비슷하다는 느낌이 든다. 9년의 투자 경력 동안, 아니 더 긴 시간 나의 역사를 담다 보니, 그 시간 동안 어떤 점이 바뀌었고 어떤 것이 그대로인지를 확인할 수 있었다.

그렇게 찍힌, 움직이지 않고 선명히 남아있는 것들을 보면서 고마움을 느낀다. 그렇게 한 자리에서 변치 않았던 것들이 지금의 나를 만들고 있었음이라. 그것이 일이건, 생각이건, 취미이건, 책이건, 관심사건, 사람이건 간에 내 곁에 변함없이 있던 것들이 나를 구성했을 것이라는 생각이 든다. 그리고 무엇보다 내 곁에서 늘 나를 응원하고 지지해 주던 사람이 누구였는지도 새삼 느낀다.

앞으로도 계속 고민하고 생각을 정리하려고 한다. 계속 글로 소통하는 것이 작은 바람이다. 혹시 이 책을 통해 해소되지 않은 갈증이나 더 이야기 나누고 싶은 것은 언제든 편히 이야기 나누었으면 한다. 편안한 마음으로 연락해주시길.

LEMI, Long Exposure Management & Investment

원수섭

wsstop@gmail.com